JN427616

한국어로 내려온
New Bible

새로운
성 경

제71권

5부 | 총10부

하얀마음

하나님 말씀 중에서

1. 사랑의 하나님

- 세상을 창조하신 하나님은 모두를 사랑하신다. 인간만 특별히 더 사랑하지 않고, 우주 만물을 다 똑같이 사랑하신다. 그러니 하나님이 창조하신 천지 만물과 화친하고, 미물까지도 소중히 대하라.

- 하나님은 특정 종파나 민족만을 더 사랑하지 않으신다. 자기 자신만 구원받겠다는 욕심을 버리고, 자기 종파만 구원받는다는 편협한 교리에서 벗어나야 한다. 종파를 초월해서, 모두를 사랑하라.

- 원수까지 사랑하라 했으니, 이 세상에 사랑하지 못할 자가 누가 있겠는가? 종파가 다르다고 해서 부모 형제와 원수처럼 지내는 자는 인간의 근본을 모르는 자다. 가장 가까운 가족부터 사랑할 때 남도 진심으로 사랑할 수 있다.

- 한 사람을 원수같이 생각하던 마음에서 사랑하는 마음으로 돌리면, 자기 자신의 마음이 가장 기쁘고 행복하다. 하나님께서는 인간의 마음속에 무거움이 없이 기쁘고 행복한 삶을 살기를 바라신다.

- 이웃을 "내 몸처럼" 사랑하라 했으니, 마지막 한 장 남은 천국의 티켓도 이웃에게 양보하라. 자기 중심적인 신앙에서 벗어나서 남을 위해 살아야 한다.

- 독초도, 약초도, 이단도 사탄도 천사도 다 필요하기에 존재한다. 독초일지라도 극소량을 사용해서 생명을 살릴 수 있고, 약초라 하더라도 남용하면 생명을 잃을 수 있다.

- 세상 모든 것을 명약으로 활용하는 것은 인간의 지혜에 달렸다. 어떤 것이든 어떤 사람이든 적재적소에 꼭 필요한 명약으로 승화시키라.

- 사탄도 이단도 천사도 모두 하나님의 주관하에 존재한다. 진정한 하나님의 백성은 사탄과 마귀까지도 감화시켜서 천사로 거듭나게 한다.

2. 기도

- 하나님은 인간의 생각까지 모두를 다 알고 계신다. 우리의 소원도 이미 알고 계시기에, 소원의 기도를 할 필요가 없다. 우리가 받을 자격이 되면 내려 주신다.

- 죄를 짓고 아무리 회개를 해도 용서받지 못한다. 도둑질한 자는 용서해 달라고 기도하고, 도둑맞은 자는 도둑을 잡게 해 달라고 기도하면, 공의의 하나님은 누구의 편에 서시겠는가?

- 자기가 잘못한 것은 그 사람에게 직접 갚고 용서를 구하라. 그가 용서하면 하나님도 용서하신다. 땅에서 매면 하늘에서도 매이고, 땅에서 풀리면 하늘에서도 풀리는 이치다.

- "회당에서 기도하지 말고 골방에서 기도하라" 했다. 눈에 보이는 골방이 아니라, 골방과 같이 고요한 마음이다. 잡념을 버리고 하나님을 향해 마음을 집중하며, 사랑하고 용서하는 아름다운 생각만 나오도록 하라.

- "두드리면 열릴 것이다." 하는 것은 육의 소원을 위해 두드리라는 것이 아니라, 진리의 깨달음을 얻기 위해 두드리라는 것이다.

- 기도하는 방법: 생활 속에서 수시로 기도하는 삶을 살아야 한다.

- "저의 죄를 용서하여 주옵소서." 하는 회개의 기도를 하라.
- 범사에 "하나님! 감사합니다." 하라. 현재 가진 것에 감사하며, 과욕하지 말라. 자기 노력 이상의 것을 더 갖고자 기도하는 것은 도둑놈심보다. 공의의 하나님은 각자 노력한 만큼 주신다.
- "하나님 뜻대로 살아가겠나이다." 하며 마음의 각오를 다지라.

- 기도는 하나님의 말씀을 받아서 "행하는 것"이다. 하나님이 계심을 굳건히 믿고, 하늘을 향하여 한 점 부끄럼 없이 사는 삶 자체가 가장 위대한 기도이며, 삶이 곧 예배다.

3. 지도자

- 똑같이 사랑한다는 말을 해도, 순수하게 하는 말은 천사의 말이지만, 사기 쳐서 재산을 가로채려고 하는 말은 사탄의 말이다.

- 종교 지도자가 아무리 훌륭한 설교를 해도, 신도의 재물을 거둬서 더 큰 교회를 짓고 자기의 부귀영화를 바라며 설교하면 사탄의 가르침이 된다.

- "저희 교회는 만원사례요, 믿음은 다 같으니 이웃의 개척 교회에 가서 예배를 드리시오." 하며, 이웃 교회의 부흥을 먼저 생각하여 제 신도를 보내는 종교 지도자가 있다면 그를 따르라. 그가 하나님의 사랑을 실천하는 자다.

- "부자가 천국에 들어가는 것은 낙타가 바늘구멍을 통과하는 것보다 더 힘들다" 하였거늘, 지금의 교회에서는 부자가 되기만을 기도하고 소원하니, 이는 곧 천국을 포기하고 지옥 행 열차의 티켓을 사는 것과 같다.

- 예수는 빈손이었다. 종교 지도자가 예수보다 더 호화롭고 편안하게 살아간다면 잘못된 것이다. 부귀영화와 명예를 바라는 자는 절대로 갈 수 없는 좁고 협착한 길이 종교 지도자의 길이다.

- 종교 지도자는 유리로 비춰 봐 한 점의 부끄러움이 없이 살아야 한다. 의식주도 직접 일해서 해결하고, 예수의 가르침과 행함을 그대로 따라야 한다.

- 종말은 없다. 지금의 잘못 가는 종교 집단에게만 종말이 있다. 보이지 않는 하나님은 보이는 육의 종말은 관여하지 않으신다. 환경 파괴로 인간이 스스로 멸망을 자초하는 것이다. 종파끼리 싸우기 전에, 무너진 인성을 바로잡고 지구의 몸살을 해결하는 데 뜻을 모으는 게 급선무다.

4. 성전이란

- 이 세상 자체가 하나님께서 만드신 성전이다. 자연보다 더 아름다운 성전이 있는가? 보이는 건물이 성전이 아니라, 성스러운 마음가짐이 성전이다.

- 반석 위에 교회를 지으라 했다. 지상의 단단한 돌은 인간이 쪼갤 수 있으나, 마음속의 굳은 결의는 세상 무엇으로도 쪼갤 수 없다. 바르고 굳건한 믿음으로 성경의 가르침을 실천하는 것이 마음의 반석 위에 교회를 짓는 것이다.

- 손으로 지은 건물의 교회에 모여서 복음을 전하는 것이 아니라, 교회를 개인과 가정에 심어 주어야 한다. 무너지고 부서지는 건물을 짓지 말고, 마음속에 영원히 불변하는 참진리의 교회를 지으라.

5. 십계명

- 십계명은 인간이 죽어서 반드시 통과해야만 하는 열 개의 관문이다.

- 부모를 공경하지 아니한 자는 "네 부모를 공경하라." 하는 제5계명의 관문이 열리지 않으니 구원받을 수 없다.
- 살인, 간음, 거짓, 우상 등의 나머지 계명도 마찬가지다.

- 십계명은 하나님의 친필이다. 모기소리만 한 하나님의 음성이라도 들어 보겠다고 여기저기 찾아 헤매지 말고, 십계명부터 암송하고 지키라.

- 십계명은 영혼을 구원하는 양식이며, 십계명을 지키는 것이 구원을 받는 길이다. 인간이기에 지키고자 노력하고 또 노력한다면 지킬 수 있다.

- 십계명을 지키고 천사처럼 아름답게 살아가는 그 마음 하나면 세상에 이루어지지 않는 것이 없다.

6. 보물

- 하나님은 재물이 아니라 우리의 마음을 받으신다. 사랑을 실천하며 천사처럼 변하는 마음이 하나님께 바치는 보물이다.

- 보이지 않는 하나님께 재물을 바치려 하지 말고, 너희를 길러 준 부모에게 용돈 드리고, 찾아뵙고, 효성을 다하라. 그것이 하나님께 효도하는 것이다.

- 하늘에는 선과 악의 창고가 있다. 자기 창고에 선이 많으면 천국으로 구원을 받고, 악이 많으면 심판받아 지옥으로 간다. 그것이 바로 "선한 일을 행한 자는 생명의 부활로, 악한 일을 행한 자는 심판의 부활로" 나오는 것이다.

- "선악과를 따먹지 말라"는 것은 양심을 지키라는 것이다. 선과 악을 구분할 수 있는 양심을 최초에 인간에게 주셨다. 선한 열매는 취하고, 악한 열매는 버리며, 양심에 비추어 부끄럼 없는 삶을 살아가라.

- 가장 작은 거짓말을 하지 않고, 가장 작은 죄를 짓지 않으며, 가장 작은 선행을 하고, 가장 작은 악행을 멀리하는 것이 율법의 일점 일획도 빠뜨리지 말고 다 지키는 삶을 사는 것이다.

7. 우상

- 박물관에 있는 불상은 하나의 예술품이다. 그 조각품에 대고 제 소원을 빌 때 우상숭배가 된다. 십자가라 하여도 그 앞에서 소원을 빈다면 우상숭배하는 것이며, 하나님께 소원을 빈다면 하나님을 우상으로 전락시키는 것이다.

- 지금 기복신앙에 젖어 있는 모든 사람이 우상 앞에 절을 하고 있다. 조각품을 우상이라며 파괴하지 말고, 네 마음속에 있는 욕심의 우상을 무너트리라.

- 생수를 약초가 먹으면 약을 만들고 독사가 먹으면 독을 만든다. 같은 성경을 봐도 선한 지도자는 신도를 천사로 만드는 데 활용한다. 그러나 욕심이 가득한 지도자는 재물을 거두어들여 제가 부귀영화를 누리는 데 악용한다. 그가 바로 성경을 우상숭배의 도구로 전락시키는 거짓 선지자다.

- 성경을 한 획도 빼거나 더하지 말라는 것은, 그 가르침을 빠트리지 말고 온전히 지키라는 것이다. 성경 속에서 자기에게 유리한 구절만 보는 것은, 자기에게 불리한 구절들을 빼 버리는 것이다. 믿음이 제일이요, 행함은 구원과는 관계없다는 것은 자신에게 유리한 쪽으로 성경을 악용하는 것이다.

- 진정한 종교 지도자는 종파에 관계없이 어떤 종파든 어떤 책이든 접하고 보고 깨우쳐 견문을 넓히도록 인도한다. 참진리를 모르고 자신이 없는 자가 남을 이단이라며 배척하고, 신도들의 눈과 귀를 가린다.

8. 예수

- 예수의 재림은 없다. 예수가 다시 온다 해도, 과연 누가 그를 예수라고 믿겠는가? 예수와 같은 삶의 행함이 곧 예수의 재림이다. 각자 모두가 "재림 예수"가 되는, 차원 높은 믿음으로 가야 한다.

- 예수는 "주여 주여 하지 말고, 아버지의 뜻대로 행하라"고 했다. 예수가 전한 하나님의 뜻이 곧 "길이요, 진리요, 생명"이며, 그 가르침이 예수의 보혈처럼 소중한 것이다. 예수를 믿는 것은, 예수의 가르침을 믿고 따르는 것이다.

- 예수는 낮은 자로서 만백성을 섬기고자 했다. 만나는 모든 사람을 다 하나님이라 생각하라. 돈을 벌수록 겸손하고, 높은 지위를 얻을수록 낮아지라.

▪ 예수는 종파를 만들지 않았다. 인간이 만든 종교와 인간의 교리를 따르지 말고, 예수를 통해 전한 하나님의 참진리를 연구하고 따르라.

▪ 예수가 2천 년 전에 만백성을 위해 죽었으니, 지금 이 땅에는 예수의 가르침대로 사는 천사만 존재해야 한다. 예수가 죽어 가면서 바란 것은 만백성이 천사가 되어 예수의 자리를 채워 주는 것이지, 지금과 같이 재물을 바치면서 중언부언 제 소원만을 비는 백성들을 바란 것이 아니다.

9. 구원

▪ 천사가 사는 천국에는 천사만 갈 수 있으니, 천사 같은 마음을 길러야 한다.

- "천국 열쇠를 네게 주리니 땅에서 무엇이든지 매면 하늘에서도 매일 것이라" 했다. 땅에서 천사같이 사는 자가 하늘에서도 천사가 되어 천국에 들어간다. 모든 사람에게 천사같다는 말을 듣는 삶을 살아야 한다.

▪ 천사의 곱고 아름다운 마음은 부모를 공경하고 어른을 어른으로 대접하는 데에서 출발한다. 효도하는 자는 형제와 화목하게 지내기에 가정이 화목해지고, 이웃과 화목해지고, 국가가 화목해지고, 온 인류가 화목해진다.

- 그러므로 지상의 아름다운 소왕국은 가정에서부터 이루어야 한다.

▪ 선택된 14만 명만 구원받는 것이 아니라, 천사처럼 변하고자 하는 14만 명을 기초로 온 인류가 천사처럼 거듭나는 영적인 개혁이 시작되는 것이다.

▪ 천 년에 걸쳐서 하늘에서 이루어진 것같이 이 세상을 낙원으로 만들어, 만백성이 지상의 천국에서 살다가 죽어서 그대로 하늘의 천국으로 들어가는, 영원한 지상 낙원을 건설하는 것이 하나님의 계획이다.

- 이것이 구약과 신약에 이어 "새로운 성경"으로 역사하시는 하나님의 창조의 완성이다.

▪ 지금의 믿음으로 구원받을 수 있다면 그 길을 가라. 그러나 자신이 없다면 하나님께서 직접 내리신 160권의 "새로운 성경"을 읽고 구원의 길을 보라!

하나님 머리말씀

이 새로운 성경을 읽는 너희 모두는
이 율법에 따라 행하면 영원히 구원받을 것이니라.

너희 인간이 수년, 수십 년, 평생
성서를 공부하고 기도하는 것은
하늘나라 나의 곁으로 오고 싶은 소망일진대,

몇천 년 전의 너희 인성과 생각이
지금의 너희와는 판이하게 다르니,

꺾여 가고 병들어 가는 너희를 고칠 수 있는 길은,
오늘 내가 선지자에게 내리는 새로운 성경과 같이
너희가 변화되는 것뿐이니라.

나의 예수가 태어난 것처럼
내가 아들 선지자를 선택하여
나의 새로운 성경을 온 세계에 전하고자 하니,

묵은 것은 버리고 새로운 것은 취하여,
너희 모두는
'여호와 하나님! 저의 죄를 용서하여 주옵소서.'
하는 기도문으로 기도하고, 죄를 뉘우치라.

이 새로운 성경은
수천 년간 내려온 성서를 요약한 것이니,
너희는 이 책을 정독하여 쉽게 깨달음을 얻고,
이대로 실천하여 하늘에 오르라.

대역자 머리말

■ 하나님의 율법을 지키는 선지자로 선택을 받도다.

저는 남들처럼 그저 열심히 살아온 평범한 사람이었습니다. 그러나 50대 중반에 사업에 실패하여 많은 부채에 시달렸으며, 건강도 악화되어 눈이 잘 안 보이고, 걷기도 어렵고, 두통이 심해서 잠을 이룰 수 없는 고통의 나날을 보냈습니다. 그때 제가 선택할 수 있는 것은 육의 삶을 끝내는 길뿐이었습니다.

죽기 직전에 그동안에 죄를 지은 이들에게 용서를 빌고 인생을 끝내기로 작정하였습니다. 어려서부터 지은 죄를 빌고 빌다 보니 끝이 없었고, 죽음으로도 그 많은 죄를 용서받을 길이 없다는 생각에 하염없이 눈물이 흘렀습니다. 그 순간 '재래식 화장실의 구더기는 죄를 짓지 않는데, 나는 인간으로서 구더기만도 못한 삶을 살았구나.' 하는 생각이 들면서 괴로움에 몸부림칠 때, 갑자기 하나님의 음성이 들렸습니다.

"나는 여호와 하나님이니라. 너는 십계명을 암송하고 내가 내려 주는 메시지를 받아 책으로 만들어 만백성을 구하라." 하시며, 제 눈을 손으로 문지르게 하시고, 아픈 머리와 다리를 손으로 두드리게 하셨습니다. 그러고 나니 눈도 잘 보이고 걸을 수 있었으며 머리의 통증도 말끔히 낫게 되었습니다. 그때부터 십계명을 암송하고 나면 들려주시는 말씀을 기록하였고, 1999년 8월부터 2004년 7월까지 권당 288쪽, 총 160권을 받아서 "새로운 성경"이라는 책으로 펴내게 되었습니다.

그러한 저에게 죽기보다도 힘든 길이 시작되었습니다. 모든 교인들이 저에게 사탄이요, 이단이요, 악마요, 마지막 시대에 온 거짓 선지자라 하면서 공격하였고, 저를 짐승을 보듯이 대하는가 하면, 편협한 종교 지도자들의 선동으로 신도들이 이 책을 직접 읽어보고 평가할 기회마저 막아 버렸습니다. 그래서 하나님의 말씀을 세상에 내는 데 많은 어려움을 겪으며, 피를 토하는 심정으로 책을 전하고 있습니다.

그러나 아무리 인간의 힘으로 막으려 해도, 하나님의 뜻이 세상에 전해지는 위대한 역사는 계속될 것입니다. 책으로 전해지는 "하나님의 말씀"은 세상 끝날까지 항상 우리와 함께하실 것입니다. 사람은 죽어도, 책에 기록된 말씀은 영원히 남으니까요.

■ 따뜻한 실천

하나님께서는 어려운 사람들에게 삶의 터전을 마련해 주고, 미래를 열어 주는 것을 기뻐하십니다. 어려운 이웃이 스스로 자립할 수 있도록 이끌어 주는 것이 진정으로 이웃을 돕는 것이라고 말씀하셨습니다. 그래서 일자리가 없는 제자들에게 작은 사업장을 만들어 주는 "달란트 사업"을 하고 있습니다. 식당, 반찬 가게 등을 차려 주고, 기존의 어려운 사업장이 자립할 수 있도록 돕고 있습니다(커피숍, 미용실, 의상실 등).

하나님께서는 교회에 나와서 모든 시간과 재물을 쏟기를 원하지 않으시고, 그 시간과 재물을 교육에 투자하여 스스로 미래를 열어 가기를 원하십니다. 그래서 제때 공부하지 못한 제자들에게 학업을 이어 가도록 하였습니다. 중화요리 주방장을 하며 초등학교 검정고시부터 공부하여 2012년에 방통대를 졸업한 36세 남성, 만학도들의 2년제 중학교에 입학해서 2007년에 명지대학을 졸업한 38세 여성, 중학교 검정고시를 시작으로 숭의여자대학을 졸업한 47세 여성 등이 있습니다. 그밖에도 많은 제자들에게 나이를 초월하여 배우고 깨우쳐서 사회 속의 당당한 일원이 되도록 인도하고 있습니다.

학자금 대출로 힘겨워하는 젊은이들을 위해 "따뜻한 바람 장학회"를 발족하여(2016년 12월) 대출받은 학자금 전액을 매월 갚아 주고 있습니다. 또한, 다문화 가정을 위해 "다문화 가족 랜드"를 조성하여, 각종 시설을 무료로 활용하도록 하고 있습니다.

이러한 따뜻한 실천이 아직은 미약합니다. 그러나 책의 수입이 늘고, 저와 뜻을 같이하는 분들이 늘어나면 계속 확대할 것입니다. 지도자로서 신도의 재물을 헌금으로 거둬들여 착복하는 것이 아니라, 하나님께서 기뻐하시는 일에 사용하도록 중매 역할만 하며 살아가고자 합니다. 이런 제가 과연 사탄이고 이단인가요? 하나님께서 기뻐하시는 일이라면, 저에게 사탄이라 하든 거짓 선지자라 하든 굽히지 않고 실천해 나갈 것입니다.

끝으로, 일상의 삶 속에서 "지금 내가 하는 행동이 과연 하나님께서 기뻐하실까, 슬퍼하실까?" 생각하고, 매사에 하나님께서 기뻐하시는 길을 택하기 바랍니다. 교회에 모여서 집단적으로 예배 드리는 것이 아니라, 개인이나 가정 단위로 새로운 성경을 읽어 스스로 깨우치고 그대로 행하면 충분합니다. 그것이 마음속에 성전을 짓고, 신령과 진정으로 예배 드리는 길입니다. 그러면 천국의 문에 들어서게 됩니다.

2017. 2. 1.

하나님 말씀 대역자 김용철

차 례

십 계 명

이 책은 십계명을 암송하고 나면 내려 주시는 "하나님의 음성"을 듣고 그대로 받아쓴 기록입니다. 하나님께서 십계명을 모세에게 내려 주셨지만, 그것은 만백성에게 내려 주신 것입니다. 마찬가지로 이 책의 모든 말씀도 저에게 내려 주셨지만, 만백성 각자에게 들려주시는 말씀입니다. 여러분도 이 책을 접할 때마다 십계명을 암송하고 나서 정독해 주시기 바랍니다.

제일은, 너는 나 외에는 다른 신들을 네게 있게 말지니라.

제이는, 너를 위하여 새긴 우상을 만들지 말고, 또 위로 하늘에 있는 것이나, 아래로 땅에 있는 것이나, 땅 아래 물 속에 있는 것의 아무 형상이든지 만들지 말며, 그것들에게 절하지 말며, 그것들을 섬기지 말라.

제삼은, 너는 너의 하나님 여호와의 이름을 망령되이 일컫지 말라.

제사는, 안식일을 기억하여 거룩히 지키라.

제오는, 네 부모를 공경하라.

제육은, 살인하지 말지니라.

제칠은, 간음하지 말지니라.

제팔은, 도적질하지 말지니라.

제구는, 네 이웃에 대하여 거짓 증거하지 말지니라.

제십은, 네 이웃의 집을 탐내지 말지니라.

나 여호와가 존재함을 믿는 그 자체가 구원의 길에 들어서는 기본이요, 근본이며, 나의 새로운 성경을 가슴에 안고 정독하는 자, 반석 위에 서서 하늘에 오르는 찬란한 빛을 보게 되는 영광을 얻게 됨이니라. 진정 나를 따르고 믿는 자는 감히 사탄이나 마귀도 근접하지 못하느니라.

〈하나님 말씀〉

2003년 2월

5,214 번째 하나님 말씀

2003년 2월 25일 15시 48분

1 사랑하는 나의 아들아!
2 "네, 아버님! 말씀하옵소서."
3 내가 이 세상의 모든 동식물은 다 너
희들과 하나라 하였음이니라.
4 그리고 나 여호와가 창조한 것은 다
똑같다 말하였음이니라.
5 다만, 너희들이 지혜가 조금 더 있다
하여 지금 그와 같은 우월감을 가지고
사나,
6 너희들은 그들과 다 똑같다는 겸손한
자세를 가지고 세상을 살아가는 마음
을 갖고 살아가는 것이 도리임을 잊어
서는 아니 될 것이니라.
7 하물며 좀 더 높은 지혜를 주었다 하
여 그 지혜를 가지고 더불어 살아가는
모든 이 자연에 고통과 시련을 주고
살아간다면,
8 과연 너희들은 나로부터 더 많이 받은
그 가치를 제대로 쓰는 것인가, 그렇
지 아니하면 역행하고 사는 것인가를
한번 생각해 봐야 할 것이 아니던가?
9 내가 너희들에게 무어라 말하였느냐?
10 하나의 나무 한 그루에도 그 속에 네
마음을 보내며, 한 송이의 꽃을 보더
라도 네가 마음을 그 꽃 속에 보내는
나의 아들딸이 되라 그리 말하였음이
니라.
11 내가 내린 이 성전에서 살아가면서 아
름다운 한 송이의 꽃을 보는 것은 너
희들의 눈으로 보는 것은 다 똑같음이
니라.
12 그러나 나로부터 선택된 아들딸이요,
나로부터 부름을 받은 너희들은 바로
그 꽃의 웃음소리를 들을 수 있으며,
그 꽃의 웃는 모습을 보며, 그 꽃이 보
내는 그 향기를 맡으며,
13 그 꽃이 너에게 손을 흔들며 아름다운
대화를 보내고 있는 그것을 듣고 보는
그와 같은 나의 백성으로 변하여 살아
가는 너희들이 되어야 함을 알아야 할
것이니라.
14 그것이 나로부터 선택된 백성이요, 하
늘에서 이룬 것처럼 새로 이 땅에 천
국을 이루는 것이니,
15 그 역사에 동참하는 것은 천사들만이
할 수 있음이니, 지상의 천사들로 쓰
고자 하는 것이 바로 너희들이 아니던
가?
16 하늘의 천사가 와서 이를 역사하지 못
하며 이를 이루지 못함이니, 내가 너
희들을 지상에 천국의 천사로서 쓰고
자 하며 너희들로 하여금 역사하고자
하는 것이 나의 뜻이니,
17 나로부터 선택된 백성 너희들은 그 한
송이의 꽃이 웃는 그 아름다운 모습을
보며 그가 너희들에게 속삭이는 그 음
성을 들으며 너에게 손을 흔들어 인사
하는 그 꽃의 자태를 볼 수 있는 그와
같은 마음으로 변하는 것이 나로부터
선택된 백성이니라.
18 그러나 너희들이 그 꽃을 보면서도 그

저 꽃으로 보며 그가 죽은 것으로 보며, 생명이 없는 것으로 보며, 그저 마음대로 꺾어 보다가 짓밟고 던지는 너희들을 위하여 세상에 존재하는 한 송이의 꽃이라 그리 본다 하면, 과연 얼마나 너희들이 불행한 삶을 사는 것이던가?

19 그것이 너희들과 선택되지 아니한 백성의 차이이니라.

20 더욱이 사랑을 베풀며 나눔을 베풀며 평생을 살아간다 하는 자들이 그 꽃이 흔들리는 것을, 그 꽃이 손 흔들어 주는 것을, 그 꽃이 아름다운 말을 속삭이는 것을, 그 꽃이 너희들을 위해 웃으며 하는 인사를 보지 못하는 삶을 산다 하면,

21 그것은 몇십 년을 믿는다 해도 나의 뜻을 따라오는 자가 아니니라.

22 이제 나로부터 선택된 백성, 너희들이 그 마음을 비우며 좀 더 너희들이 정진하여 변화되는 그 삶을 살 때, 그 모두를 다 볼 수 있는 그와 같은 역사함이 있을 것이니 그리 알라.

23 그날을 위해 너희들은 마음을 비우고 오늘의 선함 속에서 너희들 자신이 선함으로 그득히 차도록 그리하라.

24 너희들 마음속에 선함으로 그득히 차며 선함으로 다스려졌을 때, 그것이 바로 나의 성령이 너희들에게 그득히 임함이니, 내가 너희들과 같이 있음을 잊지 말라, 사랑하는 나의 아들딸들아!

25 나로부터 선택된 아들딸 너희들은 그 꽃이 너희들을 바라볼 때 반가워서 웃으며 손을 흔드는 그와 같은 삶을 사는 백성이 되겠는가,

26 너희들이 꽃 앞에 섰을 때 그 꽃이 전율을 느끼며 공포를 느끼며 그 꽃잎을 움츠리며, 두려워 그가 숨고자 하는 그와 같은 인간의 형태로써 이 세상을 살아가는 사람이 될 것인가?

27 너희들은 여기서 꽃들이 너를 보며 웃고 즐기며,

28 너희들이 올 때 활짝 펴 반기는 그와 같은 사람으로 사는 것이 나로부터 선택된 아들딸이 살아가는 도리이니라.

29 꽃 앞에 사람이 섰을 때, 그가 오는 것을 두려워하며 그가 오는 것에 전율을 느끼며 겁을 먹고 움츠리며 숨고자 하는 그와 같은 사람의 형태로 살아서는 아니 됨이니, 그를 명심하고 살아가도록 그리하라, 나의 사랑하는 아들딸들아!

5,215 번째 하나님 말씀

2003년 2월 25일 20시 35분

1 사랑하는 나의 아들아!

2 "네, 아버님! 말씀하옵소서."

3 내가 너에게 묻노니, 너의 아들이요, 너의 자식이요, 네가 사랑하는 자들로 하여금 너와 같이 이와 같은 길을 가라 너는 명하겠는가?

4 너의 마음이 과연 어떠하던가?

5 "전지전능하신 창조주 아버님!

6 저는 저의 자식이요, 저와 가까운 자에게 이와 같은 길을 가라 하지는 아니하겠사옵나이다.

7 다만, 깨달음을 얻으며 하늘에 오르는 길이 무엇인가를 스스로 깨달아 지키고 가는 그와 같은 삶을 가도록 하는

것은 제가 그들에게 권장하며 전할 수
있으나,
8 저와 같은 길은 결코 가라 그리 전하
지 아니하며, 그들을 가도록 권장하지
는 않겠사옵나이다."
9 어찌하여 너는 그와 같은 길을 갈 수
있도록 그리 권장하지 아니하며, 너의
자식에게 그 길을 가도록 그리 인도하
지 아니하겠는가?
10 그 이유는 과연 무엇이더냐?
11 나 여호와는 알고 있음이니라.
12 네가 이 길을 가는 것이 얼마나 힘들
고 어려우며, 그리고 만백성이 가르치
는 대로 배워서 따라가는 것과 만백성
앞에 모범이 되며 정녕 하늘에 오르는
길을 가는 것이 얼마나 힘들고 어려운
것인가를 알기 때문에,
13 네가 그 누구에게도 그 길을 가라 하
지 아니하며 명하지 아니하며 그를 추
천하지 아니하는 것이 너의 뜻이라 나
는 알고 있음이니라.
14 그러나 지금의 모든 종교 집단들이 과
연 어찌 가는가?
15 너희들은 자식에게 세습을 해 주기 위
해 온갖 수단과 방법을 다 가르치며,
너희들 자식 중에서 그와 같이 저의
뒤를 이을 자들을 만들어 그를 같이
가도록 그리 권장하며,
16 그 집안의 자식이면 자식마다 그 길을
가게 하는 그와 같은 행위를 하고 있
음이니,
17 과연 너희들이 진정한 믿음의 길을 가
는 것이며, 진리를 탐구하며 고통스러
운 길을 가는가?
18 너희들은 인간 세상에 살아가는 한평
생 너희들의 육이 죽을 때까지 어찌
즐겁게 사느냐 하는 것에 모든 초점을
맞추고 거기에 맞춰 살기에,
19 많은 나의 백성에게 제왕적인 대우를
받으며 그들에게 군림하는 그와 같은
삶에 행복을 느끼며 그것으로써 가장
보람된 인생을 사는 자이기에,
20 너희들은 자식에게 세습하려 하며, 그
자식에게 너희들과 똑같은 길을 가도
록 그리하는 것이 지금 종교 지도자
너희들이 가는 길이니라.
21 그리고 너희 자식으로 하여금 그 종교
지도자의 길을 가게 만들며, 교회의
성전을 만들게 하며, 그리고 너희들이
그곳에 가 또 그를 도와주며 그가 역
사할 수 있도록 모두를 바치는 그와
같은 것이 너희들 인간의 종교 지도자
요, 인간관계의 마음을 가지고 가는
너희들이니,
22 과연 그러고도 너희들이 고통의 길이
요, 그 어렵고 힘든 믿음의 길을 진정
갔다 생각하는가?
23 지금 나의 아들이 그 아들에게 모든
종교 지도자처럼 저와 같은 길을 가
는 것을 권장하지 아니하며 그 길을
가라 강요하지 아니한다 하니,
24 나의 아들의 고통과 시련이 얼마나
어렵고 힘들면 그 자식에게 그와 같은
길을 가지 말라 하겠는가?
25 모든 종교 집단들이 자식에게 세습하
며 그와 같이 또 그 길을 가도록 강요
하고 그리 가르쳐 가는 너희들이 과연
진정한 믿음의 길을 가는 것이며 고통
의 길을 가는 것인가?
26 고행의 길을 가는 것이 아님을 너희들

은 그것으로써 입증함을 알라.
27 너희들이 지금 그리 가고 있는 형태이니라.
28 종교 지도자가 너희들에게 한 사람이 왔을 때 너희들이 그 사람으로 하여금 참진리를 깨우치며 그가 바로 서도록 그를 돕는 것이 아니라,
29 어찌하면 다른 사람보다 더 멋있는 종교 지도자요, 세련된 종교 지도자요,
30 다른 종교 지도자 앞에 세워 놓을 때 너희 종교 지도자가 얼마나 남들에게 뒤지지 않는 그와 같은 세련된 모습으로써 서느냐, 거기에 초점을 맞추며,
31 그를 꾸미고 다듬어 만드는 데 모두를 바치고, 너희들의 자식과 남편은 들여다보지도 아니하는 그와 같은 마음의 자세로 가는 것이 지금 신도라는 자들이요, 믿음의 길을 가는 자들이니,
32 이 웃지 못할 형국에서 과연 너희들이 참진리요, 진정한 길을 가고 있다 말할 수 있는가?
33 이와 같은 것이 너희들의 그 실상이니라.
34 종교 지도자가 어떠한 형태로 섰든, 그가 바른길이요, 참진리를 가르치는 것이 아니라,
35 저희 종교 지도자가 다른 집단, 다른 교회요, 다른 성전의 종교 지도자보다 세련되며 멋있는 남성으로 보이도록 가꾸고 다듬는 데 정성을 들이며 신경을 쓰는 그것이 믿음의 길을 가는 자가 할 짓이며 나 여호와의 백성으로서 할 수 있는 작태던가?
36 그러니 너희들이 나에게 오는 믿음의 길이 아니라, 너희들의 종교 지도자에게 한 번의 칭찬을 들으며 네 이름을 불러 주는 거기에 목숨을 걸고 가는 자들이 아닌가?
37 그리하기에 너희들이 잘못됐다 내가 말하는 것이니라.
38 내가 아무것도 모르는 나의 아들을 통해 여기에 기록하는 내용이 너희 가슴에 부끄러움이 없으며 가슴에 와 닿음이 없으며 잘못되었다는 것을 깨닫지 못한다 하면, 너희들은 정녕 나로부터 구원을 받을 수 있는 백성이 아니며,
39 그저 그 길을 가다 지옥 불에 가 너희들의 오늘의 그와 같은 작태가 얼마나 고통스럽고 무섭고 잘못된 것인가를 느끼며 살도록 그리하라.

5,216 번째 하나님 말씀

2003년 2월 25일 20시 39분

1 사랑하는 나의 아들아!
2 "네, 아버님! 말씀하옵소서."
3 내가 너희들에게 뭐라 깨우쳐 나의 아들 너 보고 바로 서라 하였던가?
4 내가 너에게 일찍이 나의 1권의 법전에서 너에게 가르친 내용에, 너는 네 머리로 네 생각대로 하지 말며, 모두를 묵상과 기도를 하여 얻으라 그리하였음이니라.
5 네 머리로 생각하며 네가 판단하여 어떠한 일을 행할 때, 그것이 무서운 결과로써 무서운 원인 제공이 되며,
6 그 또한 생각하는 것처럼 이루어지는 것이 아니며 무서운 결과를 초래하는 그와 같은 일을 반복하게 되어 있음이니,

7 네 생각이요, 네 머리로 모든 것을 판
단하지 말며, 나에게 묵상과 기도로써
나 여호와의 뜻을 행하는 그와 같은
삶을 살라 그리하였음이니라.
8 그리하여 나의 뜻을 네가 정확히 판단
하여 내가 이루고자 하는 거기에 맞
춰 네가 모두를 살아가는 그 삶을 사
는 것이 네가 가는 길이며 역사하는
길이라 내가 너에게 가르쳤느니라.
9 이제 너의 제자들이 나의 법전을 읽고
공부했으며, 나로부터 많은 강론을 들
었으며,
10 그리고 70권이라는 법전이 넘어가는
이와 같은 모든 나의 가르침을 들은
너의 제자들도 이제 그와 같은 삶을
살라 그들에게 전하라.
11 이제 너의 제자들은 네 뜻대로 말하는
것이 아니며, 네 뜻대로 생각하는 것
이 아니며,
12 항상 나에게 기도하고 경배하는 마음
으로써 나에게 답을 받아 행하도록 그
와 같은 훈련에 들어가도록 그리 가르
치라.
13 그들은 나로부터 선택된 백성이며 내
가 그들을 쓰고자 한 백성이니,
14 이제 그들의 마음 자세가 다듬어졌으
며, 그들이 세상의 이치를 알며, 나 여
호와가 원하는 것을 알며 나에게 오고
자 하는 그 뜻을 알고 있음이니,
15 그들도 너와 같이 그 훈련에 들어가도
록 그리하라.
16 저희들 임의대로 생각하지 말며, 저희
들 임의대로 판단하지 말며, 스스로
기도하고 경배하여 답을 얻어서 행하
도록 그리 깨우쳐 주라.
17 나 여호와만이 너희들이 하고자 하는
그 모든 일에 실패하지 아니하며,
18 너희들의 뜻이요, 네가 생각하는 그와
같은 것을 이룰 수 있는 것은 너희들
이 임의대로 생각하지 아니하고 나의
뜻에 따라 움직이는 그 길밖에 없다는
것을 알아야 할 것이니라.
19 너희들의 기준으로써 판단하며 생각
하여 행동하는 것은 정녕 이루어질 수
가 없다는 것을 너희들은 알아야 할
것이니라.
20 이제 나의 법전이 세상에 나가게 되는
그와 같은 역사요, 만백성을 구하는
그 역사도 너희들의 생각이요, 너희
임의대로 해서 이루어지는 것이 아니
니라.
21 모두는 다 나의 계획이요, 내가 뜻한
바가 있어 나의 계획대로 이루어짐이
니,
22 너희들은 오늘을 너무 불안해하며 괴
로워하며 두려워하지 말라.
23 이 세상 지구 끝까지 나의 법전이 다
덮일 것이며,
24 이로 하여금 사악한 자와 사악하지 아
니한 자 구분하고, 지금까지 흘러왔던
모든 종파 그들의 문을 내가 닫는다
하였음이니라.
25 저희들의 종교 지도자를 위하여 기도
하는 자, 그리고 나의 아들 예수와 나
와 동등하다는 그것을 전하지 못하여
입병이 나는 그들, 그 모두를 내가 단
죄할 것이니 그리 알라.

5,217 번째 하나님 말씀

2003년 2월 25일 20시 46분

1 사랑하는 나의 아들아!
2 "네, 아버님! 말씀하옵소서."
3 지금의 수천 년 동안 역사가 흘러온
그 종교 집단이 그 집단 자체의 잘못
가르치며 나의 성서를 잘못 깨달음도
있으며, 그 지도자라 하여 단상에 서
서 많은 백성을 깨우치는 자들의 그
잘못함이 또한 있음이니라.
4 저희들이 정답을 알지 못하며 오답을
가지고 만백성을 가르침이니, 그들이
바로 제대로 깨닫지 못하며 듣지 못하
고 있음이니라.
5 그와 같이 종교 지도자가 또한 사악한
길로 흘러가는가 하면,
6 그 밑에서 수십 년 동안 믿음이라는
길을 갔으며 평생 믿음을 배워 왔다는
너희 신도라는 자, 그리고 돈으로써
그 직분의 명칭을 사, 이름을 사 제 가
슴에 달고 앉아 나의 백성에게 으스대
는 그와 같은 자,
7 그들은 수십 년 동안 믿음이라는 그
세월을 가며 성서를 들고 성전에 왔다
갔다 하는 그 세월만큼 갖은 요령과
수단 방법이 다 늘었으며,
8 그리고 너희들의 신도라는 백성, 사랑
하는 나의 백성을 다룰 줄 아는 요령
이 있으며, 그들의 심리를 파악할 줄
알며, 그들로부터 재물을 거둬들이는
사악한 악습의 방법이 발달할 대로
발달하여 있는 자들이니라.
9 그리하여 그들의 요령에 의하여 지금
의 성전이 지금처럼 험악한 형태로
되었으며,
10 나의 가르침을 가르치는 회당이 아니
요, 나의 뜻을 가르치는 성전이 아니
며, 너희들의 교회가 교회가 아닌 그
와 같은 형국으로 전락한 것은 그곳에
서 돈을 주고 이름을 사 몇십 년 동안
믿음의 길을 가고 배웠다는 자, 그들
의 간교한 요령에 의해서 지금까지 더
사악하게 무너지는 것에 그들이 일조
한 자들이니라.
11 그들의 죄 또한 종교 지도자들 못지않
음을 너희들은 알아야 할 것이니라.
12 수십 년 믿음이라는 그 길을 알며 성
서를 아는 그자들이 진정한 믿음이요,
깨우침의 길을 가는 것이 아니요, 진
정한 믿음의 길을 가는 것이 아니요,
13 저희들의 내일을 위하여 살아가는 그
와 같은 삶을 살아가는 것이 아님이니
라.
14 그들은 구원의 길이요, 진실이 무엇인
가를 보려 하지 아니하며, 그를 깨우
치는 데 저희들이 모두를 다 바치는
그와 같은 믿음의 길을 간 것이 아니
니라.
15 눈치로써 수십 년 동안 믿음의 길을
간 그들이 이제는 눈을 감고도 그 성
전이요, 교회가 돌아가는 상태요, 그
신도들이 움직이는 그 모두를 다 한눈
에 꿰고 있음이니,
16 그들이 갖은 요령과 갖은 수단을 강구
하여 사악한 짓을 벌임으로 인하여 지
금의 이와 같은 형국에 대한 그 발단
의 원인도 그들에게 있음을 너희들은
알아야 할 것이니라.
17 진정한 지도자가 그 성서를 가르치며

올바르게 가고자 하나,
18 수십 년 동안 믿음이라는 길을 가 그
집단이 흘러가며 약점과 단점이요, 그
모두를 쥐고 있는 수단꾼이요, 요령을
피우는 그 사악한 자들이,
19 종교 지도자들을 저희들 입맛에 맞도
록, 저희들의 뜻에 맞도록 다스리고
목매어 끌고 그와 같은 형국으로 가는
그들의 죄가 또한 적지 않음을 알아야
할 것이니라.
20 그리하여 몇십 년 동안 믿음의 길을
갔던 자들이 성전이라는 곳에서 하는
그 작태와 지금 2년도 되지 아니한,
나의 아들로부터 교육을 받은 자, 그
리고 성서를 공부한 그 백성이 과연
어찌 살아가는가?
21 내가 그리하여 나의 아들을 통하여 어
떤 교육을 하든, 너희들이 2년이요, 3
년이라는 세월을 넘겨 붙잡고 교육을
해서는 안 된다 하였음이니라.
22 그리하여 지금 나의 아들로부터 법전
열여섯 권의 그 모두를 마쳐 그들이
깨우쳤을 때, 나가 만백성을 구하는
그와 같은 역군으로 또 지도자로 세상
에 내보내고자 하는 것이 거기에 있음
이니라.
23 너희들처럼 20년, 30년 평생 붙잡고
있는, 그 돈으로 명예를 산 자들의 간
교한 수법이요, 그 요령은 그 종교 지
도자도 다룰 수 없는 그와 같은 경지
에 있는 자들이니,
24 그들이야말로 재탕, 재탕 가르치는 종
교 지도자들의 그 가르침을 우습게 알
며, 눈감고도 그들보다도 더 좔좔 꿰
고 있는 자들이며, 더 역사하며 몇 페
이지에 무엇이 있으며 저건 무슨 내용
이라는 것까지 다 아는 그들이,
25 정녕 아름다운 종교 지도자들이 나오
고자 하나 그들을 무너트리는 데 일조
를 하는 것이 그들의 사악한 행동이
니, 그들의 죄 또한 나에게 올 때 얼마
나 무서운 것인가를 알게 될 것이니라.
26 저희가 행하는 행동에 숙달되어 있기
때문에 그들을 다스릴 수도 없으며 그
를 이길 수도 없으며, 아무리 유능한
종교 지도자도 그들의 손에 끌려 그
손아귀에서 벗어나지 못함이니,
27 지금 바른 종교 지도자들이 바로 서고
자 하나 그들 앞에서 노리갯감 노릇을
하고 있기에 바로 서지 못하는 종교
지도자들이 수없이 세상에 있음이니,
28 그들을 깨우치는 그 힘이 될 수 있으
며 그들에게 용기를 주는 것이 나의
법전을 그들의 손에 쥐여 주어 그들
이 지금같이 몇십 년이라는 믿음의 길
을 가는 그들의 손에 놀아나지 아니하
며 그들이 바로 볼 수 있는 그와 같은
용기와 자신을 심어 줄 수 있도록 그
또한 너희들이 일익을 담당해야 함을
알아야 할 것이니라.
29 그들의 가장 얄은 수법이요, 가장 낮
은 잔꾀요, 그들이 부리는 갖은 요령
에 의하여 교회라는 것이 더 병들었
으며 성전이라는 곳이 더 병들어 일어
설 수 없는 그와 같은 지금의 형국이
되어 있음이니라.
30 너희들은 이를 알아야 할 것이니라.
31 그들로부터 분별하여 그들로부터 격
리하여, 그들부터 다스리는 그와 같은
종교 지도자가 나오지 아니한다면,

32 아무리 나의 뜻에 따라 내가 원하는
그와 같은 길을 가며 내가 원하는 것
을 아는 종교 지도자라 하여도 그들의
힘으로는 역부족이니,
33 그들 역시 세월이 지나면서 그들의 하
수인이 되는 그와 같은 것이 지금 몇
천 년 동안 흘러온 지금의 믿음의 길
을 가는 형국이니,
34 이를 바로잡을 수 있는 것은 종교 지
도자 너희들이 나의 법전을 읽고 어찌
가는 것이 하늘에 오르는 길이며, 내
가 원하는 것이 무엇이며 참진리가 무
엇인가를 너희들이 눈을 떠,
35 자신 있게 거기서 거부하며 너희 뜻대
로 나의 피조물 만백성을 인도하는 그
와 같은 자들이 세상에 나오지 아니한
다면 그 집단에 있는 그 누구도 구원
을 받을 수 없음을 알라.

5,218 번째 하나님 말씀

2003년 2월 25일 20시 54분

1 사랑하는 나의 아들아!
2 "네, 아버님! 말씀하옵소서."
3 나의 피조물 만백성 너희들이 나이 먹
어 지금까지 살아온 인생을 돌아다보
며 얼룩지고 잘못 살아 후회하는 삶을
산 것을, 너희들에게 다시 한 번 그 기
회를 줄 수 있으며 다시 태어나 사는
기회가 온다면,
4 지금까지 살아온 얼룩진 삶이요, 부끄
러운 삶을 살지 아니하며 아름답고 고
운 마음으로 천사와 같은 삶을 살 것
이라 너희들이 수십 번 다짐하고 또
약속할 것이니라.
5 그러나 그와 같은 기회는 올 수 없으
며, 다시 진실한 마음으로 새로 사는
그와 같은 기회는 정녕 있을 수 없으
며 그건 이루어질 수 없는 것이니라.
6 그러니 너희들의 생명이 다시 태어나
는 역사를 한다면 한 점의 부끄러움이
없는 사랑받는 자식으로서 나 여호와
의 백성으로 살고 싶다 수없이 부르짖
으나, 그러한 현실은 이루어질 수가
없으며 너희들의 희망이 못 됨을 알고
있을 것이니라.
7 그러나 너희들은 여기서 좌절하지 말
라.
8 바로 너희들이 그와 같은 희망이 이루
어지고 있으며, 꿈이 있으며, 현실이
이루어지고 있다는 것을 알아야 할 것
이니라.
9 너희들이 다시 태어나면 아름답고 착
한 백성으로 살겠다는, 그리고 나 여
호와의 자식으로서 한 점의 부끄러움
이 없이 살겠다는 그와 같은 간절한
소망을 포기하지 말라.
10 너희들이 포기하지 않는 그 속에서 그
와 같은 영광이 있을 것이니라.
11 지금 바로 너희들의 주변에서 그와 같
은 영광이 가까이서 너희들을 기다리
고 있음을 알아야 할 것이니라.
12 바로 너희들이 손을 내밀어 잡을 수
있다면 다시 태어나는 인생이요, 다시
사는 삶의 기회가 주변에 지금 와 있
으니 이를 잡기만 하면 되는 것이니라.
13 이는 바로 무엇이더냐?
14 너희들의 육은 죽어 가나 새로운 영혼
의 생명은 다시 태어나는 그 길을 위
해서 나의 법전을 가슴에 안고 나의

법전을 접하며 십계명대로 살아가는
그와 같은 삶을 살아가는 그 소망이
지금 바로 네 주변에 모두가 기다리고
있다는 것을 어찌 그리도 모르는가?
15 너희들이 지금 새로 태어나는 그 역사
는 나의 십계명대로 나의 법전대로 살
아가는 그와 같은 삶을 살아갈 때, 너
희들의 육은 죽어 가나 영혼은 다시
태어나 천국에 와 아름답고 보람 있는
삶을 살 기회가 바로 너희들 주변에
가장 가까이 있음이니라.
16 너희들이 오늘의 삶을 어찌 사느냐 그
것이 중요한 것이니라.
17 지금 깨어나는 순간에 너희들은 나의
법전이요, 십계명을 가슴에 안고 정독
하며 또 정독해 그대로 살아가는 삶을
살라.
18 그러면 너희들이 그리도 갈구하던 소
망이요, 다시 태어나는 생명이요, 다
시 연장되는 그와 같은 새 생명의 삶
을 얻을 수 있음을 알아야 할 것이니
라.
19 다만, 너희들이 보지 못하며 그를 알
지 못함이니,
20 믿지 않으려 하며 믿지 못하기 때문에
지금 오늘의 삶을 돌아다보고 다스려
한 점의 부끄러움이 없는 그와 같은
삶을 사는 용기를 저버리며 그와 같은
삶의 너희들이 낙오자가 됨이니라.
21 이제 내가 너희들에게 다시 한 번 말
하나니, 너희들이 새로 태어나는 그와
같은 기회요, 그 모두는 너희들과 더
불어 네 주변에 같이 있음이니,
22 오늘의 삶을 천사와 같은 삶으로 바꿔
사는 그 순간에 너희들은 새로운 생명
으로 태어난 것이며, 죽은 생명이 다
시 태어나 영원히 아름다운 삶을 살
그 기회가 바로 너희 주변에 있음이니
그를 알라.
23 그를 믿지 못하며 그를 들여다보지 못
하는 자는 나를 믿지 못하는 것이며,
나의 뜻을 믿지 않는 가장 어리석은
자임을 알라.
24 너희들이 지금까지 살았던 인생이 다
시 태어난다면, 지금까지 얼룩진 삶이
요, 잘못 삶이요, 부끄러운 삶을 다시
사는 그 기회가 온다면 완벽한 삶을
살겠다 생각하는 마음, 그와 같이 완
벽한 인생의 삶을 살 수 있는 것이 다
음 세상의 연장선상에 있다는 것을
잊지 말라.
25 오늘의 육의 삶을 깨닫는 이 순간부터
한 점의 부끄럼이 없이 사는 삶이, 그
것이 다시 태어나는 너희들의 인생이
요,
26 너희들이 영원히 부끄러움이 없는 그
와 같은 새 인생을 살아갈 그 기회가
열림이니라.
27 곧 그는 그와 같은 기회가 네 주변에
있음을 잊지 말라.
28 너희들이 지금의 육의 삶을 오늘 이후
부터 바로 살고자 노력하며, 남에게
부끄럽지 아니하는 삶을 사는 그와 같
은 자는 새로 태어나는 생명의 그 연
장을 볼 것이며,
29 그렇지 못한 자는 지옥으로 가 영원히
나와 관계없는 지옥 불에 가 너희들이
잘못 산 대가를 치르느니라.
30 너희들이 바로 태어날 수 있는 그것이
지금의 육의 삶을 어찌 사느냐에 따라

새로운 생명으로 다시 태어나느냐, 지옥 불로 가 그 대가를 받고 치르느냐 그는 하늘과 땅의 차이보다 더 무서운 극과 극에서 그 길을 선택할 수 있는 것이 너희들이며, 스스로 얻고 잃는 것은 너희들 자신에게 달렸다는 것을 잊지 말라.

5,219 번째 하나님 말씀

2003년 2월 25일 23시 55분

1 사랑하는 나의 아들아!
2 "네, 아버님! 말씀하옵소서."
3 나에게 오르는 길이요, 나로부터 구원을 받으며 나에게 선택된 백성으로 살아가는 그 길이 무엇이던가?
4 지금 나의 법전을 만들며 만백성을 구하고자 나의 성령을 받아 기록하는 너는 과연 누구던가?
5 너를 따르며 하늘에 오르고자 하는 백성, 그들이 어떠한 마음으로 가야 하는가?
6 네가 지금 네 제자에게 그리 말하였느니라.
7 물에는 소금이 견딜 수 없으며 녹지 않을 수 없는 것이 소금이나,
8 물속에서 녹지 않는 단단한 소금으로 굳어졌을 때, 그 소금이 돌보다 더 단단해졌을 때 그는 녹지 아니할 것이니라.
9 그와 같이 물에 녹는 소금이 녹지 않는 상태와 같이, 너희들의 마음 자세요, 살아가는 형국이 그와 같이 되어야 한다는 것을 너희들은 알아야 할 것이니라.
10 물에서 소금이 녹지 아니하려면 얼마나 소금이 굳어져야 하며 얼마나 단단해야 하는가?
11 그러니 그와 같이 하늘에 오르는 길이요, 나의 뜻에 따르는 백성으로서 내 품에 돌아올 수 있는 그 길을 가는 백성은 소금이 물에 녹지 않는 것보다도 더 강하고 단단한 그와 같은 믿음이요, 마음의 자세로 가지 아니하면 아니 된다 함을 너희들은 알아야 할 것이니라.
12 물이 소금을 녹일 때, 그 소금이 긴장하여 감히 그 물이 근접하지 못하도록 하여 그 물에 소금이 녹지 않는 그와 같은 형상처럼 너희들이 항상 긴장해 있어야 할 것이며,
13 잠시도 마음을 놓고 흔들려서도 안 되며,
14 잠시도 나 여호와를 생각하지 아니하며 믿음이라는 것을 생각하지 아니하며,
15 너희들이 살아가는 것이 모두가 나 여호와의 주관이요, 나의 뜻에 따라 살아간다는 그와 같은 생각을 저버릴 때, 너희들이 그와 같이 무너짐이니라.
16 너희들이 그와 같이 단단한 마음이요, 굳은 결의요, 어떠한 상태에서도 무너지지 않는 그와 같은 백성이 되어야 할 것이니라.
17 지금 나의 피조물 만백성 너희들은 사탄의 유혹이요, 인간의 육신의 삶을 살아가는 그 삶에 의하여 다 무너짐이니,
18 바로 물에 녹는 소금과 같이 육신의 삶이요, 육신의 향락에 의하여 유혹됨

이요, 그 사탄의 유혹에 의하여 무너
지게 되어 있으며 녹게 되어 있는 것
이 바로 너희들이니라.
19 그러니 너희들이 거기서 녹지 아니하
고 무너지지 아니하며, 인간 세속의
부귀영화요, 그 욕심에 넘어지지 아니
하며, 나 여호와가 존재함을 믿으며
그와 같이 사탄의 사악한 유혹에 넘어
가지 아니하는 것은,
20 바로 너희들이 물속에서 소금이 녹지
않는 것과 같은 그 기적이 이루어져야
만 너희들이 나에게 오는 길이며 바
로 올 수 있다는 것을 알라.
21 그와 같은 기적의 역사가 이루어지지
아니한다면, 너희들은 항상 그저 물에
흘러가서 녹아 그 소금으로서 무너지
듯이 그와 같은 자가 된다는 것을 잊
지 말라.
22 그러니 나의 아들을 따르며 나의 아들
옆에 더불어 가며 나의 법전을 기록하
고 만드는 너희들, 그리고 만백성을
구하려고 나의 법전을 세상에 전하는
나로부터 선택된 너희들은 사탄이요,
인간 세속의 유혹에 넘어지지 않는 그
와 같은 단단하고 굳은 의지를 갖고
살지 아니하면 아니 되며,
23 항상 긴장된 속에서 너희들의 마음을
다스리며 생각이 바로 서 있으며 나
여호와를 잠시도 잊어서는 안 되는 것
이 너희들의 삶이라는 것을 오늘 또
기억하여 그리 전해 주도록 하라, 사
랑하는 나의 아들아!

5,220 번째 하나님 말씀

2003년 2월 26일 0시

1 사랑하는 나의 아들아!
2 "네, 아버님! 말씀하옵소서."
3 나를 향하여 오는 백성, 그리고 나의
뜻에 살아가는 백성, 나로부터 선택된
백성, 너희들은 알아야 할 것이니라.
4 사탄이 너희들을 무너트리고자 하며
인간 세속의 향락의 그 모두가 너희들
을 무너트리고자 함이니,
5 나를 향하여 오는 백성 너희들은 잠시
도 쉬어서도 아니 되며, 쉬고자 하는
그와 같은 마음을 가져서도 아니 되느
니라.
6 너희들은 잠시도 쉬지 말며 나 여호와
의 뜻에 따라 살아가며, 삶의 긴장을
풀지 아니하며 나에게 달려오는 그와
같은 오직 한 길만을 보고 사는 삶을
살아가야 할 것이며, 그 길을 위하여
계속 전진해야만 됨을 알아야 할 것이
니라.
7 내가 너희들에게 '이제 수고했노라,
그리고 너는 잠시 쉬도록 하라. 그리
고 편히 잠을 자라.' 내가 명하기 전까
지, 잠시도 쉬어서는 안 되며 멈춰서
도 안 되는 것이 너희들이 가야 할 길
이니라.
8 너희들이 역사하고자 하는 것이 무엇
이며 너희들을 통하여 내가 이루고자
하는 것이 무엇이던가?
9 수많은 나의 백성을 구원하며 새로운
천 년의 역사의 기틀을 다지는 것이
너희들이니,
10 이제 너희들은 멈출 수도 없으며 멈춰

서도 아니 될 때임을 알라.
11 잠시도 쉬어서는 아니 되는 것이 너희
들이며,
12 고통과 시련이 있다 해도 이를 이기고
계속 나를 향하여 달려오는 삶을 사는
것이 나로부터 선택된 백성임을 알아
야 할 것이니라.
13 너희들이 해야 할 일을 다 했으며 이
루어야 할 그 역사를 다 이루었을 때,
나 여호와가 쉬라 명하는 그때까지 너
희들은 계속 나를 향하여, 믿음을 향
하여, 바른 그 길을 향하여 달려오고
또 달려와야 함을 알아야 할 것이니라.
14 나 여호와가 너희들에게 쉴 때를 알려
줄 것이며, 너희들이 쉬게 될 때 내가
쉬라 할 것이니라.
15 '이제는 좀 쉬어라, 그리고 편안한 잠
을 자도록 하라.' 그리 명할 때까지 너
희들은 계속 움직여야 함을 잊지 말라.
16 그 명령을 받은 백성, 너희들이 얼마
나 영광된 백성인가를 그때 가서 알게
될 것이니라.
17 그때만이 내가 너희들에게 잠깐 쉬게
하며, '이제는 수고했노라.' 그 말을 할
때, 너희들이 그 말을 듣는 순간에 나
의 나라에 와 있는 것이며, 내 옆에 와
있게 된다는 것을 잊지 말라.
18 그때야말로 너희들이 나로부터 구원
을 받아 천국이요, 나의 나라요, 내 옆
에 있게 됨을 알라.
19 내가 너희들에게 쉬라, 그리고 편히
잠자라 할 때까지 너희들은 계속 나의
피조물 만백성을 구원하는 그 길을 위
하여,
20 나의 법전을 하늘에서 내리는 나의 뜻
이라 그리 깨우쳐, 나의 명령이요, 마
지막 시대에 너희들을 심판한다는 그
뜻을 만백성에게 전하여,
21 그들이 그 무서움을 알며 그리하여 저
희들이 가고 있는 그 믿음에서 가던
발길을 멈추고 나의 법전을 들여다보
며 거기서 깨우침을 얻어 새로 태어나
는 생명의 영광을 얻을 수 있도록 그
길을 위하여 너희들은 잠시도 쉬지 말
며, 쉬려는 생각도 하지 말라.
22 있는 힘을 다하여 달리고 또 달려야
하는 것이 나로부터 선택된 백성이요,
내가 쓰고자 부른 너희들이 그 길을
가는 임무임을 잊지 말라.

5,221 번째 하나님 말씀

2003년 2월 26일 0시 09분

1 사랑하는 나의 아들아!
2 "네, 아버님! 말씀하옵소서."
3 나의 피조물 만백성 너희들이 완전한
삶을 살며 완전한 길을 갈 수 없으며
완전해질 수 없다는 것을 나 여호와는
잘 알고 있음이니라.
4 그리하여 너희들에게 80퍼센트를 내
가 주었으며, 20퍼센트를 너희들이 노
력하여 얻으라 함이 거기 있음이니,
5 너희들은 그 20퍼센트라는 것을 완벽
하게 갈 수 없음이니,
6 이는 곧 80퍼센트는 완벽하게 갈 수
있으나 20퍼센트는 인간의 힘으로서
완벽하기가 너무나 힘들고 어려운 길
이라 내가 그리 말하였음이니라.
7 그러나 그 20퍼센트를 노력하고 변하
여 완벽한 자가 되려는 그와 같은 삶

을 어찌 살았느냐에 따라서 내가 너희
들에게 손을 내민다 함을 너희들에게
일찍이 깨우쳐 주었음이니라.
8 그러나 너희가 완벽한 삶을 살 수 없
기에 내가 나의 아들 예수로 하여금
너희들과 똑같은 육을 갖고 세상에 나
가 너희들과 더불어 사는 그와 같은
삶을 살라 하였음이니라.
9 성령을 받아 세상에 나간 나의 아들은
육을 가졌으나 그는 완전한 인간의 삶
을 살았으며,
10 그와 같이 너희들에게 그 모습을 보여
주도록 하여 나의 피조물 만백성이 인
간의 형태를 보인 나의 아들이 완벽
한 삶을 살아가는 것을 보고 배우도록
하여 깨우쳐 그 길을 올 수 있게 하고
자 내가 나의 아들을 성령으로 하여
육을 가진 형태로 내가 세상에 내보냈
음이니,
11 그리하여 그는 하늘에서 난 자로서 지
상에서 난 자인 것이 나의 아들 예수
이니라.
12 그러나 너희들은 어찌했던가?
13 나의 아들 예수가 완전한 삶을 살아가
는 그 모습이요, 그 생활 형태를 보고
배우도록 하여 너희들이 그와 같이 그
를 따라 하늘에 오르게 하고자 내가
나의 아들을 세상에 내보내 너희들과
더불어 그리 가도록 하였으나,
14 너희들은 나의 아들 예수를 죽게 하였
음이니라.
15 그리하여 인간의 형태에서 완벽한 삶
을 살아갈 수 있는 나의 아들이요, 너
희들이 보고 본보기로 따라야 할 나의
아들 예수를 죽게 하였음이니, 너희들
이 보고 배울 것이 없으며,
16 모델로 삼고 교훈 삼아 너희들이 완벽
한 삶을 살아갈 수 있는 그와 같은 나
의 아들을 죽임으로 인하여 그와 같은
것을 보고 배울 수가 없었음이니라.
17 그러니 완벽하지 못한 너희 인간이 보
고 배워야 할, 세상에 단 하나 있는 나
의 아들을 죽게 했으니,
18 너희들이 무엇을 보고 배울 수 있단
말이던가?
19 그리하여 오늘같이 험악한 삶의 형태
로 변했으며, 완벽한 삶에서 거리가
먼 쪽으로 무너지고 다 쓰러져 가는
것이 너희들임을 알아야 할 것이니라.
20 나의 아들 예수를 통하여 그가 완벽한
삶을 살아가는 것을 보고 너희들이 배
워 구원을 받도록 그리하고자 하였음
이니,
21 그러나 너희들은 그를 죽게 하고 나서
지금 무엇을 원하는가?
22 나의 아들 예수가 살아갔던 그 삶을
그대로 본받아 살아오는 것이 아니요,
23 그가 너희들의 죄를 다 짊어지고 죽었
으니, 그저 그 보혈로써 너희들은 구
원을 받았다 넋두리하는 그와 같은 믿
음 속에서 깨어나지 못하며 모두를 다
거기에 걸고 또 걸고,
24 구원을 받는 길까지, 새로 태어나는
생명의 역사의 영광을 얻는 그것까지
도 거기에 걸고 지금 믿음을 향하여
가고 있는 것이 너희들이 아니던가?
25 그러나 그것은 너무나도 잘못 알며 잘
못 가고 있는 길임을 알라.
26 나 여호와가 지금 새로운 성경과 나의
아들이 변화되는 그 삶을 보여 주는

것은 과연 무엇이던가?
27 내가 예수를 통하여 이루지 못했던 것
을 나의 피조물 만백성이 나의 새로운
성경이요, 나의 법전을 읽고 마음을
다스리며,
28 나의 아들로 하여금 바로 서도록 하여
예수와 같이 완벽한 삶을 살도록 하여
너희들에게 깨우쳐 주고자 하는 것이
나 여호와의 뜻임을 너희들은 알아야
할 것이니라.
29 나의 아들이 지금 예수의 삶을 그대로
살아가며 그와 같이 변화될 것이며 그
는 그 길을 가게 될 것이니라.
30 그리하여 나의 피조물 만백성이요, 그
를 따르는 제자들이 그와 같이 변하는
삶을 살도록 할 것이며,
31 나의 법전에 모두를 상세히 기록하여
너희들에게 전하는 것은, 너희들이 나
의 법전을 보고 깨달음을 얻어 나의
아들이 간 그 길을 그대로 따라갈 수
있는 그 행함과 변화를 할 수 있는 것
을 내가 글로 깨우쳐 너희들을 가르치
며,
32 나의 아들을 세상에 내보내 그로 하여
금 완벽한 삶을 살아갈 수 있는, 너희
들이 볼 수 있는 것이니,
33 책과 행동으로써 너희들을 깨우치고
자 나의 아들을 내가 그리 달구는 것
이며, 한 점의 부끄러움이 없는 삶을
살라 내가 그를 그리 가르치고 있음이
니라.
34 그의 머리가 백발이 되어 하얘졌을
때 그는 완벽한 삶을 살아가는 모습으
로써 너희들에게 보여 줄 수 있는 그
때가 될 것이라 내가 말한 그 시기가
머지않았음을 너희들은 알아야 할 것
이니라.
35 그리하여 지금 내가 나의 아들을 보내
어 완벽한 삶을 다시 한 번 삶으로써
너희들에게 눈으로 보고 깨우쳐 따르
도록 하며,
36 나의 법전을 읽고 더불어 같이 깨우치
도록 책과 나의 아들이 살아가는 그
모습의 변화되는 삶과 같이 너희들에
게 일깨워 주고자 하는 것이 지금 내
가 이루어 가고 있는 역사임을 너희들
은 알아야 할 것이니라.
37 깨달음과 행함과 변화를 같이 겸하여
너희들을 가르치고자 함이니,
38 이제 그를 따르는 제자 너희들이 또한
그와 같이 변화해야 함을 알아야 할
것이니라.
39 나의 아들을 따르는 제자 너희들은 나
의 아들이 그리 변함에 너희들이 그와
같이 변하지 아니하면 모두는 이루어
질 수 없음을 알라.
40 너희들이 그와 같이 변하지 아니할
때, 나의 아들을 도와 내가 새로 이루
는 역사를 이루는 데 도움이 아니요,
역행하는 길을 간다는 것을 잊지 말라.
41 사랑하는 나의 아들아, 이제 너의 제
자들에게 이르라.
42 단 하루도 완벽한 삶을 살지 못한다
말하는 자들, 단 하루도 완벽하게 살
수 없는 것이 인간이라 그리 말하는
백성과,
43 단 하루라도 완벽하게 사는 것이 아니
요, 인간은 영원히 완벽한 길을 위하
여 완벽히 살고자 노력하며 그와 같이
살 수 있다 말하는 그들과,

44 세월이 지난 다음에 나에게 와 죄와
벌이요, 또한 선함을 저울로 달 때, 그
때 가서 너희들이 그 무게가 어느 쪽
으로 기울어지는가를 알게 될 것이니
라.
45 너희들이 악한 쪽으로 기울어지면 나
로부터 구원을 받지 못하며 너희들이
스스로 지은 죄의 죄목을 갖고 지옥으
로 갈 것이요,
46 선이 밑으로 내려간다면 너희들은 그
를 가지고 나에게 와 나에게 바칠 것
이니 그때 내가 너희들을 받아들임을
잊지 말라.

5,222 번째 하나님 말씀

2003년 2월 26일 07시 08분

1 사랑하는 나의 아들아!
2 "네, 아버님! 말씀하옵소서."
3 내가 예수를 세상에 내보낸 것은, 너
희는 인간은 완벽하게 살 수 없으며
완벽한 사람이 될 수 없다 하였음이니
라.
4 그리하여 나의 아들 예수를 완벽한 삶
을 살도록 하여 너희들이 그를 보고
깨우쳐 하늘에 오르는 그 완벽한 인간
으로서 설 수 있도록 하기 위하여 그
를 본보기로 하여 예수가 그와 같은
삶을 살았다 하였음이니라.
5 그러나 사악한 나의 백성들이 그를 저
희들이 할 수 없기에, 예수가 하는 그
것을 보고 저희들이 할 수 없는 그 완
벽한 삶을 사는 것을 더 이상 볼 수가
없었으며,
6 저희들의 추하고 부끄러운 모습이 드
러나는 것을 두려워했으며 겁을 먹었
음이니라.
7 아무리 구약의 성서요, 율법이 아름다
우며 십계명이 소중하다 하여도,
8 그를 지키지 못하는 저희들이 만백성
을 지도한다는 선생으로서 그 자리를
지킬 수는 없는 것이 아니던가?
9 그러나 나의 아들 예수는 그를 지킬
수 있으며 그대로 살아갈 수 있었기
에, 그를 그와 같이 견디지 못하도록
한 것이 나를 따르는 백성이요, 나를
찾는 너희들의 사악하고 간교한 그 머
리로 인하여 그와 같은 무서운 일이
이루어졌다 하는 것을 너희들은 알아
야 할 것이니라.
10 저희들이 가지 못하는 것을 남이 가면
질투하고 시기하는 것처럼,
11 저희들은 지킬 수 없으며 완벽한 사람
으로 살 수 없으나, 나의 아들 예수가
완벽하게 살아간다면, 누가 허실이 있
고 누가 잘못되었으며 누가 진정한 나
의 백성인가를 알게 됨이니,
12 지도자로서, 그리고 종교 집단의 우두
머리라 말하는 자들이 그와 같이 행하
고 지킬 수 없는 것을 예수는 지키고
행하고 감이니,
13 그게 두렵고 무서워서 그를 그와 같이
죽게 하는 그들의 가장 큰 원인의 뜻
은 거기도 또한 있었음을 너는 알아야
할 것이니라.
14 한 가지 일을 역사하되, 하나가 이루
어지는 것이 아니며 수백 가지의 의미
가 있듯이, 그러하니라.
15 사람이 서로 떠나고 헤어질 때도 그대
로 떠나는 자가 있는가 하면, 이유를

대고 그리 떠나는 자가 있듯이,
16 바로 여러 가지 의미 중의 하나가 나
의 아들이 완벽하게 살아가는 그것이
두려웠으며 감히 저희들은 그와 같이
살아가지 못하는 것이 두려워, 그것을
저희들을 따르는 백성이 볼까 봐 그와
같은 행위를 했음이니라.
17 예수는 완벽한 삶을 살 수 있었음이니
라.
18 오늘 내가 나의 아들 너를 세상에 내
보냈으며 너를 통하여 나의 법전을 내
보내며 또 너를 내가 내 아들이라 부
름이니,
19 과연 이 엄청난 역사를 감히 누가 행
하는가?
20 나는 너에게 일찍이 말했으며 너에게
기록하여 만백성에 전하였느니라.
21 내가 법전을 세상에 내려보내는 것은,
만백성이 나의 법전을 읽고 깨우쳐 하
늘에 오르는 완벽한 삶을 살아가는 길
을 가라 하였으며,
22 그들이 살 수 없다 하며 또 인간은 완
벽해질 수 없다는 것, 그리고 나 여호
와 또한 너희들이 그리 완벽하게 갈
수 없다는 것을 알고 있음이니라.
23 그러나 나의 아들은 너희들과 똑같이
60평생 세상을 살다 나의 뜻을 따라
역사함이니, 그는 완벽한 삶을 살 수
있음이니라.
24 그리하여 네가 완벽한 삶을 살아, 만
백성에게 인간이 완벽하게 살 수 있다
는 것을 보여 줄 수 있으며, 완벽하게
사는 자가 세상에 하나는 있어야 함이
니, 그게 바로 무엇이던가?
25 나로부터 선택된 백성이요, 나의 아들
이요, 나에게 명받은 자이니라.
26 그러나 지금의 험악한 세상이요, 종교
집단들이 모두를 세습 체제로 자식에
게 그를 물려주며 저희 자식들을 종교
지도자로 만드니,
27 종교 지도자가 얼마나 즐겁고 행복하
면 그 짓을 또 하고 있겠는가?
28 그와 마찬가지이니라.
29 그러니 그와 같은 자들이 완벽하게 살
아가는 너를,
30 예수가 완벽하게 살아가고자 한 그것
이 두려워 그를 죽였듯이, 그들은 너
를 방해할 것이며, 너를 세상에 존재
치 못하게 할 것이니라.
31 그리하여 나의 법전이 세상에 전해지
고 네 머리가 하얘졌을 때 완벽한 삶
을 살아가며, 네가 완벽한 사람으로
갈 수 있다는 것을 내가 의미하여 말
함이니라.
32 너는 완벽하게 가야 하며 완벽한 삶을
살 수 있는 나의 아들이니라.
33 그러니 네가 완벽한 삶을 살 수 있도
록 지금서부터 모두를 다스려 나가는
훈련을 해야 함을 잊어서는 아니 될
것이니라.
34 너는 완벽하게 가야 하며, 갈 수 있으
며,
35 그리하여 만백성이 완벽하게 살 수 있
다는 것을 보고 그들이 완벽한 삶을
역사할 수 있다는 자신과 용기를 갖도
록 하며,
36 감히 인간이기 때문에 십계명을 지킬
수 없으며 인간이기 때문에 완벽하게
살 수 없다는 그와 같은 말을 할 수 없
도록 네가 그를 다 보여 줘야 함이니

그리 알라, 사랑하는 아들아!
37 그러니 지금서부터 네가 완벽한 삶을
살아가는 길을 훈련하며, 그 길을 가
도록 그리해야 할 것이며,
38 조금도 여유가 있는 생각이요, 조금도
잘못된 생각을 하고 살아가면 아니
됨을 알라.
39 그것은 너에게 고통만이 가중되는 것
이니,
40 네가 빠른 시일 안에 완벽한 사람으
로 살아가도록 그리하라.
41 인간이 완벽하게 살아갈 수 있음을
만백성에게 보이는 것이 네가 가야 할
길이며 해야 할 길임을 잊지 말라, 사
랑하는 나의 아들아!

5,223 번째 하나님 말씀

2003년 2월 26일 08시 51분

1 사랑하는 나의 아들아!
2 "네, 아버님! 말씀하옵소서."
3 지금의 종교 집단이요, 지도자들이 잘
못 가는 것을 내가 너에게 명하여 법
전에 기록하여 만백성에게 깨우치고
자 하는 것을, 너는 그리하지 아니하
기를 바라고 있으며,
4 그들을 깨우치는 그와 같은 말을, 그
들이 잘못된 것을 파헤치고 말하고 싶
지 아니한 네 마음을 아느니라.
5 그러나 지금 원천적으로 그들이 너무
나 잘못 가고 잘못 흘러가며, 나의 사
랑하는 백성까지 다 지옥 불로 인도하
고 간다 하면, 과연 너는 여기서 그를
중단하겠는가?
6 그들을 하나하나 더 파헤쳐 나의 백성
이 한 명이라도 그 누군가 보고 깨우
치는 그와 같은 역사를 이루는 길이
옳다 생각하지 않는가?
7 또 나 여호와가 아니면 종교 집단이
요, 그 방대한 조직이 잘못 가는 것을,
어느 인간이 그를 말할 수 있는가?
8 그 누구도 그들을 비방할 수 없으며
그들의 잘못된 것을 탓하지 못하게 되
어 있음이니라.
9 인간 세상에 살면서 상사가 잘못했을
때, 윗사람이 잘못했을 때 감히 잘못
했다 말하는 용기가 없는 사람이 많듯
이, 지금 그보다 더 무서운 형국에 있
음이니,
10 그보다 더 무서운 집단이요, 더 무서
운 힘을 가지고 있는 그들 앞에 과연
잘못됐으며 잘못 갔다 말할 수 있는
자가 누가 있는가?
11 그를 탓하고 바로잡을 수가 없음이니
라.
12 다만, 나 여호와는 나의 백성이요, 내
가 창조한 내 사랑하는 아들딸이기에
그들이 잘못하는 것을 깨우쳐 주고 가
르쳐 주는 길밖에 없음이니,
13 그는 바로 나의 법전에 기록하여 그를
전하여야 하며,
14 그러니 네가 그를 다 받아 기록하는
수밖에 없지 않은가?
15 너는 이를 마음 아파하며 괴로워하지
말라.
16 네가 같은 형제로서 그 형제의 잘못된
부분을 말하며 그들을 깨우치고자 이
야기하는 그 모두를 네가 마음 아파
하는 것을 나 여호와는 알고 있으나,
17 그 누구도 그들을 잡아 줄 수가 없음

이니, 그 모두는 다 그들을 사랑하기
때문이라는 것을 알아야 할 것이니라.
18 지금 많은 종교 지도자들이 너희들을
가르치고 깨우쳐 하늘에 오른다 하면
서 그들은 어려운 자, 가난한 자 분별
하지 아니하며,
19 그저 주는 자, 갖다 바치는 자, 그가
믿음이 위대한 자며 믿음이 강한 자며
그는 축복을 받는다 그리 충동질하는
종교 지도자들을 바로 세우는 것도 중
요하며,
20 그들이 그와 같은 행위를 함으로 인하
여 많은 신도들이 그와 같이 잘못 흘
러가고 있으며,
21 믿음이 무엇이며 진리가 무엇인지 보
지 아니하고 그저 외형적이요, 형식적
인 것에 믿음의 길을 가며,
22 종교 지도자들이 하는 대로 그저 재물
을 많이 바치며 눈물로 기도를 많이
하면 구원을 받는다 그리 가르침에 그
리 가는 너희들이 다 잘못이지만,
23 종교 지도자들을 남의 종교 지도자보
다 더 잘 입히고 더 편안한 모습으로
살아갈 수 있도록 온갖 정성을 다 쏟
으며 신경을 다 쓰는 너희들로 인해,
24 그 종교 지도자들이 받아 보고 먹어
본 자가 계속 받고 먹고자 하는 그와
같은 버릇을 길들인 것은 종교 지도자
가 길들인 것이 아니요, 너희들이 스
스로 그리 만들었음이니라.
25 착하고 순박한 종교 지도자요, 나의
진리대로 가고자 하는 자들을 너희들
이 계속 갖다 부어 주며 갖다 먹이며
갖다 입히다 보니,
26 그들 자신도 모르게 스스로 받는 것을
즐거움으로 알며, 당연히 받는 것으로
알며, 당연히 거둬들여야 하는 것으
로, 그리고 거둬들이지 않는 것이 잘
못된 것처럼 착각을 함으로써 세월이
흘러가며 그들이 지옥으로 가는 안내
자가 되는 그와 같은 형국이니,
27 너희들의 그 죄 또한 무서움을 알라.
28 내가 너희들에게 내린 것은 아름답게
쓰라 하였음이니,
29 그와 같이 나의 뜻에 따른 종교 지도
자가 아니요, 나의 뜻을 거역하는 그
들을 잘 입히며 잘 가꾸며 남의 지도
자보다 더 화려하게, 그리고 뒤지지
않는 세련된 모습으로 만들고자 온갖
짓을 다하고 있음이니, 그것이 바로
무서운 죄인 줄 알라.
30 너희들은 너희 종교 지도자에게 잘 입
히며 잘 먹이며 그를 세련되게 만들어
놓으며 남의 종교 지도자보다 낫게 만
들고자 하는 것이 너희들이 하늘에 오
르는 길이요, 복 받는 길이요, 축복이
라 하니,
31 이는 욕심이며, 얼마나 어리석으며 얼
마나 사악한 자들의 행위인가?
32 믿음의 길을 가는 것은 종교 지도자를
위해서 너희들이 존재함이 아니니라.
33 저의 자식과 저의 가정이요, 저의 친
지에게는 베풀지 아니하며, 가난한 자
를 돌아볼 줄 모르며,
34 그저 종교 지도자에게 수없이 퍼 주고
갖다 주며 서로 경쟁적인 입장에서 갖
다 주며 갖다 입히며,
35 그저 더 편하게 더 아름답게 만들려고
하는 그와 같은 너희들이 더 큰 죄인
임을 알아야 할 것이니라.

36 그것이 지금 너희들이 가고 있는 믿음
의 형태이며, 믿음이라 하여 구원을
받으며 하늘에 올라왔으며 나의 아들
예수의 보혈로써 구원을 받았다 말하
는 너희들이 하고 있는 작태이니,
37 그와 같은 자들이 더 사악한 자요, 잘
못 가르치는 종교 지도자보다 그와 같
은 충동질을 하고 있는 너희들이 더
죄인이요, 더 사악한 자임을 알라.
38 너희들이 지금 종교 지도자에게 그리
하는 것이 복이요, 축복이요, 영광이
요, 나를 기쁘게 하는 일이라 생각하
나,
39 그것이 얼마나 무서운 죄악인지를 알
게 될 것이며, 너희들 스스로 죄를 짓
고 있다는 그 엄연한 사실이요, 그 무
서운 사실을 너희들은 알아야 할 것이
니라.
40 너희들이 제일 사악한 자요, 잘못되어
있기 때문에, 종교 지도자들 중에 그
나마 몇 사람 구원할 수 있는 자들까
지도 쓰러져 가며 그저 편승해 가며
그저 규정에 따라가다 보니, 그들 자
신이 어려운 자, 불쌍한 자, 가려운 데
긁어 주며 불쌍한 자 도와주는 그와
같은 사랑의 마음을 버리게 되며,
41 오로지 받는 것, 더 갖다 주며 더 좋은
것을 받는 것을 그저 즐거움으로 알도
록 인간을 그리 세뇌시키고 교육하는
것이 너희들이니라.
42 그 죄를 너희들이 다 감내해야 할 것
이니, 너희들이 머지않아 인생의 삶을
마치고 나에게 왔을 때, 너희들이 갖
다 퍼 주고 갖다 줌으로써 그 칭찬의
소리에 귀가 어두워 나의 종교 지도들
마저 그렇게 무너트리고 사악한 자로
만든 그 죄가 얼마나 무서운 것인가
를 너희들은 알아야 할 것이니라.

5,224 번째 하나님 말씀

2003년 2월 26일 09시 03분

1 사랑하는 나의 아들아!
2 "네, 아버님! 말씀하옵소서."
3 나 여호와가 선택한 백성 너희들이 나
로부터 고난과 시련을 겪으며 어려운
길을 가며 내가 체벌을 내리는 것은
내가 너희들을 너무나 사랑하고 아끼
기 때문이니라.
4 그러니 오늘의 고통과 시련이요, 나로
부터 체벌을 받음은,
5 체벌을 받는 그 자체가 너희들에게 가
장 소중한 인생의 약이요, 보배로움이
라는 것을 너희들은 알아야 할 것이니
라.
6 내가 너희들을 귀히 쓰지 아니하며 내
가 너희들을 소중한 나의 아들딸로서
영원히 내 곁에 있게 하고자 하지 아
니하면, 너희들에게 고통과 시련을 내
가 내리지 아니하며, 나 여호와가 무
서운 체벌을 내리지 아니할 것이니라.
7 내가 너희를 사랑하며, 너희들을 완전
히 구원하는 길에 들어설 수 있도록,
그리고 하늘나라의 그 낙원에 와 나와
더불어 사는 그 영광을 얻게 하려고,
그를 버리지 아니하도록 하여 너희들
이 낙오자가 되지 않게 하기 위함이니,
8 내가 너희들을 사랑하기에 오늘의 고
통과 시련이요, 체벌을 너희들에게 내
림이니라.

9 고통과 시련 속에서 너희들이 깨달음
이 있으며, 그 속에서 생각하는 것이
있으며,
10 인간의 삶이 무엇이며 인간의 도리가
무엇인가를 고통과 시련 속에서만이
너희들이 들여다보고 깨우칠 수 있기
때문이니,
11 내가 오늘 시련과 고통 속에서 너희들
이 살아가게 함은 완벽하게 변화되는
백성으로 만들고자 하는 나의 뜻이 여
기 있음이니라.
12 너희들이 완벽하게 변화되지 못한다
면, 만백성을 구하는 그 역사를 이루
기 전에, 너희들 스스로 쓰러지며 무
너지며 나를 등지고 나로부터 떠나 지
옥 불로 가는 그와 같은 너희들이 되
기 때문이니,
13 그를 막고자 하여 내가 너희들에게 오
늘의 고통을 겪게 함이며 시련과 어려
운 체벌을 내림을 너희들은 알아야 할
것이니라.
14 너희들이 나 여호와의 품 안에서 받는
고통이요, 시련은 너희들이 인간 세상
에서 살아나가는 그 시련과 고통과는
다름을 알아야 할 것이니라.
15 너희들이 나로부터 체벌을 받아 고통
스러운 길을 감으로 인하여 너희들은
만백성이 살아가는 마음을 들여다보
며 그들의 마음이요, 그들이 살아가는
형태를 돌아다보며 들여다볼 수 있는
지혜를 얻는 것이며,
16 만백성을 구하는 인도자로서 너희들
이 바로 선다는 것을 알게 됨을 알아
야 할 것이니라.
17 사랑하는 너희들이 먼저 실패한다면
과연 이제는 어찌하겠는가?
18 너희들은 잘 알고 있지 않으냐?
19 구약 시대가 어떠한 결과를 맞이했던
가?
20 80이 다 된 모세로 하여금 그 많은 역
사요, 재앙으로 그들을 구원하며 역사
를 이루었지만,
21 그 구약 시대도 결국 실패의 시대로
끝나지 아니하였던가?
22 그들이 얼마나 광란의 짓을 하며 얼
마나 무서운 것으로 변하였더냐?
23 그리하여 그를 다시 다스리고자 내가
신약 시대를 열어, 완벽한 나의 아들
을 세상에 내려보내어 완벽한 삶의
모습으로 살아가는 것을 너희들이 보
고 깨우칠 수 있도록 내가 나의 아들
을 내려보내 역사했던 그 시대 또한
어찌하였던가?
24 그 시대도 실패하였음이니라.
25 그러나 너희들은 그와 같은 예수의 삶
을 바로 보고 가는 것이 아니요,
26 그 예수의 고통스러운 죽음을 너희를
위하여 너희의 죄를 대신하며, 너희를
구원하는 그 보혈이라 지금 그리 부
르짖고 있으며, 이와 같은 사악한 시
대를 만들어 오지 아니하였는가?
27 그리하여 이제는 더 이상 볼 수가 없
으며 더는 인내할 수가 없어 너희들을
다스리고자 하는 것이 내가 심판이라
하였으며,
28 마지막 시대, 제3의 시대를 지금 열어
가며 새로운 성경이요, 나의 법전으로
너희들을 나 여호와가 직접 심판하는
그 역사가 이루어지고 있음이니라.
29 이와 같은 시대에 나로부터 선택되었

으며 내가 쓰고자 부른 나의 아들딸
너희들이 잘못 가고 잘못 살아 고통과
시련을 인내하지 못하여 쓰러져 또 이
시대가 실패로 돌아간다면,
30 내가 더 이상 너희들을 구원할 기회가
없다 하였음이니, 그는 무엇이던가?
31 이 지상은 하늘의 낙원과 같이 이루어
져 천사와 같은 나의 백성이 살아가는
아름다운 지상의 낙원이 아니요,
32 재앙으로써 모두가 덮이는 그 무서운
현실 속에서 모두가 다 끝난다는 그와
같은 무서운 변화밖에는 남지 아니하
느니라.
33 사랑하는 나의 아들들아, 그리고 나의
딸들아!
34 너희들이 앞으로 삶이 얼마나 남았으
며, 육의 향락이요, 육의 삶이 얼마나
더 그립고 그리 소중하던가?
35 너희들 자신을 다 태워 지금 만백성을
구하는 그와 같은 길을 갈 수 있는 너
희들이 되어야 함을 잊지 말라.
36 내가 너희들에게 무어라 말을 하였느
냐?
37 네 자식과 남의 자식을 놓고 하나를
선택해야 할 때, 생각할 것 없이 남의
자식을 둘러업고 나오는 그와 같은 마
음이 되어야 한다 하였으니,
38 바로 그 마음이 되라 함이 무엇인지
알겠는가?
39 너희 자신을 만백성을 위해 태워서 던
질 수 있는 그와 같은 너희들이 되라
함이니라.
40 그는 곧 무엇이더냐?
41 너희와 남, 둘 중의 하나가 죽어야 하
는 상황일 때,
42 네 자식을 버리고 남의 자식을 둘러업
고 나오듯이, 너 자신을 용감히 던질
수 있으며 너를 희생할 수 있는 그와
같은 너희들로 성장하라 함이 거기 있
음이니,
43 네 자식을 업고 안 업고 하는 그 뜻보
다 더 소중한 것은, 너희들이 남을 위
해 희생하여 너희 자신을 과감히 던질
수 있는 그와 같은 훈련의 뜻을 내가
여기에 담고 있음을 너희들은 어찌 모
르는가?
44 그러하니 그것이 너희들이 가야 하는
길이며, 남을 위하여 하나의 생명을
아낌없이 던질 수 있는, 그와 같이 남
의 생명을 위하여 너희 생명을 바꿔
그를 살리고자 하는 것이 너희들이 가
야 할 길이며 선택의 길이거늘,
45 너희들이 만백성을 구하는 그와 같은
길을 위하여 생명을 바치라 하며 목숨
을 내놓으라는 것도 아니요,
46 너희들이 아름답고 깨끗하게 살며 천
사와 같은 마음으로 살면 그것이 만백
성을 구하는 길이니,
47 너희 자신을 불 속으로 던져 만백성을
구하는 것도 아니요, 죽음으로써 만백
성의 명을 이어 주는 것도 아니거늘,
48 그것도 지키지 못한다면 너희들이 정
녕 나에게서 들은 그 말을 하나도 실
천할 수 없음이니라.
49 너희들이 너의 자식과 남의 자식 중에
서 둘 중의 하나를 선택할 때 남의 자
식을 둘러업고 네 자식을 죽음으로 버
리는 그와 같은 행위도 할 수 없으며,
너희들은 '대를 위해 소를 희생한다.'
라는 그와 같은 것도 할 수 없으며, 너

자신을 던져서 만백성을 구할 수도 없는 것이 너희들이니, 너희들이 깊이 깨우쳐 너희들 자신이 어디 있으며, 너희들의 마음의 형태가 어떠한 것이며, 너희들이 가야 할 길이 어떤 것인가를 다스려 보고 또 깨우쳐 보도록 그리하라.

50 사랑하는 나의 아들딸들아, 그것이 너희들이 가야 할 길임을 잊지 말라.

51 너희들이 목숨을 내놓고 간다 하면 못할 것이 없으며 죽음을 두려워하지 아니한다면 못 이룰 것이 없지 않은가?

52 천하장사와 싸운들 죽음이 두렵지 아니하면 싸우지 못할 것이 없으며, 네가 악과 싸우되 죽음을 두려워하지 않는다면 그 악이 과연 무엇이 두려울 것인가?

53 이와 같이 너희들이 악을 제거하며 만백성이 하늘에 오르는 깨우침을 위하여 너 자신을 태워야 한다는 것이 나의 뜻임을 잊지 말라, 사랑하는 나의 아들딸들아!

5,225 번째 하나님 말씀

2003년 2월 26일 09시 25분

1 사랑하는 나의 아들아!

2 "네, 아버님! 말씀하옵소서."

3 너희들이 나의 법전을 읽고 깨우치며 나의 강론을 직접 듣는 그와 같은 삶이요, 그리고 너희들이 어려운 고난과 시련의 삶을 지금 살아감이니,

4 너희들은 그와 같은 삶에서 하나하나 인생의 삶을 깨우쳐 가며 인간의 도리를 깨우쳐 가는 삶을 살아가는 것이니라.

5 그러면서 그 속에서 참진리의 빛이 무엇인지 내가 원하는 진리를 하나씩 너희들이 깨우쳐 가게 됨을 알아야 할 것이니라.

6 가장 소중하고 위대한 것은, 하나의 진리를 깨우치면 그것이 완전한 답이요, 완전히 끝나는 것이라 생각하지 말라.

7 하나의 진리를 깨우쳤을 때 거기서 또 하나를 얻으며 또 둘을 얻으며 둘이 셋을 얻게 되는 그와 같이 깨달음이 연속되는 그 속에서 너희들이 나에게 오를 수 있으며, 너희들이 변함을 알 수 있으며, 나 여호와의 위대함을 알게 된다 내가 말하지 아니하였더냐?

8 너희들은 진리를 하나 깨달음으로써 거기서 중단하지 말고 연구하고 또 공부하고 나감으로써 열 개, 스무 개로 그 하나의 진리의 뜻이 파생되어 나가 수없이 이루어지는 그 깨달음을 알게 될 것이니라.

9 그리하여 너희들이 서서히 성장하게 됨이요,

10 성장함으로 너희들이 나에게 올 수 있으며 나로부터 선택된 백성으로서 한 점의 부끄러움이 없는 그와 같은 삶을 살 수 있는 것임을 너희들은 알아야 할 것이니라.

11 그러니 진실한 믿음 속에서 진실한 진리 하나를 터득하는 것이 소중함이니라.

12 너희들이 그렇게 하나의 진리를 얻어 그 속에서 계속 또 두 개요, 열 개를 얻어 가지 못한다면,

13 너희들은 육으로 생각하고 육적인 향락의 삶에서 정녕 벗어나지 못하며, 빠져나올 수 있는 인생이 되지 못함을 너희들은 알아야 할 것이니라.

14 너희들이 육적인 향락과 육적인 삶에서 벗어나지 못하며 진리의 길을 보지 못한다 하면,

15 너희들은 추한 마음과 추한 행동으로써 살다 마지막 죽음의 길에 들어서게 될 것이며,

16 그때는 어찌할 길이 없음을 알아야 할 것이니라.

17 너희들이 죽어 나에게 왔을 때, 그때는 아무리 돌아가려 해도, 돌이키려 해도, 나로부터 숨고자 도망하고자 해도 너희들을 숨겨 주는 자 없으며, 돌아갈 수 없는 것이요,

18 그리고 너희들 곁에는 아무도 없으며 도와줄 자들이 없음을 알아야 할 것이니라.

19 오로지 어찌 살았느냐에 따른 그 죄에 대한 심판만이 싸늘하게 너희들을 기다리고 있음을 잊지 말아야 할 것이니라.

20 오늘의 육의 삶을 너희들이 함부로 살며 육적인 그 향락에 빠져, 참진리의 길에 나오지 아니하며 거기서 빠져 허덕이다 나에게 왔을 때,

21 너희들은 단 1초라도 회개할 기회와 깨닫는 기회를 얻고자 하는 것이 너희들의 그 몸부림침이니라.

22 그러나 너희들은 단 한 번도, 단 1초도 회개하고 반성할 수 있는 그와 같은 기회요, 시간을 얻지 못함을 알아야 할 것이니라.

23 너희들에게 내가 단 1초라도 회개할 수 있는 기회를 준다면, 너희들은 그 순간에 그동안에 살았던 수천수만 가지의 잘못에 빼저린 눈물의 회개를 드릴 것이며, 나에게 용서를 빌고자 하여 그 죄를 조금이라도 덜어 보고자 할 것이나,

24 아무리 빼저린 용서를 빈다 해도 빌 수도 없으며 그와 같은 기회가 너희들에겐 주어지지 아니함을 너희들은 알아야 할 것이니라.

25 그러니 너희들이 지금 육의 삶의 세상에서, 나에게 기도하고 경배하며 회개할 수 있는 이와 같은 지금의 삶에서 의로운 삶을 살고 의로운 길을 가지 아니한다면, 너희들이 얼마나 불쌍한 인간이며 얼마나 불행한 사람인가 알아야 할 것이니라.

26 지금 너희들은 기도할 시간이 너무도 많으며, 회개할 시간이 너무나 많으며, 아름다운 삶이요, 완벽한 선한 삶을 살 길이 얼마든지 너희들 앞에 있음이니,

27 지금의 이 소중한 시간에 너희들이 깨우치지 못하며 회개하지 못하며 반성하지 못하며 참진리요, 나에게 오는 그 길을 위하여 달리지 아니한다면, 얼마나 무서운 결과를 초래하는 것인가를 알아야 할 것이며,

28 그 무서운 심판대에 섰을 때 너희들의 오늘의 그 삶을 통곡하며 후회해도 그때는 두 번 다시 단 1초의 기회도 없다는 것을 잊지 말라.

29 오늘의 삶을 의로운 삶을 살라 내가 너희들에게 이리 나의 법전을 통하여

전했음이니,
30 이를 듣고도 이를 행하지 아니하는 그
것이 얼마나 무서운 것인가를 알게 될
것이며,
31 내가 이와 같은 의로운 삶을 살라 지
금 가르치고 강조하는 것이 너희들을
얼마나 사랑함인가를 알게 될 것이며,
32 그때 단 1초도 회개하고 반성할 시간
을 주지 않는 나 여호와를 너희들이
원망하지 못함을 알라.

5,226 번째 하나님 말씀

2003년 2월 26일 09시 31분

1 사랑하는 나의 아들아!
2 "네, 아버님! 말씀하옵소서."
3 너희들이 정녕 나의 아들이요, 딸이며
내가 창조한 나의 백성이라 하면,
4 나 여호와의 사랑하는 마음이 무엇이
며 내가 어떤 것을 원하는 것인가를,
어찌하여 그를 생각하며 그 길을 가려
하지 아니하는가?
5 어떠한 길이 나 여호와가 추구하는 길
이며 나를 따르는 길이며 내가 원하는
길인가를 너희들은 알려 하지 아니하
며,
6 어떠한 삶이 나의 뜻에 따라 살아가는
길인가 그것조차도 너희들은 생각하
지 아니함이니라.
7 너희들의 삶을 어찌 사느냐에 따라서
그 결과가 이루어짐이니,
8 나를 경배하며 사랑하는 마음으로 살
며 나의 뜻에 순종하며 사느냐, 또한
나의 뜻을 거역하고 사느냐 하는 것
이 어떠한 결과를 초래할 것인가 그것
조차도 생각하지 아니하고 사는 것이
너희들이니라.
9 너희들이 지금 살아가는 삶이 나에게
상처를 주는 삶이요,
10 너희들이 지금 끌고 가는 그와 같은
인생의 모든 굴레 속에서 벗어나지 못
하고 욕심과 욕망 속에 그득히 차 있
는 삶을 살아가는 것을 내가 볼 때,
11 나에게 아픔과 고통을 너희들이 주며,
어찌 너희들이 나에게 시련을 주는 것
인가 그것 자체도 생각하며 들여다보
지 아니하는 그와 같은 삶을 살아가고
자 하니,
12 너희들은 이제 깨우쳐라.
13 어떤 것이 나를 경배하며 나에게 순종
하는 삶이며 나를 기쁘게 하는 마음이
요, 나를 사랑하는 마음이요, 나에게
아픔과 마음의 상처를 주는 삶인가를
깨우치도록 하라.
14 그리하여 너희들이 그를 알지 못하기
에 구약과 신약이라는 성경이 세상에
내려갔음이니,
15 너희들이 구약과 신약을 정독하며 깨
우쳐 진심으로 아름다운 마음으로써
그를 들여다본다면 내가 내린 그 속에
있는 그 뜻을 알 수 있을 것이며,
16 그를 깨닫는 자, 그대로 실천하며 하
나하나 짚어 깨우쳐 그리 행하고 살아
가면 나의 기쁨이요, 나의 뜻에 의하
여 나에게 오르는 길이건만,
17 너희들은 지금 스스로 연구하여 깨우
쳐 오며, 정독해서 그 뜻이 무엇인가
를 깨우치려 하는 것이 아니요,
18 그저 종교 집단에서 지도자라 하여 가
르치는 자들의 감언에만 그리 가고 있

음이니,
19 지금 모든 종교 지도자들이 그 뜻을
이해하지 못하며 너희들만큼도 그를
모름이니라.
20 너희들은 있는 내용을 그대로 받아들
이는 순수한 마음이 있으나,
21 종교 지도자들은 저희들에게 무엇인
가 떡이 되고 생선이 되며 금화와 은
화를 거둬들일 수 있는 구절이요, 그
내용이 어디 있는가 하여 그리 변조하
여 너희들에게 가르침이니, 그들이 잘
못 가르친다는 것이며,
22 그들이 강론하며 설교하며 너희들 앞
에서 교육하는 것은 오로지 너희들을
종처럼 세뇌교육을 시키는 것이며, 세
뇌하여 저희들이 부리고자 함이니,
23 또한 너희들이 그리 세뇌되어 자신을
분별하지 못하며, 어떤 것이 진정한
길이요, 하늘에 오르는 길인가 그것을
분간하지 못하는 그와 같은 형국에 와
있는 것이니,
24 이를 바라보는 나 여호와의 마음이 어
떠하겠는가?
25 너희들은 어떠한 삶이요, 어떤 길이
나를 기쁘게 하는 것이며, 어떠한 삶
이 나를 거역하는 것인가 그것을 먼저
깨우쳐라.
26 너희들이 구약과 신약에서 그를 깨우
치지 못하였기에, 내가 지금 너희들을
깨우쳐 주고 바로잡으려고 법전이라
하여 160권의 그 모두를 쉽게 알아들
을 수 있고 누구나 읽으면 그 내용을
알 수 있으며, 남의 설명이 필요 없으
며 남의 강론이 필요 없게 만들어 내
려보냄이니,
27 내가 너희들을 사랑하여 내려보내는
이 새로운 성경이요, 나의 법전을 가
슴에 안고 정독하여 깨우쳐 보라.
28 그러면 세상사의 모든 이치를 알 것이
며, 너희들이 오는 믿음의 길을 알며,
네가 어디에 서 있는 가를 알며,
29 네가 하고 있는 행동이 나를 즐겁게
나를 위해 순종하는 행동인가, 나를
거역하는 사악한 행위를 하고 있는가
그것부터 너희들이 구분하게 될 것이
니,
30 이를 읽지 아니하며 이를 보지 아니하
는 자는 정녕 그것을 알 수 없음이니
라.
31 그래서 내가 마지막 시대라 하였으며,
마지막 제3의 시대를 열어 내가 심판
을 하는 법전이라 하였음이니라.
32 이를 보고 깨우치는 자는 나의 아들딸
로서 구원을 받을 것이며, 이를 보지
못하는 자는 구원의 길에 들어설 수
없다는 그 무서운 나의 가르침을 너희
들이 알아야 할 것이니 그리 알라.

5,227 번째 하나님 말씀

2003년 2월 26일 09시 38분

1 사랑하는 나의 아들아!
2 "네, 아버님! 말씀하옵소서."
3 만백성, 너의 제자들에게만이라도 이
를 가르치라.
4 너희들이 육의 세상에 살다 죽어 왔을
때 지난날의 삶을 회개하고 반성할 기
회를 1초만 준다 해도 너희들은 그 뼈
저린 회개요, 큰 죄를 지은 것부터 털
고자 할 것이니라.

5 그는 너희들이 받아야 하는 그 벌을
가볍게 하고자 하는 그 마음에서 그리
할 것이니,
6 1초 동안에 수천수만 가지를 빌 수 있
는 그와 같은 마음의 자세를 가질 것
이니라.
7 그와 같이 다시 살 수 없는 그 인생의
삶을 나 여호와가 다시 너희들에게 세
상에 태어나, 너희들이 죄짓고 나에게
와서 심판을 받았던 그 삶을 아름답게
살라 하여 내가 내려보낸 것이 지금
의 삶이라는 것을 너희들은 어찌 생각
하지 못하는가?
8 너희들이 단 1초도 얻을 수 없으며 회
개할 수 없는 그 시간을, 나 여호와가
너희들에게 평생을 다시 한 번 살 기
회를 주어,
9 나가서 나에게 심판을 받기 전까지 지
은 죄를 용서를 받으며, 나의 계명을
지키고 아름답게 살라 하였을 때, 너
희들이 그리 살겠다 하여 지금 나온
백성이라 하면,
10 너희들은 과연 오늘의 삶을 그와 같이
추하고 더러우며 남에게 누를 끼치며
남의 것을 시기하고 질투하며 욕심을
내는 그와 같은 삶을 살 수 있겠는가?
11 이 무서운 사실을 깨우치고 너희들은
등골이 오싹함을 지금 느껴야 할 것이
니라.
12 그러하니라.
13 1초만 달라 애원하고 애원하여 내가
한 번의 기회를 더 준 것이 이 세상에
나와 사는 백성 너희들이니,
14 단 1초를 원하던 너희들에게 지금 이
세상에서 평생 살아갈 수 있는 그와
같은 기회를 주었는데, 거기서 또 죄
를 짓고 또 사악한 짓을 하다 죽어 왔
을 때, 너희는 또 1초를 더 달라 할 것
이니,
15 그때는 너희들에게 영원히 구원 기회
가 없음이니, 오늘을 어찌 살아야 할
것인가는 너희들 스스로 알아서 살아
가라.
16 너희들이 욕심의 보따리요, 사악한 보
따리를 버리지 못하기 때문이니,
17 지금부터라도 나의 법전을 읽고 깨우
친다면 지금 이 순간부터 너희들이 살
아왔던 모든 욕심이요, 그 욕망이요,
잘못 살아온 것, 도저히 누구도 깰 수
도 없으며 열어 볼 수도 없는 그 추한
것들을 다 꽉꽉 묶어 한 보따리로 물
에 띄워 버릴 수 있는 그와 같은 마음
은 없는가?
18 그것들을 물에 띄워 버리고, 너희들이
새로 태어난 삶으로써 지금서부터 시
작하라.
19 그리하면 너희들이 죽어 와 나에게 1
초라도 달라 애걸복걸하는 그와 같은
삶은 없을 것이니라.
20 너희들이 얼마나 사악하고 욕심 있는
백성인지 아는가?
21 너희들이 나에게 1초를 달라 하여 내
가 너희들에게 삶의 그 시간을 다시
한 번 주었거늘,
22 너희들은 거기에 감사하며 은혜를 갚
고자 하는 그와 같은 마음이 없는 것
이 아니던가?
23 자식을 두지 못하는 부부가 자식 하나
를 얻고자 얼마나 정성을 들이며 그
자식을 얻기를 소원하는가?

24 그리하여 내가 너희들에게 그 자식을
주었다 하자.
25 자식을 얻지 못한 그 부부는 얼마나
그 자식이라는 한 점의 혈육을 얻으려
고 모든 열과 정성을 다 들이는가?
26 그리하여 나 여호와가 너희들에게 하
나의 혈육인 자식을 딸이든 아들이든
한 생명을 내려 주었을 때, 너희들은
그 순간 나에게 얼마나 감사하겠는가?
27 그보다도 큰 은혜가 없다 울고불고 나
에게 기도할 것이니라.
28 그러나 그 자식이 자라 가면서 남들
에게 뒤지는 자식이요,
29 너희들이 말하는 효자요, 아름다운 마
음으로 살아가지 아니하고 잘못 살아
갈 때,
30 너희들은 기대에 못 미치는 그 자식
을 보고 자식을 둔 것을 후회하고 원
망하며, 자식을 두지 아니한 것만 못
함이라 그리 말함이니,
31 그것이 바로 너희들의 욕심이니라.
32 너희들이 그리도 소원하고 빌고 하여
내가 아들이든 딸이든 하나의 혈육이
라 하여 자식을 주었을 때, 너희들은
그를 얻은 기쁨, 그것으로써 모두를
다 대신할 수 없는가?
33 그로써 기쁨과 감사한 마음으로 살
수는 없는가?
34 그리하여 너희들이 자식에게 기대하
는 만큼 그 기대치가 이루어지지 않을
때, 불평불만을 하고 원망을 함이니,
35 자식이 없어 자식을 얻고자 간곡히 나
에게 기도드렸던 너희들이 자식을 얻
었던 그 감사함을 잊어버리고 사는 것
이 너희들 인간이니, 너희들이 그리
욕심이 많으니라.
36 자식을 둘 수 없어 자식을 달라 나에
게 기도하고 눈물로써 하소연하여, 내
가 그를 들어줘 자식을 하나 주었을
때, 그 얻은 기쁨이 과연 얼마나 크던
가?
37 그 기쁨을 영원히 간직하며 너희들이
살 수는 없는가?
38 자식에게 기대하지 말며, 얻을 수 없
는 자식을 너희들에게 준 그 영광이
요, 그 은혜에 감사하는 마음으로 살
아가야 하는 것이 너희들의 마음이거
늘, 너희들은 그와 같은 형국으로 가
지 않느니라.
39 그러니 너희들이 어찌한다 내가 말하
지 않느냐?
40 물에 빠진 자 죽게 되어 그를 살려주
니 '물에 떠내려간 그 보따리를 네가
감추지 않았느냐? 그 보따리를 달라.'
하는 것이 너희들이라 하였으니,
41 이제 모든 욕심을 보따리에 꽉꽉 묶어
물에 떠내려가도록 흘려보내는 너희
들이 되도록 하며,
42 너희들이 기도하여 얻은 그것으로써
충만하며 감사하는 그 마음을 영원히
잊지 않고 사는 것이 바로 나로부터 1
초의 시간을 얻으려다 세상에 나와
오늘의 생명이요, 오늘의 회개할 수
있으며 깨달을 수 있는 그와 같은 영
광된 시간을 얻은 거기에 대한 감사하
는 마음으로 살아가는 것이니 그리
알라.
43 그와 같은 마음을 갖지 아니한 자, 너
희들은 또 죽어 와 나에게 1초의 시간
을 달라 그리할 것이나, 그 1초의 단

한 번의 기회도 이제는 내가 너희들에
게 주지 아니함을 알라.

5,228 번째 하나님 말씀

2003년 2월26일12시14분

(강론을 마치며)

1 사랑하는 나의 아들아.
2 "네, 아버님! 말씀하옵소서."
3 이 세상의 많은 식물이 다 꽃을 피우
며 그 꽃으로 하여금 열매를 맺으며
그 씨를 또 세상에 뿌리니,
4 그리하여 그들은 그 생명을 유지하여
가며 그들이 또 그와 같이 존재하는
것이니라.
5 그러나 나의 사랑하는 백성 너희들은
그 꽃을 볼 때, 그 꽃의 아름다움이요,
그 꽃의 향기를 가지고 그 식물의 값
어치를 따지며 귀하고 귀하지 아니함
을 따지느니라.
6 또한, 너희들은 그 꽃 한 송이가 얼마
나 아름답고 고우냐에 따라서 그를 또
재물로써 계산하며 사고팔고 거래하
는 그와 같은 형국으로 살아가는 모습
이 지금의 인간 너희들이 살아가는 것
이 아니더냐?
7 그러나 너희들은 여기서 하나를 알아
야 할 것이니라.
8 가장 아름답고 소중하며 그 향기로운
꽃이 이 세상의 식물 중에서 가장 아
름답고 귀한 것이 아니니, 그보다 더
귀한 것이 있느니라.
9 잡초와 같이 아무 데도 쓸모없는 그와
같은 풀잎 하나요, 그 뿌리가 너희들
의 생명을 구원하는 그 약초로써 쓰
일 수 있다 하면,
10 너희들의 눈으로 보는 아름다운 꽃보
다 너희들의 생명을 살리는 약초요,
생명을 가지고 있는 그 잡초가 더 귀
하지 않겠는가?
11 과연 너희들은 무엇을 더 원하며 무엇
이 더 소중하다 말할 수 있겠는가?
12 잡초와 같은 그 식물의 뿌리가 너희
들의 생명을 구하는 약의 재료로 거
론되고 있다 하면, 그 잡초는 아름답
고 향기로운 꽃보다도 더 소중함을 너
희는 알게 될 것이니라.
13 지금 나의 피조물 만백성 종교 집단이
요, 저희들이 수천 년 동안 흘러오는
그 역사요, 그 물질이요, 그 많은 조직
속에서 너희들이 이제는 더 방대한 것
이 없으며 더 위대한 것이 없다 그리
말하느니라.
14 그리하여 꽃이 지금 일시적인 아름다
움을 가지고 그 자태를 자랑하듯이,
너희들은 그 방대한 조직의 일시적인
힘을 가지고 세상에 더 바꿀 것이 없
으며 그를 당할 수 없다 그리 말하느
니라.
15 그리하여 너희들이 말하기를, 내가 정
녕 너희들에게 깨우쳐 준 생명수요,
곧 너희들의 목숨을 살릴 수 있는 그
잡초의 뿌리가 약 성분이 있다 하듯
이,
16 그와 같이 그 소중한 뿌리를 너희들이
보지 아니하며 그 십계명을 지킬 수
없다, 그리고 율법대로 살 수 없다, 또
한 나의 아들을 통하여 내리는 법전이
요, 이 새로운 성경대로 살 수 없다 감
히 그리 가르치고 언성을 높여 말함이

니,
17 그리고 인간이 완벽하게 사는 그와
같은 길을 간다는 것은 거짓 하는 자
요, 그는 용서받을 수 없는 자요, 위선
자라 그리 말할 것이니라.
18 그러나 너희들은 여기서 들어야 할 것
이니라.
19 잡초와 같이 이 세상에 나온, 너희들
이 보기에 잡초만도 못한 작은 나의
아들이 지금 뭐라 부르짖고 있는가?
20 너희들은 인간이기 때문에 그 길을 갈
수 있으며, 완벽한 삶을 살아가는 길
을 다스리려 그는 책무를 맡고 세상에
나왔다 하며, 그는 그 길을 간다고 지
금 말하느니라.
21 잡초의 뿌리가 너희들의 생명을 구하
는 약효가 있듯이, 나의 아들이 지금
에 와서, 잡초만도 못한 삶을 사는 자
가 지금 바로 무엇이더냐?
22 너희는 완벽한 인간의 길을 갈 수 있
고 가야 한다 하니, 너희들도 그리 가
야 한다 그리 말하니,
23 너희들은 그 잡초만을 보고 너희들이
쓸데없는 것이라 하며 그저 태워 버
리고 뽑아 버리려 하나,
24 그 뿌리의 약초의 소중함을 너희들이
느낄 때가 있을 것이며,
25 너희들이 죽어 갈 때 그 뿌리가 몸에
약이 되어 산다면 그 뿌리가 얼마나
소중한가를 알게 될 것이니라
26 결국, 너희들이 잡초처럼 보는 나의
아들이라 해도 그를 지킨다 하니,
27 그러나 그 생명을 구원하는 십계명을
지키며 나의 율법대로 지키며 나의 법
전을 지키며 완벽한 인간이 되어 천사
와 같은 삶을 살 수 있다 그리 말하는
나의 아들을 잡초처럼 봄이니,
28 너희들은 잡초는 보면서 그 뿌리의
약의 효능은 못 보는 그와 같은 어리
석은 판단을 하고 있는 것이 지금 너
희들이니라.
29 잡초만도 못한 자, 그를 지키고 간다
하니, 그는 바로 무엇이더냐?
30 갈 수 있음이니라.
31 너희들이 아름다운 꽃 앞에 다 그리
모이며 그 향기 앞에 그보다 더 좋은
것이 없다 하며 수없이 그 꽃을 꺾기
를 원하고 있으나,
32 잡초를 내가 더 소중한 것이며 저 꽃
보다 인자하다 그리 말하니, 너희들은
그 잡초를 짓이기며, 쓸데없는 것이니
헛소리한다 하는 것이며, 미친 자가
지나가는 소리를 하며 정신이상자가
헛소리한다 할 것이니라.
33 그러나 너희들이 막상 그 잡초의 뿌리
를 먹어야 사는 그와 같은 중요한 상
황에 다다랐을 때, 너희들은 그때 그
잡초의 소중함을 알 것이니라.
34 그러면서 수십억 인구가 그 아름다운
꽃을 꺾어 그 꽃의 향기를 맡게 되는
그 앞에 서 있는 너희들은 정신 못 차
리며,
35 그 꽃보다 나의 잡초가 더 위대하고
소중하다 소리 질렀을 때, 그는 그와
같이 약의 재료요, 능력이요, 효능을
볼 때 그리 말하는 것을,
36 너희들이 몸으로 짓이기고 그를 뽑아
낸다 하면, 그리고 그를 태운다 하면,
37 너희들의 생명을 구하는 그 약을 구할
수 없으며, 너희들은 지옥 불로 가게

될 것이니라.
38 지금 잡초만도 못한 나의 아들이 나의
법전이요, 이것이 너희들의 생명이라
하며, 완벽한 인간으로 지켜 갈 수 있
다 부르짖는 나의 아들의 음성에,
39 너희들이 정녕 변화되고 더불어 갈
수 있다 하여 같이 가는 길동무가 되
는 그와 같은 자는 나에게 올 것이니
라.
40 그대로 가고 저주받는 너희들이 바로
무엇이더냐?
41 병들어서 그 잡초의 뿌리를 먹어야만
살 때, 그 잡초의 뿌리를 제가 건강할
때 그 선택된 것을 태워 버렸으니, 그
를 구하지 못하여 제가 죽음으로 가
는 자들과 조금도 다름이 없음을 알라.
42 너희들은 감히 지킬 수 없다 하니, 그
방대한 조직이요, 그 많은 인력이요,
그 많은 재물을 가지고 있으며 수천
년 동안 흘러온 너희들이 잘못됐다고
잡초만도 못한 나의 아들이 말하며,
43 너희들이 갈 수 없다 하는 것을 갈 수
있다 부르짖는 나의 아들, 그는 바로
너희들의 생명수와 같은 나의 법전을
가슴에 안고 있으며, 그 뿌리를 가지
고 있기 때문에 그가 말함이니,
44 너희들이 오늘날 법전을 읽고 깨우쳐
가슴에 와 닿음이 없다 하면, 이는 너
희들이 짐승이 되어 내려와 그저 내가
빌려준 그와 같은 형국밖에는 되지
아니하니, 부모로서 아픈 내 마음을
너희들이 감히 어찌 알겠는가?
45 오늘 나의 아들을 통하여 성령의 나
의 가르침을 듣는 너희 제자들을 위하
여 이와 같은 깊은 뜻을, 이 아름다움
이요, 소중함을 너희들의 가슴에 새기
도록 그리하라.
46 내가 그리하여 너희들을 사랑함이니
라.
47 수억, 수십억 인구가 있다 하나, 오늘
아침에 내가 나의 아들에게 내리는 이
뜻을 듣는 이는 너희들밖에 없음이니,
그 누가 있더냐?
48 이제는 너희들의 입을 통해서 나가게
될 것이니,
49 나의 법전을 세상에서 가장 먼저 듣
고 깨닫는 자, 나 여호와가 만들어 준
음식을 맛있게 먹어 줄 수 있는 너희
들이 필요하며, 그 모습이 아름다움이
며, 나의 부모 같은 마음이니라.
50 내가 내린 나의 성령이요, 나의 이 뜻
의 진리를 들어 주는 너희들이 있기
에 나 여호와가 기쁨을 가지고 있다
하면, 너희들이 얼마나 나에게 효성스
런 아들이며 딸이더냐?
51 내가 너희들을 사랑하며 내가 너희들
과 같이 있음을 잊지 말라, 사랑하는
나의 아들 딸들아!

5,229 번째 하나님 말씀

2003년 2월 27일 0시 43분

1 사랑하는 나의 아들아!
2 "네, 아버님! 말씀하옵소서."
3 내가 너에게 뭐라 가훈을 정하여 너와
너의 제자들에게 전했던가?
4 '하늘을 향하여 한 점 부끄럼이 없는
삶을 살자, 아들과 딸들아!' 그리하였
음이니, 바로 그것이니라.
5 특히나 만백성의 생명이 하늘에 오르

고 못 오르는 것은, 그들이 다시 태어
남이요, 다시 태어나지 못함의 그와
같은 중요함이 있으니,
6 그를 책임지고 이끈다는 종교 지도자
들은 한 점의 부끄럼이 없는 그와 같
은 삶을 살아야 함을 잊어서는 아니
되느니라.
7 내가 너에게 수없이 말했느니라.
8 네가 사악한 짓이요, 해서는 안 되는
일을 지키기 어려울 때, 예수가 죽어
가는 그 고통보다 더하던가?
9 너희들이 그보다 더하거든 그를 지키
지 말라 하지 아니하였던가?
10 그리고 욥의 그 시험보다도 더 고통스
럽고 힘들거든 지키지 말라 하였음이
니라.
11 그러나 그렇지 아니하다면 지켜야 한
다고 했으니,
12 이제 너희들이 그와 같은 결정을 내리
며, 나 여호와가 보는 앞에서 한 점의
부끄럼이 있는 삶을 살아서는 안 됨이
니라.
13 너희들은 서로 모르는 상태에서 속이
고 살며, 인간의 눈을 속일 수 있다 생
각하여 부끄러운 짓, 죄짓는 짓을 할
지 모르나,
14 나 여호와는 그를 다 보고 있으며 천
사들도 보고 있으며 사악한 사탄들도
그를 보고 있음이니라.
15 그러니 너희들은 봐야 하며 만져야
하며, 보이는 것만을 볼 수 있기 때문
에, 인간의 눈을 속여 많은 사람을 속
일 수 있으나,
16 나를 속일 수 없으며 천사를 속일 수
없으며 사악한 사탄까지도 속일 수 없
는 것이 너희들의 행함이니,
17 그러하니 나의 아들이요, 나로부터 선
택된 백성이라 하여도 너희들이 공의
의 하나님, 나 여호와 앞에 와 심판을
받을 때, 엄격히 그를 받아야 함을 알
아야 할 것이니라.
18 나의 아들이라 하여 160권의 법전을
세상에 만들어 냈다 해도, 많은 제자
를 속이며 백성을 속이며 많은 사람을
속이고 나를 속이고 그와 같이 살아온
다면, 그는 사탄이 보고 천사가 보니
그 죄의 대가를 다 받아야 함을 알아
야 할 것이니라.
19 너의 제자들 또한 그러하니라.
20 너희들이 나의 법전을 만드는 역사를
이루었으며, 만백성을 구원했다 해도,
21 나를 속이며 하늘을 속이며, 그리고
인간인 너희들의 동료를 속이며 이웃
을 속이며 선지자를 속이며 너희 자신
의 양심까지 속여 가면서 지은 죄의
대가는 공의의 하나님, 내 앞에서는
하나도 받지 않는 것이 없으며, 다 받
아야 할 것이며, 용서받음이 없음을
알라.
22 그러니 너희들이 알아서 행하도록 하
라.
23 너희들이 스스로 나 여호와의 뜻에 따
라 지상에서 만백성을 구하며 하늘에
오르는 길을 인도하는 지도자라 하여
이 세상에서 살다, 정작 나 여호와에
게 심판을 받을 때, 지옥 불로 가는 그
와 같은 길을 가서는 아니 됨이니,
24 너희들이 인간을 속이며 형제를 속이
며 이웃을 속이며 동료를 속여 가면서
죄짓는 그와 같은 행위를 하는 것은

다 나에게 와서 반드시 벌을 받으며,
하나도 빠짐없이 다 받는다는 것을 알
라.
25 그리하여 너희들도 다른 백성과 똑같
이 그 죄에 대한 대가를 치름이니,
26 너희들이 지상에서 나의 뜻에 따라
만백성을 구하는 역사를 했으면서도
나에게 오르지 못하며 천국에 오지 못
하고 지옥으로 가는, 사탄이요, 사악
한 자의 자식으로 전락하는 그와 같은
삶을 지금서부터 살아서는 아니 됨이
니,
27 내가 오늘, 이 깊은 밤 나의 아들을 통
하여 그를 내림이니, 그를 지키고 행
하도록 하라.

5,230 번째 하나님 말씀

2003년 2월 27일 0시 52분

1 사랑하는 나의 아들아!
2 "네, 아버님! 말씀하옵소서."
3 내가 너희들에게 처음부터 무어라 가
르치며 나의 법전에 전하였던가?
4 너희들이 살아가면서 나로부터 선택
된 백성이요, 나의 대명을 받아 부름
을 받은 너희들은, 너희들의 머리로써
생각하며 너희들의 생각의 판단으로
써 행한다 하면 무서운 결과를 이루게
된다 내가 그리 깨우쳐 주었음이니라.
5 또한, 나의 아들이요, 나의 법전 160
권을 세상에 만들어 내는 나의 아들
너는 정녕 묵상과 기도로써 모두를 역
사해야 할 것이며,
6 네 임의대로 판단해서 행한다면 그는
무서운 착오를 이룸을 알아야 할 것
이니라.
7 너희들 인간은 서로 눈을 속일 수 있
으며, 인간은 인간을 서로 볼 수 없기
에 사악한 짓을 하며 사악한 행위를
할 수 있음이니라.
8 너희들의 눈으로 보이지 않는다 하여
너희들의 이웃은 속일 수 있으나, 감
히 나 여호와는 속일 수 없다 하였음
이니,
9 그 자체도 무엇이던가?
10 너희들의 머리로써 판단하기 때문에
그와 같은 결과의 역사를 이루는 것이
니라.
11 너희들의 머리로 생각하며 머리로 판
단하지 아니한다면 감히 그와 같이 무
서운 행위를 할 수 없음이니라.
12 그리하여 육의 향락이요, 육의 즐거움
이요, 그를 너희 스스로 이는 죄가 되
지 아니할 것이며, 이는 아무도 보지
못하니 남을 속일 수 있다 하여 그와
같은 잘못된 짓을 할 수 있는 것이,
13 너희들의 머리로써 생각하며 판단하
며 너희 스스로 결과를 맺기 때문에
그러한 일이 생긴다는 것을 잊어서는
아니 됨을 알라.
14 그리하여 모든 일에 계산착오요, 시행
착오를 이루는 그를 막고자 내가 너희
들 생각으로 하지 말고 나 여호와에게
묵상과 기도를 들어 행하라 함이니라.
15 너희들의 순간의 판단으로 인하여 해
서는 안 되는 짓을 할 수 있으며, 해서
는 안 되는 죄를 짓는 것이니라.
16 그리하여 내가 그와 같은 삶을 살라
함을 너희들은 알아야 할 것이니라.
17 너희들의 머리로 판단하고 생각해서

행한다면 그는 바로 너희들이 어떠한
짓도 할 수 있는 그와 같은 유형의 상
태가 너희들의 머리로 판단하는 것이
기 때문이니 이를 알아야 할 것이니라.
18 그리하여 내가 묵상과 기도요, 나 여
호와의 뜻대로 너희들이 행하는 그와
같은 삶을 살라 하는 것을 잊어서는
아니 될 것이니라.
19 이제 너희들은 묵상과 기도로써 나의
뜻에 의해 이루어지며 나의 뜻에 따라
행하는 그와 같은 삶을 살아야 할 것
이며,
20 너의 제자들 또한 그와 같은 삶을 살
지 아니하면 아니 된다는 것을, 그리
고 그 길을 가지 아니하면 너의 제자
들도 나에게 올 수 없다 하는 것을 이
제는 네가 확실히 그들에게 깨우쳐 줘
야 함을 잊지 말라.
21 나 여호와만이 너희들을 사랑하는 것
이 아니요, 나 여호와만이 너희들을
보는 것이 아니요, 나 여호와만이 내
품에 오르고 못 오르는 그와 같은 너
희들의 삶을 주관함이 아니니라.
22 모두는 다 너희들 스스로 이루고 행하
는 것이며,
23 하늘에 오르고 못 오르는 것도 나 혼
자 주관한다 그리 생각 하지 말라.
24 내가 너희들을 심판하기 전에 사탄이
요, 천사요, 그 모두가 다 너희들이 살
아온 것을 보고 있음이니,
25 그에 대한 대가를 어찌 받고 치르느냐
하는 것은 너희에게 달렸음이니라.
26 나로부터 선택된 너희들은 너희들이
역사하고자 하는 것, 이루고자 하는
것, 하고자 하는 일상생활에 일어나는
그 모두를,
27 너희들이 성공하고 실패하는 것이요,
그 기준을 너희들의 머리로 판단해 결
정할 수 있는 것은 아니니라.
28 모두는 다 나 여호와의 기준에 의하
여, 나 여호와의 판단에 의하여 너희
들이 실패요, 성공이라는 그 모두가
이루어짐을 알아야 할 것이니라.
29 그리하여 나로부터 선택된 백성이요,
내가 쓰고자 부른 백성이 소중함을 알
아야 할 것이니라.
30 이제 모두는 너희들 것이 아니요, 나
여호와의 뜻에 따라 모두를 맞춰 행하
고 살아가야 한다는 것을 알아야 할
것이니라.
31 그러니 나의 법전이 세상에 나갈 때
그 모두가 역사하고 못 하는 것도 너
희들이 어찌 사느냐에 달렸다 내가
그리 말하지 아니하였던가?
32 그러나 지금 나의 법전이 세상에 나가
만백성이 하나의 그 책을 접하며 깨우
쳐 너희들에게 와 가르침을 받고자 하
는 백성이 없으며,
33 그리고 나의 법전이 나 여호와가 내린
것이라 하여 너희들에게 와 감사하지
아니하며, 그들이 나의 법전을 찢어
버리며 태우는 그와 같은 것을 두려워
하지 말라.
34 그 모두도 다 나 여호와의 주관하에
의해 이루어지며, 이 세상 지구 끝까
지 나의 법전이 다 덮을 날이 머지않
았음이니, 그 역사는 바로 이루어짐이
니라.
35 그 변화가 빨리 오지 않는다 하여, 어
렵고 힘들다 하여 내가 너희를 버리고

놓음이 아니요, 나의 법전이 나의 성
령이 아니라는 그와 같은 생각을 하지
말라.
36 나의 법전이 나의 성령이요, 내가 명
한 그 모두는 이루어짐을 너희는 알라.

5,231 번째 하나님 말씀

2003년 2월 27일 09시 02분

1 사랑하는 나의 아들아!
2 "네, 아버님! 말씀하옵소서."
3 이 세상 나의 피조물 만백성이 정녕
나로부터 생명의 은혜를 받아서 세상
에 나왔음이니,
4 내가 원하는 삶이요, 아름답게 살다
나에게 오라는 그 삶을 살지 못하며,
그들이 하늘에 오르는 빛이요, 저희들
이 원상복구되지 못하고 지옥으로 간
다 하면, 누군가는 그들을 바로 세워
주고 일깨워 줘야 하지 않겠는가?
5 그와 같은 백성이 있는가 하면, 나에
게 오른다 하며 나의 피조물 만백성에
게 하늘에 오르는 길로 인도한다 가르
치는 그 종교 집단들이 나와는 정녕
관계도 없는 멀고도 먼 길로 간다 하
면, 그들 또한 얼마나 죄를 짓고 사는
것이던가?
6 그와 같은 자들 또한 누가 반드시 바
로잡고 깨우쳐야 하지 않겠는가?
7 그 누군가는 그를 바로잡아야 하며,
깨우쳐 주는 것이 당연한 이치가 아니
더냐?
8 그는 바로 같은 형제요, 한 핏줄로서
세상에 태어난 너희들이 해야 할 일이
며, 육을 가지고 있는 너희들이 해야
할 일이니라.
9 그렇다면 내가 너에게 묻고 싶으니라.
10 만백성을 구하는 자는 반드시 그 백성
을 구해야 하며,
11 그리고 그와 같이 구하는 역사를 하는
자는 나로부터 한 점의 부끄럼이 없는
삶을 살아야 하며 내가 내리는 계명대
로 살아야만 남을 가르친다 하는 것은
당연한 것이 아니던가?
12 이제 너희들은 알아야 할 것이니라.
13 종교 지도자라 하면서 한 점의 부끄럼
이 있는 삶을 살며 남을 속이며 인간
을 속이며 나를 속이고자 하는 그와
같은 자는 스스로 그 지도자의 자리에
서 물러나야 함을 잊지 말라.
14 내가 너에게 깨우쳐 주었듯이 스스로
그들이 물러나며 자격이 없음을 판단
하는 그와 같은 행위를 함으로써 나로
부터 용서를 그만큼 받을 수 있을 것
이니라.
15 저희들이 내가 볼 때 부끄러움이요,
인간으로서는 해서는 안 되는 사악한
행위요, 사탄의 짓을 계속하면서 그
자리를 지키고자 하며 그 자리를 영위
하고자 발버둥친다면,
16 그는 계속 지옥으로 가는 것이며 죄의
불구덩이로 들어가는 것이니, 그와 같
은 행위를 해서는 아니 되는 것이니라.
17 그러니 네가 바로 서야 하며 너의 제
자들이 또한 바로 서야 함을 잊지 말
라.
18 내가 일찍이 너에게 말하였느니라.
19 너희들이라 하여 지은 죄를 나로부터
용서를 받으며 덮어 주며 무조건 용
서하는 내가 아니라 그리하였느니라.

20 세상에 너희들의 심판은 나 혼자 하는
것이 아니라 하였느니라.
21 천사들이 보고 있으며 귀신들이 보고
있으며 사탄들이 그 심판의 과정을 다
보고 있음이니, 그는 공정해야 한다
하였으니,
22 너의 제자라 해서 죄를 짓는 것을 내
가 무조건 용서해 주며 받아 주며, 너
희들이라 하여 내가 그냥 받아 줄 수
있는 것이 아님이니라.
23 너희들이 살아온 행적이요, 행하는 것
을 어찌했느냐에 따라서 받고 안 받는
것은 당연하며,
24 그리하여 공의의 하나님이요, 만백성
의 하나님이요, 진리의 하나님이라 하
는 것을 너희들은 잊지 말라.
25 내가 너희들이라 하여 덮어 주며 너
희들이라 하여 용서할 수가 없음이니
라.
26 너희들이 지은 죄를 사하고자 하며 나
의 법전을 전하며 읽고 깨우치는 것은
그만큼 너희 자신을 닦는 것이요, 나
로부터 용서를 받는 것은 아니니라.
27 행함이 중요함이니라.
28 너희들이 선한 행동이요, 선한 마음으
로써 행하며 살아가며 남을 용서하고
사랑을 나누며 사는 것은 너희들의 행
함이니,
29 그것이 너희들의 몫이요, 그것으로써
너희들이 지은 죄의 용서를 받고 못
받는 것은 너희들에게 달렸음을 잊지
말라.
30 창조주 나 여호와라 하여 무조건 너희
들을 용서해 주며 나의 낙원에 올 수
있도록 하는 것이 아니니라.
31 내가 너희들의 이름을 낙원에 걸었다
하면, 그 이름을 건 만큼 너희 자리에
오고 못 오는 것은 너희들의 노력에
달린 것이요,
32 이름이 걸리고 안 걸리는 것이 중요한
것이 아님을 알아야 할 것이니라.
33 그러니 나의 아들 예수가 너희들의 죄
를 대속했으며 예수의 보혈로써 구원
을 받았다 말하는 것은 너희들의 자유
며 너희들이 하고 싶어서 하는 말일
것이니라.
34 그와 같이 말을 하는 거기에 맞춰 나
의 아들 예수의 보혈로써 구원을 받았
다 하자.
35 그러나 너희들이 행함을 그리 살아야
할 것이니라.
36 구원을 받을 자격이 있는 자, 구원을
받을 수 있는 자는 그리 살아야 하며,
37 그 삶이 나의 아들 예수의 보혈로써
구원을 받은 자이니라.
38 그러나 행동은 그리하지 아니하며 말
로만 구원받았다 한다면, 정녕 구원을
받아 나에게 오르는 영광을 얻은 자
가 아니라는 것을 알라.
39 이 모두가 이제 바로 깨우쳐 바로 보
고 바로 생각하며,
40 어떤 길이 하늘에 오르는 길이며 나에
게 오르는 길인가 이는 바로 무엇이더
냐?
41 행함에 달렸음이니라.
42 그 행함을 어찌했느냐에 달렸음이니,
그를 잊지 말라.
43 행함에 따라서 너희들도 재판을 받으
며, 그것에 대한 점수에 따라서 잘못
살았으면 그 벌을 받는 것이니라.

44 나의 법전을 전하며 나의 법전을 정독
하고 깨우치는 것은 너희들이 그와 같
은 기회를 얻은 것뿐이요,
45 그것으로써 나에게 오를 수 있는 영광
을 받았다는 생각을 하지 말라.

5,232 번째 하나님 말씀

2003년 2월 27일 09시 09분

1 사랑하는 나의 아들아!
2 "네, 아버님! 말씀하옵소서."
3 너희들의 마음이 굳건히 섰다 하던가?
4 너희들은 배고플 때의 마음과 배를
채워 배가 부를 때의 그 순간에 마음
이 달라지니,
5 그것이 너희들의 마음이니라.
6 너희들이 배고플 때는 밥의 소중함을
간절히 알고 있으나, 밥으로써 배를
채웠을 때 그 고마움을 모르는 것이
니, 너희들이 바로 무엇이던가?
7 고통과 시련 속에서 성장하며 고통과
시련 속에서 깨달음을 얻게 되며 그
진리를 바로 볼 수 있는 것이 너희들
이니라.
8 그러니 너희들은 어떠한 형태든 간에
오늘의 그 시련을 좋은 선생이요, 깨
우치는 길이라 하는 마음을 갖고 살아
야 할 것이니라.
9 오늘의 고통과 시련이 너희들이 힘들
고 어렵다 하나 그 길에서 깨우침을
얻으며, 내가 명한 대로 살아가는 그
어려운 길을 묵묵히 시행할 때 내가
상을 너희들에게 내릴 때가 있음이니
라.
10 너희들에게 내가 상을 내릴 때는, 너
희들이 이 모두를 다 초월한 삶을 살
고 있으며 그와 같은 깨달음을 얻고
선행을 하고 살 수 있고 살아가고 있
을 때이니라.
11 그와 같이 살지 못할 때 나는 너희들
에게 상을 내리지 않으니,
12 내가 상을 내릴 때는 바로 그와 같이
변화되어 있음을 알라.
13 너희들이 나로부터 상을 받지 못한다
는 것은, 고통과 시련 속에서도 너희
들이 참진리요, 나 여호와의 뜻을 행
하고 지키는 그와 같은 삶의 길을 가
지 못하는 자이니, 믿음이 흔들리기
때문임을 알라.
14 너희 제자들이 마음을 더 비워야 함을
알라.
15 지금 너희들의 마음이 100이라는 것
에서 10도 비우지 못한 그와 같은 형
국이라 해도 뭐라 할 말이 없을 것이
니라.
16 너희들이 깨우친 듯하나 무너지며 깨
달은 듯하면 또 무너짐이니라.
17 그리고 너희들이 마음으로 생각으로
는 선한 행동이요, 남에게 부끄럽지
않은 행동을 한다 하나,
18 너희들이 닥치는 생활 속에서는 그를
무너트리며 그를 생각하지 못함이니,
19 일을 저지르고 먼저 행동을 한 다음에
후회하는 그와 같은 지금의 삶의 마음
자세이니,
20 그 마음이 굳건히 되었을 때 너희들이
완전히 깨달음이라 하는 것을 말할 수
있음이니라.
21 너희들이 생각하는 것은 경지가 높이
가 있으나, 아직도 상황에 따라 마음

자리를 잡지 못함이니,
22 어떠한 상황에도 어떠한 변화에도 흔
들리지 않는 마음이 바로 나에게 상을
받을 수 있는 마음이라 함을 알라.
23 내가 오죽하면 너희들이 100이라는
것에 10을 깨우치지 못했다 말하겠는
가?
24 너희들은 높이 와 있음이니라. 그러나
무너지기를 또 수시로 무너지나니,
25 완벽하게 다져지지 아니함을 내가 그
리 너희들에게 말함을 알라.
26 너희들이 나에게 올라오고자 하면 가
벼워야 하느니라.
27 바람에 날리는 가벼운 종이처럼 되는
것이 나에게 오르는 것이니,
28 너희들이 선을 행하고 선에 따라서 사
랑을 하며 그리고 나의 뜻에 살아가는
그와 같은 삶을 살 때,
29 너희들 자신도 바람에 날 수 있는 종
이와 같이 그보다 더 가볍게 되는 것
이니라.
30 그러나 너희들이 악을 행하며 악을 먹
고 사는 그와 같은 삶을 산다면, 밥을
먹으면 먹는 대로 체중이 불어나는 사
람이 있으니, 그와 같이 감당할 수 없
이 체중이 불어난 사람과 같으니라.
31 그러니 너희들이 체중이 불어나면 어
찌 날 수 있으며, 거동이 불편하여 어
찌 하늘에 오를 수 있다 생각하는가?
32 너희들이 그리 생각하면 되느니라.
33 지금 체중이 불고 불어 너무나도 체중
이 늘어서 이제는 걷기도 불편한 그와
같은 사람의 모습이 너희들이 지금 살
아가는 형국이니,
34 너희들이 얼마나 많은 죄악 속에서
잘못 살아가고 있는 것인가를 알아야
할 것이니라.
35 너희들이 너무 죄를 많이 지으며 그
죄의 행함을 즐겁게 살다 보니 지금
걷기도 불편한 그와 같은 형태가 되어
있으니,
36 너희들이 선행을 함으로써 바람에 날
수 있는 그 형태로 되어야 함을 잊어
서는 아니 될 것이니라.
37 너희들이 날 수 있는 그와 같은 몸의
형태를 잡을 수 있도록 최선을 다하라.
38 그리하면 구원을 받는 길임을 알라.
39 육의 행복이요, 구원의 위대함은 너희
들이 바로 그와 같이 선을 행하며 사
는 길밖에 없으며,
40 그와 같이 너희들이 선을 행하고 사는
삶이 밑지는 것이며 손해 보는 장사라
그리 생각할 수 있으나, 그는 결코 그
러한 것이 아니니라.
41 너희들이 하늘에 오르는 그 위대한 구
원의 영광을 얻는 것은 육에서 잃는
것과 같은, 반대의 현상에서만 이루어
짐을 잊지 말라, 사랑하는 나의 아들
딸들아!

5,233 번째 하나님 말씀

2003년 2월 27일 09시 19분

1 사랑하는 나의 아들아!
2 "네, 아버님! 말씀하옵소서."
3 너희들처럼 믿음의 길이요, 나 여호와
에게 오르겠다, 그리하여 나의 백성이
라 말하는 그와 같은 백성이 아닌 자
들도 인간 세상에 살아가면서 저희 나
라요, 저희 왕이요, 그와 같은 인간관

계에 모든 충절을 지키고자 죽음 앞에서도 의리를 지키며 불의에 굽히지 아니하는 그와 같은 백성이 있는가 하면,
4 충절을 지키고자 어떠한 위협에도 타협지 않는, 그리하여 죽음의 길을 선택하는 그와 같은 백성이 있음이니라.
5 그러니 일반 백성도 그와 같이 살아갈 수 있는 자들이 있음이니,
6 너희들이 지금의 믿음의 길을 가고 있는 그 백성의 자세가 과연 어떠하던가?
7 너희들이 믿음의 길을 가는 백성이 지켜야 하는 그 지조는 지금 충절을 위해 자기 목숨을 바치는 그와 같은 백성보다도 더 삶을 아름답게 살아야 하며 더 강하게 살아야 함을 알아야 할 것이니라.
8 그러나 지금 믿음의 길을 가는 너희들이 나를 위하여 그 모두를 덮을 수 있는 백성이 과연 얼마나 있겠는가?
9 인간의 의리요, 그 지킴을 위하여 충절을 바치고 죽음을 마다하지 않고 받아들이는 그와 같은 백성의 마음을 가지고 있는 자가 지금의 믿음을 가고 있는 종교 지도자들 속에는 없음을 너희들은 알아야 할 것이니라.
10 지금의 모든 종교 집단들은 육의 행위요, 육의 향락을 위하여 악에 너희들 자신을 파는 그와 같은 행위를 서슴지 아니하고 있으며,
11 그와 같은 삶을 위하여, 그리고 만백성 앞에 군림하고자 재물을 긁어모으고자 나를 등한시하며 나를 인정하지 않는 그와 같은 것이 너희들 종교 집단이 지금 하고 있는 행위가 아니던가?
12 그리하여 너희들이 악과 사탄들과 타협하기를 주저하지 아니하며, 그들과 협잡하기를 주저하지 않는 행위를 한다 하면, 너희들은 과연 어찌하겠는가?
13 너희들은 그러하지 아니하며, 나 여호와가 너무 가혹하게 평한다 하나,
14 너희들의 마음 자세가 과연 어디 있으며, 너희들이 나를 향하여 한 점의 부끄럼이 없는 종교 지도자요, 믿음의 길을 가는 백성이라 당당히 말할 수 있는 자, 내 앞에 나와 보도록 하라.
15 너희는 아무도 나올 수 없음이니라.
16 내가 성막이라는 것을 짓고, 죄짓지 아니한 자만 기도하고 나올 수 있다면, 들어갈 자가 하나도 없다 내가 말하였음이니,
17 그러니 너희들은 악과 타협하며 악과 협잡하는 지금의 삶에서 그 모두를 단죄하며 다스리지 아니하면 아니 됨을 알아야 할 것이니라.
18 정의로움에 너 자신을 던지는 그와 같은 삶을 살라.
19 정의로움이요, 참진리 앞에 그 모두를 다 던지고, 오로지 그것에만 모두를 바칠 수 있는 그와 같은 마음으로 살아가야 함을 잊어서는 아니 될 것이니라.
20 참진리의 길이 아닌 곳에 너희들이 타협하고 협잡하는 것은 너희들이 나에게 오르는 것이 아니요, 지옥의 길로 스스로 가고 있다는 것을 너희들은 잊어서는 아니 될 것이니라.
21 너희들이 참진리의 길을 가기 위하여 너희들의 모두를 다 던질 각오가 되어 있으며 목숨마저도 바칠 수 있는 그와

같은 마음을 가지고 있는 자는,
22 감히 내 앞에 십계명을 지키고 살 수
없다 말하지 아니할 것이며, 나의 율
법을 지키고 살 수 없으며 나의 법전
을 지키고 살 수 없다는 그와 같은 망
발은 하지 아니할 것이니라.
23 그와 같이 참진리를 위하여 살아가는
자는 이 모두를 지킬 수 있다 그리 말
할 수 있는 자이니라.
24 내가 너희들에게 말하였듯이, 내가 너
희들에게 목숨을 바쳐 만백성을 구하
라는 것도 아니요, 너희들 자신의 모
두를 다 던져 만백성을 구하라는 것도
아니니라.
25 순교자라 하는 자들처럼 너희들이 죽
음으로써 나의 뜻을 다 관철하라는
게 아니니라.
26 너희들이 아름다운 삶이요, 선한 삶이
며, 너희들이 나에게 한 점의 부끄럼
이 없는 그와 같은 아름다운 삶을 살
라는 것이니라.
27 남을 속이지 아니하며 형제를 속이지
아니하며 부끄러운 짓을 하지 아니하
고, 곧고 바른 정도의 길을 가는 것이
너희들이 만백성을 구하는 길이요, 나
의 백성을 지옥에서 구원하는 그와 같
은 역사라 하였거늘,
28 나에게 선택된 나의 아들의 제자들이
요, 나에게 선택된 백성 너희들이 그
것도 하나 하지 못하면서 너희들이 백
번 천 번 말로만 무엇을 하는 것,
29 다 그는 내가 듣지 아니하며, 나를 우
롱하며 나를 능멸하는 것임을 너희들
이 잊어서는 아니 됨을 알라.
30 모두는 내가 지키라는 그 계명을 지키
지 못한다면 너희들은 나를 욕되게 함
이니라.
31 내가 너희들에게 생명을 바쳐 지키라
하며 너희들의 모두를 다 던져 지키라
함이 아니니라.
32 너희들이 아름다운 세상에서 아름다
운 삶을 살아가며 정도의 길을 가고
정도의 길을 지키며 살라 하는 것이
나 여호와의 뜻이거늘,
33 그를 지키지 못하면서 너희들이 만백
성을 구한다며 고통스럽다, 그리고 인
간이기 때문에 지킬 수 없다 그와 같
이 말하는 자,
34 구원을 받고자 하지도 말며 감히 남을
구원하는 자라 입도 뻥긋하지 말라.
35 너희들은 지옥으로 가는 자들이니, 나
의 피조물 만백성을 인도하고 구원한
다 말하는 것이 다 지옥 불로 이끌어
가는 그와 같은 사악한 안내자라는 것
을 잊지 말라.

5,234 번째 하나님 말씀

2003년 2월 27일 09시 25분

1 사랑하는 나의 아들아!
2 "네, 아버님! 말씀하옵소서."
3 지금의 믿음의 길을 가는 백성이요,
교회라는 곳이요, 또는 종교 집단에서
나의 피조물 만백성을 구원한다 그리
이끌어 가는 자들, 그리고 복음이라
하여 구원을 받는다 하며 나의 백성을
이끌어 가는 그와 같은 행위가,
4 나 여호와가 하늘에서 바라보는 너희
들의 그 형태가 어떠한 것인 줄 아는
가?

5 종교 집단, 그들의 말을 듣고 입문하
여 들어가는 자, 그 순간에 바로 수영
을 할 줄 모르면서 그 물의 깊이가 과
연 얼마나 깊고 낮은지도 분별하지
아니하고 그저 뛰어드는 그와 같은 어
리석은 자와 같음이니라.
6 물의 깊이를 알지 아니하며 그 물의
수심을 알지도 못하면서 그저 깊지
않으려니 하고 물속에 뛰어드는 그와
같은 만용을 부리는 어리석은 자의 행
위임을 너희들은 알아야 할 것이니라.
7 그리하여 물속에 뛰어들어 가 보니
도저히 살아 나올 수 없는 그와 같은
속에서 허우적거리는 것이 너희들이
니라.
8 그러면서 혼자 죽기가 싫어, 혼자 죽
는 것이 억울하여 허우적거리면서 그
백성보고 같이 뛰어들라 그리 말하는
자라 하면, 너희들은 과연 이 무서운
사실을 무어라 대답하겠는가?
9 너희들이 지금 그와 같은 행동으로써
하는 자들이며,
10 복음을 전하나 '예수 천국'이요, '불신
지옥'이라 하며 들고 다니며 소리 지
르며 악을 쓰는 그와 같은 자들이 무
엇이던가?
11 수영할 줄 모르는 자가 물의 깊이를
모르고 물속에 뛰어들어 가 그 물속
에서 허우적거리면서, 뛰어들지 않는
백성에게 '빨리 들어와라, 너는 여기
와서 살 수 있다. 그리고 이것이 천국
에 가는 길이라' 지금 소리 지르는 자
들이니, 혼자 죽기가 억울하여 같이
죽자고 악을 쓰는 그와 같은 너희들의
형태라 하면 너희들은 과연 어찌하겠
는가?
12 너희는 나를 욕할 것이며, 나의 아들
을 욕할 것이며, 이 법전을 찢어 버리
고 태우고자 할 것이니라.
13 그러나 너희들은 들어야 할 것이니라.
14 물속에서 허우적거리는 것보다 더 위
급한 상황이요, 더 무서운 현실에 처
해 있다는 것을 알아야 할 것이니라.
15 물의 깊이를 모르고 뛰어든 자가 허우
적거리다 죽는 것은 육신이 죽으나,
16 너희들이 지금 믿음의 길이요, 진정한
하늘에 오르는 길이요, 나 여호와의
뜻이 어떠한 것인지도 분별하지 못하
며,
17 잘못 가르치는 종교 지도자의 그 세
치 혓바닥에 현혹되어 '재물을 바쳐
라, 예수의 보혈로써 구원을 받았다,
손으로 지은 성전에 와 맹종하고 맹신
하면 구원을 받는다' 하여,
18 거기에 와서 재물을 바치며 맹신하고
맹종하는 자, 재물을 하늘에 많이 바
침으로써 구원을 받는다는 어리석은
생각을 하는 자들이,
19 다른 백성도 재물을 바치면 구원을 받
으며 성전에 와 나의 아들의 보혈로써
구원을 받으며 천국을 갈 것이다 소리
지르는 것이,
20 물속의 깊이를 모르고 뛰어들어 허우
적거리면서 저 자신이 죽어 가는 그
순간에도 나의 백성에게 '들어오라,
여기는 시원하고 아주 좋은 곳이다'
그리 유혹하는 그 사악한 형국의 작태
이니라.
21 구원이 무엇인지도 모르며 지옥으로
가는 자가 뛰어들라 하는 것은,

22 물의 깊이도 모르고 뛰어든 자가 다른
사람에게 들어오라 하는 것보다도 열
배 백배 천배 더 사악한 행위를 하고
있는 것이 지금 너희들이 복음이라 하
여 소리 지르며 악을 쓰고 있는 것이
니 그리 알라.
23 저 자신도 물의 깊이를 모르면서 뛰어
들라 하는 자가 지금의 종교 집단이
요, 너희들이 행하는 그와 같은 정확
한 작태임을 잊지 말라.
24 나의 법전에 이를 전하는 자는 나 여
호와요, 심판권자가 아니면 감히 말할
수 없으며,
25 어떠한 백성도 인간의 능력으로써는
오늘의 너희들의 추하고 더러운 모습
을 바로잡고자 채찍질할 수 없으며,
26 감히 이와 같이 너희들에게 변화하고
개혁할 것을 가르칠 수 있는 자가 없
음이니라.
27 이는 오로지 창조주 나 여호와만이 할
수 있음이니,
28 이를 읽고 깨우쳐, 이것이 너희들의
지금의 형태가 아니라면 나의 아들을
욕해도 좋으며 나의 법전을 찢어도 좋
으나,
29 너희들이 깨우쳐 볼 때 사실이 그렇다
생각하며 바로 서 하늘에 오르는 길을
본다면, 오늘의 내가 너희들에게 이
무서운 이야기를 전한 뜻을 알게 될
것이니라.

5,235 번째 하나님 말씀

2003년 2월 27일 09시 48분

1 사랑하는 나의 아들아!
2 "네, 아버님! 말씀하옵소서!"
3 광산이라는 곳이 무너져 며칠 간 나오
지 못하여 해를 보지 못한다든지, 재
난을 당하여 밝은 태양을 못 보고 그
어둠 속에서 며칠씩 있던 사람이 구조
를 받아 세상에 나올 때, 과연 너희들
은 어디부터 그 몸의 신체 부위를 감
싸는가?
4 너희들은 눈을 가림이니라.
5 어둠 속에 있던 자가 갑자기 태양을
보면 그는 실명할 수 있으며 시력을
잃기 때문이니,
6 바로 그와 같은 것이 지금의 내가 나
의 법전을 만백성에게 전하고자 하는
것이며, 서서히 가고자 하는 것임을
너희들은 알아야 할 것이니라.
7 이 어둡고 험악한 세상이요, 지금의
모든 물리적으로 방대한 종교 집단이
저희들만이 하늘에 오르는 길이라 하
여 그리 뭉쳐져 있음이니,
8 그들의 그 암흑의 세계가 그와 같이
뭉쳐지고 굳어져 있음이니라.
9 그 암흑의 세계와 같은 곳에 참진리
요, 참진리의 빛인 나의 법전이 세상
에 비친다면 대혼란이 일 것이며, 그
들에게는 어떠한 문제가 생기겠는가?
10 그리하여 내가 나의 법전을 세상에 하
루아침에 만백성의 손에 쥐여 줘 덮는
것이 아니요, 서서히 가는 것을 너희
들은 알아야 할 것이니라.
11 찬란한 빛이 하루아침에 비치면 세상
에 더 혼란이 오며, 거기에 거부하는
자, 그 기득권을 지키고자 하는 자, 그
들의 말로 인하여 너희들은 서서히
개혁을 이룰 수 없으며 대변화의 역사

를 이룰 수 없는 것이니라.
12 그리하여 제3의 시대에 나의 새로운
성경이요, 곧 참진리의 빛에 눈을 상
하지 않도록, 그 눈을 보호하며 서서
히 뜨게 하듯이 하는 그와 같은 이치
를 너희들은 깨우쳐야 할 것이니라.
13 갑자기 참진리가 암흑의 시대요, 어려
운 세상을 비췄을 때, 거기에서 파생
되는 것은 감당할 수 없음이니라.
14 어둠의 세계에서 허덕이는 그들이 그
어둠의 세계의 기득권을 위하여 구습
을 버리지 못하여 그들이 너희들을 공
격하며 짓뭉개고자 하는 그와 같은 무
서운 대환란은 아무도 막을 수가 없음
이니라.
15 그리하여 내가 서서히 세상을 비추며,
나의 법전을 한 권, 두 권, 한 사람, 두
사람이 읽고 깨우쳐 하늘에 오르는 그
와 같은 길을 보게 하며 나의 법전이
세상을 덮도록 그와 같은 마음의 자세
로 살아가게 하고자 하는 것이 나의
뜻이니라.
16 그러니 너희들이 나의 법전을 세상에
전하기 전까지 해야 할 일은 너희들
자신이 바로 서, 나의 법전을 만들었
으며 나의 법전을 전한 백성은 과연
계명을 지키며 나 여호와의 율법대로
살아가는 백성이라는 것을 그들이 보
고 직접 인정할 수 있는 그와 같은 삶
의 준비를 하도록 하며,
17 오늘의 너희들이 바로 사는 삶을 살기
위한 준비의 시간이니, 그와 같이 너
희 스스로 다스리며,
18 나의 법전이 세상을 덮고 안 덮는 것
이요, 나의 이 빛이 세상을 비추고 안
비추는 것은, 암흑 속에서 구출된 자
의 그 눈이 상하지 않도록 하기 위하
여 이 모두는 내가 주관함이니,
19 너희들은 두려워하지 말며 불안해하
지 말라.
20 그 모든 역사가 이루어질 날이 머지않
았음을 너희들이 알아야 할 것이니라.
21 구습에 젖어 있고 폐습에 젖어 있는
그들이 지키고자 하는 그 기득권이 무
너지는 것을 용납하지 아니하며, 어떠
한 희생을 치른다 해도 그를 지키려
함이니,
22 그때의 마찰로써 대환란은 이 세상의
어떠한 전쟁보다도 무서운 결과를 초
래함이니,
23 나 여호와가 그와 같은 무서운 결과를
초래하며 너희들이 전쟁보다 더 무서
운, 생명을 잃는 그와 같은 대혼란을
원치 아니하며,
24 그리하는 것은 나 여호와 뜻이 아니기
에, 내가 다 역사함을 너희들은 알아
야 할 것이니라.

5,236 번째 하나님 말씀

2003년 2월 27일 09시 53분

1 사랑하는 나의 아들아!
2 "네, 아버님! 말씀하옵소서."
3 모든 백성을 사랑하는 것은 나 여호와
를 상대하며 나 여호와를 만남이요,
나와 대화하는 그와 같은 마음을 가질
때, 너희들이 조심할 수 있으며 자신
을 다스릴 수 있는 그와 같은 길을 간
다고 하였음이니라.
4 그러나 너희들이 정녕 그를 항상 생각

하지 못하며 그와 같은 마음으로 살아
가지 못한다면, 여기서 하나를 다시
되짚어 생각해야 할 것이니라.
5 너희들에게 욕하는 자, 너를 저주하는
자, 그 모두 다 나 여호와가 너희들을
위하여 존재하게 했던 사람들이라 그
리 생각하며 그들을 사랑하는 마음으
로 돌려 갖도록 그리하라.
6 그리고 너희들에게 은혜를 베푸는 자,
도움을 주는 자, 그리고 힘들고 어려
울 때 너희를 도와 같이 갈 수 있는
자, 그와 같은 자들도 다 너희들에게
필요하여 내가 내린 백성이며, 너희들
과 더불어 살아갈 수 있도록 내가 만
들었다 그리 생각하라.
7 그리고 너희들을 미워하며 너희들을
떠나며 너희들을 저주하고 욕하는 자,
그와 같은 백성을 미워하는 마음을 갖
지 말며,
8 그들도 나 여호와가 너희들에게 필요
한 선생이라 하여 내가 너희들 옆에
있게 했다는 그와 같은 생각을 하고
그들을 대하고 돌아다보면 바로 어떠
한 마음이 되겠는가?
9 그들을 미워할 수 없으며 그들을 욕할
수 없으며 그들을 적대시할 수 없음
이니라.
10 그와 같은 마음을 가지고 살아가야 함
을 잊지 말라.
11 그와 같은 마음도 일순간에 깨달으며
그리 행하나,
12 세상을 살아가면서 그와 같은 마음으
로 사는 자는 바보같이 보이며 제가
손해 보는 삶을 사는 것이라 그리 느
껴질 때, 너희들은 스스로 그를 포기
하게 됨이니라.
13 그리고 유사시에 닥치는 어떠한 상황
에서 너희들의 마음 또한 그리 변함이
니,
14 그리 변화되는 마음이 수시로 변한다
하면 그는 깨달음이 아니요, 나에게
오르는 길이 아니라 내가 너희들에게
그리 말하였음이니라.
15 그리하여 내가 너희들에게 무어라 말
하였느냐?
16 돌을 돌 위에 놓고 갈아 그 돌이 다 물
이 되어 흘러가도록 그리 미련한 것처
럼, 그리고 이루어질 수 없는 그와 같
은 일을 하는 것처럼 그저 돌 위에 돌
을 놓고 문지르고 또 문지르고, 갈고
갈아 그 돌이 닳고 닳아 물이 되어 흘
러내리듯,
17 그와 같은 꾸준하고 변함없는 노력이
요, 그와 같은 마음 자세로 가는 것이
믿음의 길이요, 하늘에 오르는 길이라
내가 너희들에게 깨우쳐 주었음이니,
오로지 너희들이 그와 같은 믿음으로
써 가야 함을 알아야 것이니라.
18 이제 나 여호와와 대화하며 나 여호
와가 같이 있으며
19 그리고 너희들을 미워하고 또 시기하
고 질투하는 자, 도저히 용서할 수 없
는 자, 도저히 이해할 수 없는 자, 그
와 같은 백성도 나 여호와가 너희들에
게 필요하여 보낸 사람이라 그리 생
각한다면 너희들은 그들을 미워할 수
없으며,
20 그들을 미워하는 너희 자신이 얼마나
초라하며 추한 모습인가를 알 것이니
라.

21 그러한 마음을 일순간은 그와 같이 아름다운 마음으로 가지나, 일순간에 감정이 폭발해 사나운 맹수처럼 변하는 속성을 아직 버리지 못하고 사는 것이 너희들이니, 그리하여 깨달음이 아직도 멀었다 말함이니라.

22 그와 같이 속이 뒤틀려도 변하지 않는 마음, 그리고 그들을 평소에 생각하고 깨달아 그대로 실천할 수 있는 그와 같은 경지에 올랐을 때, 너희들이 정녕 깨달은 것이며, 나 여호와의 뜻에 따라가는 것이며, 나 여호와를 향하여 오고 있다는 것을 잊지 말라.

23 돌 위에 큰 돌을 놓고 갈고 또 갈아 그 돌이 다 물이 되어 흘러갈 때까지 묵묵히 가는 그와 같이 변함없는 꾸준한 마음으로써 행하고 실천하는 것이 나로부터 구원을 받는 길에 오르는 길이라는 것을 잊지 말라.

24 내가 다시 한 번 이 뜻을 강조함을 깊이 깨우쳐, 너희들이 살아가며 나에게 오르는 그 길에 도움이 되도록 그리하라.

5,237 번째 하나님 말씀

2003년 2월 27일 09시 59분

1 사랑하는 나의 아들아!

2 "네, 아버님! 말씀하옵소서."

3 이 세상 만백성이 살아가면서 정답을 아는 자 정답을 안다 말하지 아니하며, 꼭 필요할 때 정답을 가르치는 그와 같은 삶을 살아가는 사람의 모습이 얼마나 아름답던가?

4 그러나 지금 나의 피조물 만백성 너희들이 살아가는 형국은 과연 어떠하던가?

5 자기만을 자랑하는 그와 같은 사람들이 이 세상을 지배하고 있으며 이 세상에 지금 만연되어 있음을 너희들은 알아야 할 것이니라.

6 너희들은 자기 자신만을 사랑하는 사람을 뭐라 말하는가?

7 '빈 깡통이 요란을 떤다.' 하듯이, 그리고 익지 않은 곡식이 고개를 반듯이 치켜들듯이 그와 같은 자를 빈 깡통과 같은 자라 말하며,

8 저 자신만을 자랑하고 수다 떠는 자를 천박한 사람이라 말하며, 너희들은 그와 같은 자와 더불어 상대하기 싫어하며, 그와 같은 자와 중대사를 논하지 아니하고자 회피하는 것이 너희들의 살아가는 모습이 아니더냐?

9 인간 세상에 사는 너희들도 저 자신만을 자랑하며 제가 최고라 말하는 자 빈 깡통이라 말하며 천박한 자라 그리 말하며 그와 더불어 중대사를 논하지 않는 그것이 너희들의 생각이요, 마음 자세가 아니던가?

10 하물며 자기 자신이 최고라 말하며 자기 자신의 집단만이, 그리고 자기들의 종파에 와서 기도하는 자만이, 제가 설교하는 것을 듣는 자만이, 제가 서 있는 그 종교 집단에 와서 재물을 바치는 자만이 나의 피조물 만백성 너희들이 다시 사는 길이요, 영혼의 구원을 받아 영원히 사는 세상에 오르는 길이라 말하는 자들,

11 과연 그들이 어떻다 생각하며 그 사람들을 어찌 보는가?

12 그리 가르치는 자, 또 거기 가서 재물
을 바침으로 구원을 받는다 하여 그
빈 깡통이 떠드는 그와 같은 소리를
듣고 장구 치고 북 치는 그와 같은 나
의 백성, 그들을 너희들은 과연 어찌
보는가?
13 그들이 나로부터 어떠한 권한을 위임
받았기에, 열릴 수도 없는 천국의 문
을 마음대로 열며 그곳에 나의 피조물
만백성을 인도하여 들어오게 할 수 있
다 말하는가?
14 너희들은 그 어리석은 자의 그와 같은
형국을 봐야 할 것이니라.
15 인간 세상에서 진짜 보석을 가진 자
는 그 보석을 보호하고 관리하기가 두
려워 함부로 내놓지 아니하며 함부로
자랑하지 아니함이니라.
16 항상 깊숙이 잘 보관해 놓고 꼭 필요
할 때만 꺼내 쓰는 것이 아니던가?
17 잘못된 보석이요, 가짜 보석을 가진
자가 함부로 자랑하며, 세상의 소중한
것을 제가 다 가지고 있는 것처럼, 그
리고 제 것만이 가장 아름다운 빛이며
소중한 것처럼 그리 말함이니라.
18 너희들은 여기서 깨우쳐야 할 것이니
라.
19 정녕 나에게 오르는 길이요, 하늘에
오르는 길이요, 진정한 믿음의 길을
가는 백성, 나로부터 부름을 받은 자,
나로부터 대명을 수행하는 그와 같은
자들은 무엇이 구원이요, 무엇이 구원
의 길이라 함부로 그리 말하지 아니하
느니라.
20 그들은 깊이 숨어 있음이니라.
21 그리고 깊이 숨어 있어 나서지 아니하
며, 조용히 그 자신을 수련하여 저 자
신이 변해 가는 그 길에, 저희들의 경
지 위에 하나를 더 깨우쳐 하나를 더
알고자 하는 그와 같은 노력을 하는
자들이니라.
22 그리하여 그들은 말하지 아니하며 함
부로 구원을 받았다 말하지 아니하며
하늘에 오르는 길을 인도한다 그리 말
하지 아니함이니라.
23 깊숙이 조용히 저희들의 임무를 행하
는 자들이니라.
24 정녕 하늘에 오르는 길이요, 나에게
오르는 길이요, 나로부터 선택된 백성
은 조용히 역사함을 너희들은 알아야
할 것이니라.
25 너희들은 자기 자신도 다스리지 못하
며 자기 자신도 훈련하지 못하는 자
들이 지금 나의 피조물 만백성을 구원
했다며 구원의 길로 인도한다 그리 말
하니,
26 거기에 현혹되어 너희 자신을 저버리
는 그와 같은 어리석은 삶을 살지 말
라.
27 이제는 너희들이 직접 성경의 구약이
요, 신약을 읽고 정독하여 깨달음을
얻을 수 없으며 그 의미를 알 수 없거
든, 나의 법전을 접하여 나의 법전을
읽고 정독해 보라.
28 너희들이 나의 법전을 읽고 정독하는
그 순간에 성경의 구약이요, 신약에
있는 그 모든 내용을 알 수 있으며 거
기서 원하는 뜻을 알 수 있음을 잊지
말라, 사랑하는 나의 아들딸들아!

5,238 번째 하나님 말씀

2003년 2월 27일 10시 05분

1 사랑하는 나의 아들아!
2 "네, 아버님! 말씀하옵소서."
3 너와 너의 제자들, 그리고 나의 법전
을 읽은 만백성, 너희들은 오늘 깊이
깨우쳐야 함을 알라.
4 너희들은 나의 십계명과 나의 율법과
나의 법전대로 그리 행하고 지키고 살
았다 하더라도, 구원받았으며 나에게
올라왔다는 그와 같은 생각을 하지 말
며,
5 나에게 오를 수 있는 자격을 가진 자
라는 오만한 생각을 버리고 살아야 함
을 알라.
6 너희들이 아무리 그와 같이 나의 뜻대
로 행하는 삶을 살았다 하여도,
7 지금까지 살아오면서 지은 그 많은 죄
를 다 용서받지 못한 사람이라 생각하
며, 스스로 아직도 죄인이라는 그와
같은 생각을 버리지 말며, 겸손한 자
세로 살아가야 함을 잊지 말라.
8 그 마음을 버리고 살아서는 아니 되는
것이 너희들이니라.
9 나는 그와 같은 자를 용서하지 아니하
며, 그와 같은 자를 받아들이려 하지
아니함이니라.
10 아무리 계명대로 살았으며 나의 뜻에
순종하고 살았다 해도, 겸허한 마음,
겸손한 마음 자세를 가지며, 저를 모
든 죄를 다 벗지 못한 죄인으로 인정
하는 그와 같은 마음의 자세로써 살아
갈 때,
11 내가 너희들을 거둬들임을 알아야 할
것이니라.
12 즉 나로부터 선택된 백성 너희들이 가
야 할 길이며, 그와 같은 마음의 자세
로 살아가는 것이 너희들이 가는 길임
을 잊지 말고 명심하도록 그리하라.
13 법대로 십계명대로 산다 해도 죄인이
라 생각하는 마음을 버리지 말아야 할
것이며,
14 그와 같은 오만한 생각을 하고 있을
때 내가 너희들을 구원하지 아니하며
기억하지 않는다는 그 무서운 사실을
알고 있어야 할 것이니라.
15 그러니 지금 나의 법전을 읽고 깨우친
자, 나의 아들의 제자라 따르는 자, 그
들은 십계명을 지키고 살며 나의 법전
대로 지키고 산다 해도,
16 겸손한 자세, 겸손한 미덕의 마음을
갖고 살지 아니하며 오만하고 자만하
게 사는 자, 구원받았다 말하는 자, 그
들도 내가 용서할 수 없으며 그와 같
은 마음을 가진 것도 내가 받아들인다
할 수 없음이니,
17 지금 모든 종교 집단이요, 나의 피조
물 만백성을 구원의 길로 인도한다는
몇천 년 동안 흘러내려 온, 뿌리도 깊
으며 물질적인 그 방대한 힘과 조직의
능력을 가지고 있는 모든 종교 집단이
요, 그 지도자들은 과연 뭐라 하는가?
18 십계명대로 살 수 없다 말함이니라.
19 그대로 지킬 수 없으며 나의 율법대로
살 수 없다 말함이니라.
20 그러면서 저희들이 구원을 받았다고
말하며 저희들은 하늘에 오를 수 있는
자라 그리 말하니,
21 너희들은 정녕 제정신이 있는 자들인

가?
22 너희들이 제정신을 다 빼놓은 자들이
니, 제정신을 가지고 사는 자는 그와
같은 말을 할 수 없음을 알라.
23 지금 그와 같이 말하는 백성은 제정신
에서 하는 것이 아니요, 온전한 마음
과 정신 자세에서 하는 것이 아니요,
정신지체인이요, 정신을 잃어버린 자
가 지금 하는 짓임을 너희들은 알아
야 할 것이니라.
24 완벽하게 지키고 사는 자도 오만했을
때 내가 그를 받아들이지 아니하며 용
서하지 못한다 하였음이니,
25 제자리를 지킬 수도 없는 자들이, 인
간이기 때문에 그대로 순종하며 행할
수 없다고 말하는 자들이 구원을 받았
다 말하니, 이것이 과연 정상적인 사
람이 하는 짓인가?
26 그리고 바른 정신을 가지고 하는 사람
이며, 그와 같이 말하며 구원을 받았
다 발버둥치고 소리 지르는 백성, 내
가 그들을 보는 마음이 얼마나 아프
고 쓰린지 알겠는가?
27 이제 그들에게 전하라.
28 너희들은 나를 너무 울리지 말라 그리
전하라.
29 너희들이 나 여호와를 너무나 울리고
있음이니,
30 이제 나의 눈물을 거둘 수 있도록, 나
의 마음의 아픔이요, 나의 마음의 고
통을 지워 줄 수 있도록 너희들이 변
할 수는 과연 없는가?
31 그는 십계명을 지키고 살 수 있다, 율
법을 지키고 살 수 있다, 지금 내가 내
리는 새로운 성경이 아무리 어렵고 힘
들어도 인간이기 때문에 이를 지킬 수
있다,
32 죽음으로써 나 여호와를 따르는 것보
다도 그것이 행복이며 영광이라 그리
생각하고 살아갈 수 있는 마음으로 그
들을 돌려놓는 데 너희들이 최선을 다
하도록 그리하라, 사랑하는 나의 아들
딸들아!

5,239 번째 하나님 말씀

2003년 2월 27일 10시 11분

1 사랑하는 나의 아들아!
2 "네, 아버님! 말씀하옵소서."
3 나의 사랑이요, 내가 너희들과 항상
같이 있다 하였음이니라.
4 곧 내가 산소와 같이 너희들을 감싸고
있다 그리 말하였으며, 내가 너희들과
더불어 살아간다 그리 말하지 아니하
였던가?
5 그리하여 어렵고 힘들 때마다 너희들
이 나에게 물으며 나에게 기도하라 내
가 말하였느니라.
6 나의 메시지요, 너희들을 구원하고자
하는 참진리의 뜻은 계속 너희들을 위
하여 지금 하늘에서 지상으로 내려가
고 있으며 내가 보내고 있음을 너희들
은 알아야 할 것이니라.
7 내가 너희들을 사랑하며 구원하고자
하기에, 내가 너희들을 위하여 너희들
이 구원을 받을 수 있는 그 참진리의
빛을 볼 수 있으며 그 길을 올 수 있도
록, 너희들이 잡을 수 있도록 너희들
주변에 산소처럼 수없이 내려보내며
참진리의 뜻이 너희들을 감싸고 있음

이니라.
8 그리하여 내가 너희들을 구원하고자
하거늘, 어찌하여 너희들은 이를 보려
하지 않는가?
9 나의 뜻이요, 나의 진리요, 성령이 한
곳에 머물지 않고 계속 너희들에게 내
려가며 또 내려감이니,
10 너희들이 이를 잡지 아니하고 듣지 않
을 때 나 여호와는 계속 내려보냄이니
라.
11 너희들이 듣고 잡을 때까지 내려보내
고 또 내려보내건만, 너희들은 어찌하
여 이를 보지 아니하는가?
12 산소처럼 바람처럼 너희들 주변에 흘
러가며 계속 새로운 진리는 너희들 옆
을 스쳐 가거늘,
13 이를 보려 하지 아니하며 이를 잡으려
하지 아니하며 이를 들으려 하지 아니
하는 것이 너희들이니라.
14 내가 말로써 깨우침을 수없이 내리며
하늘의 성령이 너희들을 감싸며 바람
처럼 내려가고 또 내려가지만,
15 이와 관계없이 너희들이 이를 보려 하
지 않고 살아가기에 내가 너희들을 구
원하는 마지막 수단이요, 마지막 기회
라 하여 새로운 성경이요, 나의 법전
을 세상에 만듦이니라.
16 내가 말로써 전하며 내가 뜻으로써 너
희들에게 아무리 내려보내도, 너희들
이 이를 보지 못하며 듣지 못하며 이
를 소중히 생각하지 못하며, 이를 잡
으려 하지도 아니하기에,
17 내가 책으로 만들어 너희들을 깨우치
고자 지금 새로운 성령이요, 새로운
법전이 글로써 나감을 알라.
18 이게 바로 바람처럼 너희 주변에 새로
운 진리가 항상 너희들이 듣고 보고
깨우쳐 하늘에 오르도록 내가 내려보
낸 그 뜻을 이제 문자요, 책으로 만들
어 전함을 너희들은 알라.
19 그리하여 나의 법전을 읽고 깨우치는
그 순간에 너희들이 바로 나에게 올
수 있는 참진리를 보게 되며 잡게 되
며 나의 성령을 듣게 되는 그와 같은
축복과 영광을 안게 됨을 잊지 말라.

5,240 번째 하나님 말씀

2003년 2월 27일 12시 14분

(강론을 마치며)

1 사랑하는 나의 아들아!
2 "네, 아버님! 말씀하옵소서."
3 너희들이 나를 믿고 안 믿는 것은 너
희들의 마음에 달렸으나, 내가 너희들
에게 명한 것은 반드시 이루어진다는
것을 너희들은 알고 있어야 할 것이
니라.
4 내가 너희들에게 명한 작은 것이요,
가르침이요, 나의 법전에 기록되어 있
는 그 모두는 다 그대로 역사가 이루
어진다는 것을 너희들은 알게 될 것이
니라.
5 그때 가면 너희들이 정녕 나 여호와의
참진리요, 내가 명한 것을 더 알게 될
것이니,
6 그러나 그때까지 시간이 기다려 주지
아니하며 너희들의 육신이 기다려 주
지 아니하기 때문에, 내가 오늘 너희
들에게 나를 믿으며 나의 뜻에 살아가
라 함을 알아야 할 것이니라.

7 이 세상을 나의 법전이 하얀 눈처럼
다 덮으며 만백성을 구하는 그 역사를
이룬다 하였음이니,
8 창조주 내가 이 세상의 만백성을 구하
는 것은 당연히 역사하는 길이며, 그
리고 그리 가는 것은 당연한 길임을
알라.
9 그렇다면 당연히 이루어지는 그 역사
는 나의 법전이요, 지금 새로 내리는
성경이 아니면 이루어질 수 없으며 역
사하는 것이 없음이니, 바로 이것이
나의 참진리요, 나의 뜻이라는 것을
알게 될 것이니라.
10 너희들이 무어라 말해도 나의 법전이
아니면 너희들이 참진리요, 깨우침을
얻을 수 없을 것이니라.
11 그렇기 때문에 나의 법전만이 너희들
을 구하는 길이요, 하늘에 오르는 길
이기에 너희들을 다스리는 것은 이 법
전만이 역사하기 때문에 이 법전이 자
연적으로 세상에 하얀 눈이 와 덮듯이
다 덮어지게 되어 있음을 너희들은 알
게 될 것이니라.
12 내가 너희들에게 뭐라 말하였느냐?
13 사람이 음식을 먹는 것도 갑자기 먹으
면 탈이 나며, 모든 것은 갑자기 그 역
사가 변하면 그에 적응하지 못하며
순응하지 못함이니라.
14 모든 기계도 그가 견딜 수 있는 힘 이
상을 무리하게 줬을 때 그가 견디지
못하듯이,
15 지금 몇천 년 동안 흘러오면서 십계명
이요, 나의 계명대로 지키고 살 수 없
는 것이 인간의 도리며 인간의 한계라
그리 가르쳐 온 자들에게, 갑자기 인
간은 그리할 수 있으며 그를 역사할
수 있다 그리 말할 때,
16 그들은 그 기득권이요, 저희들이 지금
까지 살아온 그것이 무너지기 때문에
그것이 엄연한 사실이라도 그를 받아
주지 아니할 것이며 그들이 듣지 아니
할 것이니라.
17 그렇다면 결국 나의 법전이 무엇이더
냐?
18 나의 법전이 세상에 빛을 보지 못함이
니, 거기에 문제가 있느니라.
19 지금 너희들 몇 명이 앉아 나의 뜻을
받으며 나의 뜻에서 지금 공부하고 있
음이니라.
20 그러나 나의 아들이 너희들에게 지키
라고 명한 것을 놓고, 나의 아들이 죽
었을 때, 너희들 제자 중에서 갑론을
박하며, '그것은 힘들고 어려운 것이
니 그리 지키지 말자.' 그리하여 너희
들이 변화되는 것을 강조하고 나오는
제자가 있다면 그 제자의 말이 옳다
생각하나,
21 세월이 지나가면 그 제자의 말이 맞지
아니함을 너희들은 알아야 할 것이니
라.
22 나의 아들이 죽으면서 너희들에게 말
하였을 것이니라.
23 지금서부터 천릿길을 가는 것이 하늘
에 오르는 길이라 그리 말함이니, 너
희들 제자 중에서 '우리 선지자요, 하
나님의 아들이 천릿길을 가면 구원을
받는다 했으니,
24 우리는 2천 리 길을 가 우리가 선지자
의 뜻이요, 또 선지자가 남긴 유언이
요, 하나님의 명을 받아 우리에게 전

한 것을 충실히 실행하는 사람으로서
모범을 보이자.' 하여 2천 리를 걸어
가자 하는 제자가 있으며 그 백성이
있는가 하면,
25 '이 바쁘고 힘든 세상에 천릿길을 뭐
하러 갈 것이 있느냐? 우리가 백 리만
갔어도 걷는 것을 깨우쳤으며 힘든 것
을 깨우치면 됐지.' 하고서 백 리만 가
고 천 리까지는 가지 말자고 부르짖
는 사람이 있다 하면,
26 나의 아들이 죽을 때 나의 뜻을 전한
것은 천릿길을 가야 할 이유가 있으며
뜻이 있기에 가라고 했거늘,
27 너희들이 천릿길을 가는 그 고통을 백
릿길을 가는 고통으로 다 체험했다 생
각하여 그 길을 가지 않는다면,
28 그 제자가 지금은 현명하고 똑똑한 것
같으나 그 제자로 하여금 모든 것이
다 무너지는 그와 같은 형국이 되는
것이니라.
29 너희들은 바로 무엇이더냐?
30 천 리를 내가 가라 했으면 너희들은
나 여호와의 뜻이요, 그 뜻을 순종하
며 순응하는 백성으로서 2천 리를 가
는 것이 만백성에게 거울이 된다는 그
와 같은 마음으로 살아가야 하는 것이
니,
31 내가 내린 열 개보다 스무 개를 함으
로써 만백성이 다섯 개를 할 수 있고
열 개를 할 수 있다는 것을 너희들은
알아야 할 것이니라.
32 백이라 해서 백 개를 하고 최선을 다
했다고 주저앉을 때, 너희들보다 못한
백성이요, 같은 형제들은 그 백을 다
하지 못하고 그저 중도에서 중단하며,
33 이만하면 됐겠지 하고, 그저 이보다
못한 자들도 있으니 나는 이 정도면
됐을 것이라 하며 그들이 포기함이니,
34 그들이 차라리 시작하지 안 함만도 못
한 것이니라.
35 그러하니 내가 열이라는 고통을 줬을
때 그 배로 감내하고 살아가는 그와
같은 마음으로 살아가는 것이 너희들
의 자세요, 마음이니라.
36 너희들에게 이리 가르치는 나 여호와
의 마음이 아프니라.
37 인간이기 때문에 계명을 지킬 수 없으
며 나의 율법대로 지킬 수 없다 그리
편안하게 살아가는 백성이 있거늘,
38 너희들은 그를 지켜야 하며 그를 행해
야 하며 그보다 더 철저하게 지키고
어려운 길을 가라 내가 가르침이니,
39 이는 내가 너희들을 사랑함임을 알아
야 할 것이니라.
40 너희들 인간 세상에도 자식을 사랑하
는 자가 매를 대지 않더냐?
41 자식에게 매를 대지 않는 그 부모는
자식을 사랑하는 것이 아님이니라.
42 내가 그리 너희들을 사랑함이니라.
43 나 여호와의 눈에 맺히는 나의 눈물을
보도록 그리하라, 사랑하는 나의 아들
딸들아!

5,241 번째 하나님 말씀

2003년 2월 27일 22시 54분

1 사랑하는 나의 아들아!
2 "네, 아버님! 말씀하옵소서."
3 이제 너의 제자들이 성경을 볼 줄 알
며 또한 성경의 비유의 뜻을 알며 그

들이 성경에서 원하는 것이 무엇인가
를 알기 시작함이니,
4 네가 앞으로 역사하고 일할 때 그만
큼 너의 제자들이 너를 받쳐 줌이니,
5 이제 그와 같이 너의 제자들이 하나
둘 깨우치는 자가 늘고 늚으로 해서
진정 너와 더불어 갈 수 있는 백성이
요, 나의 백성으로서, 또 네 제자로서
그들이 바로 서게 됨이니라.
6 그들이 스스로 성경을 보고 깨우치며
성경의 내용을 깨달으며 그 비유의 뜻
을 알 수 있도록 내가 그들의 문을 열
어 줌이니,
7 그들이 이제는 나의 법전이 어떠한 것
이며, 나의 법전의 위대함이요, 나의
법전이 정녕 하늘에 오르는 길이요,
참진리의 뜻이라는 것을 알게 됨이니
라.
8 이제 그들은 성경을 읽고 깨우치면서
그 스스로 구약 시대의 역사에 이루었
던 것이 무엇이며, 모세를 따랐던 백
성의 생각이 무엇이며, 모세가 어떠한
생각이었으며,
9 예수의 시대, 신약 시대는 과연 그 백
성이 어찌하였으며, 예수는 어떠한 마
음으로써 나에게 뜻을 받아 세상에 내
려왔으며,
10 삼위일체라는 것은 가당치도 않다는
것을 그들이 알게 될 것이며,
11 또 예수를 판 제자는 왜 팔았으며 그
를 등 돌린 제자들은 왜 등을 돌렸는
가 그와 같은 상황을 다 알게 됨이니
라.
12 그게 바로 성경을 보고 깨우치고 깨달
은 자들이 그를 다 볼 수 있음이니,
13 이제 그리하여 나의 법전이 얼마나 소
중한 것인지, 이게 나 여호와의 뜻이
요, 만백성을 구하기 위하여 역사하는
책이라는 것을, 나의 성령이라는 것을
그들이 알게 되느니라.
14 네가 아무리 강론을 하며 그들에게 심
어 주고 또 강론을 하고 책을 읽어도,
그들의 수준이 미달되었을 때는 그를
깨닫지 못함이니라.
15 그들이 알아들을 수 있는 그 수준에
왔을 때, 나 여호와가 그들의 눈을 뜨
게 하며 귀를 열어 주며 그 마음을 보
게 함이니라.
16 그리하여 이제 너와 더불어 영원히 하
나하나 벽돌을 쌓아 새로운 건축의 역
사를 이루는 제자들로 다시 탈바꿈함
을 잊지 말라.

5,242 번째 하나님 말씀

2003년 2월 27일 23시 04분

1 사랑하는 나의 아들아!
2 "네, 아버님! 말씀하옵소서."
3 일찍이 내가 너희들에게 말하여 깨우
쳐 주었느니라.
4 '선무당이 사람 잡는다.' 하니,
5 아무것도 모르는 자가 병을 고친다 말
하며 그리고 귀신을 쫓아낸다 하며,
그와 같이 병든 자 앞이요, 또 정신을
차리지 못하는 자를 놓고 고친다 제가
그와 같이 호언장담하는 짓이 다 쓸
데없는 백해무익한 짓이니,
6 그는 사람을 더 가라앉게 하며 사람을
죽게 하는 그와 같은 형국이라 내가
그리 말하였음이니라.

7 지금 너희가 가고 있는 믿음의 길이
바로 어떠한 길인 줄 아는가?
8 지금 모든 종교 집단이요, 그 지도자
라는 자들이 선무당이 사람을 잡는 행
위보다도 더 사악한 짓을 하고 있음을
알아야 할 것이니라.
9 너희들은 만백성을 인도하여 하늘에
오르는 길이요, 나에게 오르는 길로
그리 구원을 해 준다 하나,
10 나 여호와가 보는 것은 선무당이 사람
잡는 것보다도 더 사악한 짓을 하고
있음이니라.
11 저 자신이 무엇인가 모르며 제가 무엇
인지 모르면서 오로지 저를 따르라
하며,
12 너희들이 최고며, 너희들의 성전에 와
구원을 받는다는 그것 한 가지 가지고
그 길밖에는 아무것도 가르치는 것이
없이,
13 성경의 참진리도 모르며, 구약에 기록
되어 있는 내가 전하는 내용도 모르
며, 신약에 전해지는 그 비유의 뜻을
아무것도 모르는 너희들이
14 저만이 구원을 받는다 하며 저만이 인
도한다는 그 고집 하나 가지고 나의
백성을 그리 현혹하여 죽음의 길로 인
도하고 있다는 것을 알아야 할 것이니
라.
15 또한, 그와 같이 신도들이 헤아리지
못하고 있음이니라.
16 그와 같이 그 소중한 시간의 삶을 살
다 정녕 죽음의 그 순간에 와서 너희
들은 어찌 가는가?
17 그 고비를 넘는 것이 두려우며 무서움
을 알게 될 것이니라.
18 참진리요, 나 여호와의 뜻이 아닌 길
을 가는 자는 죽음 직전에 아무리 몸
부림을 쳐도 제가 지은 죄의 대가를
치름이니, 그때 가서 얼마나 무서운
형국이 이루어지는가?
19 너희들이 죽음 직전에 웃으면서 죽을
수 있으며 행복한 마음으로 죽을 수
있다는 것은 참진리요, 나 여호와의
뜻에 따라 너희들이 살아감이니, 그는
곧 행함이니라.
20 너희들이 아무리 말로써 믿음의 길을
가며 말로써 구원을 받는다 해도, 행
함을 하지 아니하면 구원을 받을 수
없으며, 행함을 하지 아니하면 나로부
터 상을 받을 수가 없음이니라.
21 행함을 하지 않는 그 믿음으로써 백날
천날 믿다가 너희들이 나에게 오나,
죽음의 순간에 그 무서움 앞에서 어찌
할 바를 모르며 그 고통 속에 몸부림
치는 것은 너희들이 상상할 수 없음이
니라.
22 나 여호와는 그 처절한 모습을 아느니
라.
23 너희들이 육에서 행함을 하지 아니하
며, 말로써 베풀며 말로써 구원받고자
하며, 그리고 감히 금화와 은화로써
나 여호와의 마음을 살 수 있으며 내
가 구원해 준다 그리 생각하는 것이
얼마나 어리석고 사악한 것이냐?
24 내가 너희들에게 무어라 말하였느냐?
25 너희들을 심판함에 있어서 나 여호와
혼자 심판하지 아니한다 하였음이니
라.
26 그는 나 여호와가 심판하지 아니함이
요, 내가 심판을 하는 것이 아니니라.

27 내가 심판을 하나, 내가 심판한 것을
사탄이 보고 천사들이 본다 했음이니,
28 내가 어찌 그들을 속이고 너희들의 손
을 들어 줄 수 있으며 지옥으로 가는
길을 돌려놓을 수 있는가?
29 이는 너희들이 생각해서도 아니 되며
상상할 수도 없으며, 그와 같은 일은
있을 수도 없는 것이니라.
30 그러니 모두가 보고 있는 그 심판은
공정함이니라.
31 그러니 너희들이 잘못 믿고 살아온 그
믿음이 얼마나 무서운 길인가를 알
것이며,
32 너희들은 거기서 돌아설 수도 없으며
헤어날 수도 없으며 어떠한 구원의 길
도 없음이니라.
33 죽음의 면전에서 공포에 떠는 그 죽음
을 선택하지 말라.
34 지금 육이 있는 동안에 행하고 바로
살아가는 그와 같은 삶을 살 때,
35 바로 그 누구도 넘지 아니하면 안 되
며 거기를 피할 수 없으며,
36 누구나 공포에 떨며 죽어 가는 그 순
간에 자신 있게 나에게 올 수 있는 그
와 같은 죽음의 준비를 하는 자,
37 너희들이 그 죽음을 웃음으로써 올 수
있는 그와 같은 깨달음을 얻지 아니한
다면 너희들은 구원을 받을 수 없음이
니라.
38 공정하며 공평한 공의의 나 여호와의
심판이 한 치의 어긋남도 없으니,
39 너희들이 지은 죄, 너희들이 역사한
그것을 다 받게 됨을 잊어서는 아니
될 것이니라.
40 새로운 생명으로 태어나는 것이요, 새
생명으로 태어나는 그와 같은 영원히
사는 삶을 살지 아니하며,
41 그저 육의 삶이 죽으면 영원히 지옥으
로 가는 삶을 살고 있는 것이 너희들
임을 알아야 할 것이니라.
42 그러니 모든 종교 지도자 너희들은 이
제 나에게 기도하고 경배하며,
43 구약의 성서에서 내가 원하는 것을 깨
달으며, 신약의 성서에서 내가 너희들
에게 명하는 것, 그리고 행해야 할 것
을 잘 보고 깨우쳐,
44 모든 것을 너희들에게 불리하며 어려
운 쪽으로 생각하라 했듯이, 그와 같
은 쪽에서 성서를 다시 한 번 검토해
보라.
45 그것을 검토해서 깨달음이 정녕 없을
때, 그때는 바로 나의 법전을 정독하
고 또 정독하라.
46 그러면 그 속에서 너희들이 그 깨달음
을 다 알게 될 것이니라.
47 지금 나의 아들을 따르는 그 제자들
이요, 깨달음을 얻고 지금 성서를 가
지고 공부하는 자, 그리고 강론을 듣
는 자,
48 너희들과 같이 그 믿음이요, 교회라는
곳에서 수십 년 동안 몸을 바쳐 온 자
들이 지금 깨달음의 길을 가고 있으며
그들이 새로운 길을 출발하고 있으니,
49 그들이 왜 새로운 출발을 하며 그들이
왜 여기에 와서 공부하는가, 그리고
그들이 법전을 손에서 떼지 못하고 정
독하는가?
50 그것을 단 한 번이라도 들여다보며 단
몇 줄이라도 읽어 보라.
51 그러면 너희들이 깨달음이 있을 것이

니라.
52 그를 읽지 아니하고 그를 접하지 아니
하고 거기에 명한 대로 행하지 아니하
는 자, 이는 나에게 구원을 받을 수 없
느니라.
53 너희들에게 또 더 간추려 내가 깨우
쳐 준다면, 십계명은 반드시 지켜야
하는 것이며, 인간이라 지키지 못한다
는 것은 너희들이 지옥으로 가겠다는
소리와 똑같음이니 그와 같은 자는 입
을 다물며,
54 내가 내린 계명을 지킬 수 없다는 것
은 나 여호와는 공의의 하나님이 아니
며, 창조주가 아니며, 전지전능한 여
호와라 너희들이 생각하지 아니함이
니라.
55 이 세상에 자연이 존재하며 이 세상에
동식물이 살아가며 모두가 존재하고
살아가며,
56 그 씨앗이 또 씨앗을 낳고 그 씨앗이
생명이 되며 그 생명을 유지하는 것으
로부터 또 도움을 받으며 그와 같이
돌고 돌며 서로 돕고 도와 가며 살아
갈 수 있도록 한 치의 어긋남이 없이
이루어진 이 지상의 모든 돌아가는
것을 너희들이 본다면,
57 나 여호와는 전지전능한 여호와며, 감
히 두려운 여호와며,
58 이 세상 모두를 통제하는 나 여호와를
'전지전능한 하나님이요, 그분은 하나
의 오차도 없다.' 너희들이 그리 말하
면서,
59 어찌하여 너희들이 지키고 행하라 하
여 나의 아들의 십자가의 고통이요,
그가 죽어 가면서까지 전했던 그것과
내가 십계명이라 하여 기록하여 너희
들에게 지키고 살라 하는 것만큼은,
60 내가 인간이 지킬 수 없는 오차의 범
위요, 행할 수 없고 지탱할 수 없는 것
을 내렸다 함이니,
61 자연에서 살아가는 모든 생태계의 그
전지전능함은 나 여호와가 한 치의 오
차도 없으니 그는 위대하며,
62 내가 너희들에게 지키고 살다 오라는
그 가시밭길의 어려운 길을 가는 그것
은 내가 잘못 만든 것이며, 너희가 할
수 없는 것을 내가 만들어 너희들에게
내렸다 그리함이니,
63 너희들이 얼마나 이기주의요, 편한 대
로 생각하는 것인가?
64 그것 하나가 바로 너희들이 성경을
그와 같이 설명하고 그와 같이 깨우침
임을 알아야 할 것이니라.
65 이 세상의 모두는 나의 뜻에 한 치의
오차도 없이 살아가며, 전지전능한 하
나님이라 울고불고하며,
66 나 여호와가 주관하지 아니한 것이 하
나도 없으며, 내가 주관하기에 이 세
상이 하나의 오차 없이 그리 돌아간다
말하면서,
67 너희들이 지켜야 할 그 십계명은 어찌
하여 잘못된 것이며, 인간이 지킬 수
없는 그 무섭고 험한 것을 너희들에게
내렸다 그리 말하는가?
68 그것 하나를 가지고 그와 같이 말하
듯이,
69 지금의 모든 종교 지도자 너희들이 성
서를 해석하고 깨달아 가르치고 공부
하며 설교하며 강론하는 것이 너희들
이 편한 쪽으로, 유리한 쪽으로 마음

대로 해석하고 깨우쳐 전하기 때문에,
70 참진리요, 나 여호와의 뜻과는 관계없
는 멀고도 머나먼 길을 너희가 가고
있다는 것이 바로 그를 증명하며 그리
입증하며,
71 너희가 사악한 자요, 사탄이요, 재물
을 거둬들이고자, 금화와 은화를 거둬
들여 육신의 삶을 위하여 나의 피조물
만백성을 그저 우롱하고 살아가는 그
죄인이라는 것, 그리고 도둑질하는 자
요, 강도요, 사기꾼이라는 것을 잊지
말라.

5,243 번째 하나님 말씀

2003년 2월 27일 23시 12분

1 사랑하는 나의 아들아!
2 "네, 아버님! 말씀하옵소서."
3 너의 제자들이 살아가는 삶의 길을 바
로 살도록 먼저 그리해야 함을 잊지
말라.
4 너희들이 법전을 만들어 세상에 냄도
소중하며 또한 시간이 없음이니라.
5 그리고 그를 만백성에게 전하는 것 또
한 시간이 없고 바쁨을 나 여호와가
더 잘 알고 있음이니라.
6 그러나 그와 같은 역사는 다 나 여호
와가 주관하여 이루어질 것이니,
7 너희들은 먼저 완벽한 백성으로서 변
하는 그와 같은 훈련에 최선을 다해야
함을 잊지 말라.
8 지금 하루의 1분, 1초도 소중히 생각
해야 할 것이며, 완벽한 사람으로서
살아가고 바로 서는 데 먼저 최선을
다하며,
9 그 변화에 대하여 너희들이 완벽하게
정진하는 그와 같은 삶의 길을 가도록
그리해야 하며, 너희들이 깨달아 가야
함을 잊지 말라.
10 즉, 너희는 완벽이라 함을 이룰 수 없
으며, 인간이라 완벽하게 지킬 수 없
다 그리 말하느니라.
11 내가 너희들에게 완벽한 삶을 살라 원
하는 것은, 신의 경지와 같은 삶을 살
며, 천사와 같은 삶이요, 나로부터 명
받은 나의 아들이 깨우쳐 살아가는 그
모습을 그대로 살라 하는 것이 아니니
라.
12 선택된 나의 아들의 제자 너희들은 인
간으로서 인간의 도리를 다하며, 정도
에 어긋나지 아니하는 삶을 사는 그것
으로써 완벽한 삶이라 생각할 수 있음
이니라.
13 내가 정녕 너희들에게 바라는 것은,
인간이 최소의 질서를 지키며, 양심을
팔지 아니하며 그저 살아감에 남에게
누를 끼치지 않는 정도의 삶을 살아가
는 것,
14 그와 같은 삶을 너희들이 살아가는 것
이 기초의 삶이요, 나에게 올라올 수
있는 기초이기 때문이니,
15 너희들이 그와 같은 마음의 자세로 완
벽한 정도의 길을 가고자 노력할 때,
16 그것을 다지고 나면 나의 법전이 세상
을 덮을 것이며,
17 나의 법전이 세상을 덮어 너희들이 법
전을 읽고 또 읽고 정독해서 성서를
보며 나의 법전을 읽으면, 내가 그 성
서의 구약과 신약의 과거와 현재요,
미래의 역사함을 내가 너희들에게 깨

우쳐 줄 것이니,
18 그때야말로 너희들이 바로 나에게 오
를 수 있는 그와 같은 완벽한 백성으
로 변하여 감이니라.
19 그리하여 너희들이 그때만이 나에게
오를 수 있는 백성이요, 내 옆에 올 수
있다는 것을 잊지 말라.
20 이제 너희들은 깨우쳐야 할 것이니라.
21 너희들이 나의 법전을 접하며 나의 아
들을 통하여 내리는 강론을 듣는 것은
바로 참진리를 깨우치는 길을 가고 있
음이니라.
22 그리하여 내가 너희들이 영광이요, 축
복받은 자라 하였음이니라.
23 그러나 너희들은 진리를 깨우치면 깨
우칠수록 힘이 드는 길이며, 어려운
길이며 고통의 길이며,
24 그 어렵고 힘든 고비는 너희들의 상상
을 초월함을 알아야 할 것이니라.
25 너희들이 보통 남에게 욕을 하는 것
하나를 고쳤으며, 거짓 하는 것을 고
쳤으며, 그리고 남의 것을 탐내는 것
을 고쳤으며, 욕심부리는 것을 고쳤다
해도,
26 그것이 진리의 기초이지, 완벽한 진리
의 깨우침은 아니니라.
27 거기서 너희들이 그를 지켰을 때, 하
나를 또 지키게 되며,
28 하나에도 깊은 진리의 깊이로 들어가
면 들어갈수록 너희들은 기쁨과 영광
이 있으나, 너희들이 육의 삶은 고통
과 시련과 어렵고 어려운 고난의 길로
빠져들어 가는 것이니라.
29 그러나 그 일만이 너희들이 죽음의 그
면전에서 나에게 웃음으로써 올 수 있
는 것이요,
30 불안과 공포의 죽음에서 그 선을 넘
지 않으려 발버둥치는 그와 같은 역사
는 너희들에게 없을 것이니라.
31 그리하여 진리는 점점 깨우치면 깨우
칠수록 그 깊이가 깊고 넓으므로, 너
희들이 그를 다 수용하고 지키기가 너
무나도 어렵고 힘든 것이니라.
32 그러나 악을 행하는 것, 악을 행하며
너희들이 빠져들어 가는 것은 그저
깊이 빠져들어 가면 갈수록 계속 깊
어지고 깊어져만 가는 것이니라.
33 그리하여 정녕 헤어날 수 없는 것이
너희임을 알아야 할 것이니라.

5,244 번째 하나님 말씀

2003년 2월 27일 23시 32분

1 사랑하는 나의 아들아!
2 "네, 아버님! 말씀하옵소서."
3 너희들은 잘 살아 보자, 그리고 남들
에게 뒤지지 않는 삶을 살자, 그리고
남에게 부끄럽지 않은 삶을 살자, 그
리하여 육의 즐거움을 너희들은 남들
에게 보여 주며 남들에게서 즐거움을
더 얻으며,
4 남들에게 뒤지지 않는 그와 같은 삶
을 살아 보겠다며 온갖 노력을 다하며
모든 힘을 다 거기에 쏟는 것이니라.
5 그리하여 그 삶에 얽매이다 보면 덧없
이 흘러가는 세월 앞에 너희 자신이
어느덧 한 줌의 흙으로 돌아가는 문턱
에 서게 됨이니라.
6 어려서는 세상을 모르며 너희들이 젊
음을 찾기 시작하여 세상에 눈을 뜨기

시작하면 또한 자식을 기르며 또 가정을 다스리며 그리 이끌어 가다,
7 정신없이 흘러가는 그 세월 속에 살다 보면 어느덧 백발이 되어 죽음의 문턱에 와 있는 그것은 너희들이 보지를 못함이니라.
8 그리하여 너희들은 그 세월 속에 너희가 열심히 살아가면서, 남에게 폐를 끼치며 남에게 손해를 끼치며 남에게 부끄러운 그와 같은 삶을 살지 말며, 그와 같은 행위를 하지 말고 살도록 내가 너희들에게 강요하는 것이며,
9 남들보다 아름다운 삶을 사는 것은 정도요, 진리의 길을 가는 그와 같은 면에서 너희들이 아름다운 삶을 사는 것이 소중한 것이니라.
10 그와 같은 것을 너희들은 아름다움이요, 진리요, 소중함을 다 덮어 둔 채 그저 오늘의 삶에 급급한 삶을 살며,
11 이것저것을 구분하지 못하며 그리고 이것저것 생각할 것 없이 두 주먹 쥐고 달려오다 보니,
12 너희들 스스로 이제는 다 주름살이 졌으며 죽음의 문턱 앞에 서 있는 것이 너희들의 인생이 아니던가?
13 그러니 그와 같은 삶을 내가 미래를 위하여 다음을 위하여 살아가는 아름다운 삶으로 살라 함이니라.
14 그와 같이 덧없이 흘러가는 세월 속에 모두를 다 흘려보내는 삶을 살지 말라 함이니라.
15 너희들이 살기 위해 최선의 노력을 다하며 모든 노력을 다 경주한다 해도, 정도의 길을 어긋나는 그와 같은 삶을 살아서는 아니 된다는 것이 나 여호와의 뜻임을 내가 가르치고자 함이니라.
16 추한 삶을 살지 아니할 것이요, 한 점의 부끄럼이 없는 참 아름다운 삶이요, 정의로운 삶을 살라는 것이 내가 너희들에게 깨우쳐 주고자 하는 나의 뜻이니라.
17 과거와 현재와 미래의 시간은 점점 흘러감이니라.
18 그리고 그것을 너희들이 잡을 수도 없으며 멈출 수 없는 그 세월 속에서 어느덧 덧없이 이미 죽음의 문턱에 와 있으니,
19 너희들 자신의 육의 형태는 다 무너져 흙으로 돌아가며 그리고 너희들의 존재 자체가 이 세상에서 영원히 지워지며, 그 누구도 너희들을 기억하지 못하는 그와 같은 죽음의 길로 가는 것이 너희들의 삶이 아니던가?
20 그와 같이 허무한 삶을 사는 그곳에서 내가 그와 같이 덧없는 세월 속에 흘러가는 대로 맡겨 사는 것이 아니요,
21 그리고 육의 행복과 육의 즐거움을 위해서만이 너희들이 흘러가는 세월 속에 몸부림치지 말며,
22 다음의 시대가 있으며 영원히 영혼이 살고 못 사는 다음의 세상을 생각하며 아름답게 살아가라 하는 것이 나 여호와의 뜻임을 잊어서는 아니 될 것이니라.
23 너희들이 존재하지 않는 삶을 살며, 기억에서 지워지는 그와 같은 삶을 위해 살지 말라.
24 이제는 얼마 남지 않은 귀중한 그 시간을 너희들의 미래를 준비하는 시간을 살도록 그리하라.

25 너희들이 아름답게 살고자, 나에게 오
르고자 하나 그 방향을 모르며 길을
모르는 백성이니,
26 그와 같은 너희들이 성서를 스스로 깨
우치고 스스로 읽고 터득했더라면 오
늘의 잘못 가는 종교 지도자들의 그와
같은 가르침에 현혹되어 지옥 불 속으
로 가는 삶을 살지는 아니하였을 것이
니라.
27 나 여호와가 그를 더 볼 수 없어 그저
지옥으로 가는 너희들을 구원하고자
마지막으로 나의 성령이요, 새로운 성
경을 세상에 내려보내니 너희들은 이
를 알아야 할 것이니라.
28 이제 나의 법전을 접하는 백성 너희들
이 단 1분의 삶이 남았다는 그와 같은
생각으로 나의 법전을 정독하고 또 정
독하여,
29 잡을 수 없고 또 멈출 수 없는 그 흘러
가는 세월 속에 존재하는 너희들이,
30 그 속에서 그를 멈추고 잡아 구원의
길을 올 수 있는 것은 나의 법전을 읽
고 또 읽고 정독하여 하늘에 오르는
길을 볼 수 있는 삶을 살아가는 것이
바로 시간을 멈추며 시간을 잡을 수
있는 삶이라는 것을 잊지 말라.
31 이제 사랑하는 나의 아들딸들아, 너희
들은 예수처럼 영원히 지상에서 기억
되는 삶을 시작하자.
32 이제 너희들이 정말 영원히 지상에서
기억될 수 있는 천사와 같은 삶이요,
나 여호와와 같은 삶이며, 그 누구도
너희들과 같은 삶을 살 수 없기에 너
희들이 지상에 있는 모든 백성이 영원
히 기억할 수 있는 삶을 살며,
33 그리고 영원히 사는 나의 나라에 와
내 품에서 지상의 낙원에서 영원히 사
는 그 축복을 얻을 수 있는 그 삶을 살
도록 하자, 나의 아들딸들아!

5,245 번째 하나님 말씀

2003년 2월 27일 23시 27분

1 사랑하는 나의 아들아!
2 "네, 아버님! 말씀하옵소서."
3 나의 백성 너희들은 창조주 나 여호와
로부터 너희들의 모두가 주관되며, 주
관되지 아니하는 것이 없다는 그 엄연
한 사실을 과연 얼마나 기억하고 그
리 사는가?
4 네가 세상에 태어남도 나 여호와의 뜻
에 따라 세상에 태어나니, 그것 또한
나의 주관하에 이루어진 것이니라.
5 그리고 너희들이 세상에서 사는 육의
삶의 그 자체도 과연 무엇이더냐?
6 너희들이 숨을 쉬고 일하며 움직이는
모든 삶을 영위하는 것, 너희들이 자
식을 두며 살아가는 그 모습, 또한 역
사하는 그 모든 것, 죽음의 직전까지
그 모두도 나 여호와의 주관하에 그
속에서 이루어짐이니라.
7 그리고 너희들이 그리 살다 나이가 들
어 죽으면 한 줌의 흙으로 돌아가는
그와 같은 죽음을 맞이하는 그것 그
자체도 그 모두가 나의 주관하에서 벗
어나는 것이 하나도 없음을 너희들은
알아야 할 것이니라.
8 너희들은 이 세상의 모든 지구요, 지
상이요, 이 모두가 나 여호와가 짜 놓
은 틀 속에서 내가 계획하는 속에서

나의 주관하에 다 움직임이니,
9 이는 내가 짜 놓은 그 틀 속에서만 움
직이고 돌아가고 있다는 사실을 엄연
히 알아야 할 것이니라.
10 이 방대한 지구의 그 모두도 내가 짜
놓은 그 틀 속에서 벗어나지 못하며
움직이며 행하여 지금 존재한다는 것
을 안다면,
11 너희들 자신도 다 나로부터 존재하며
내가 주관하여 이룬다는 것을 어찌 모
르는가?
12 그렇다면 너희들은 여기서 깨우쳐야
할 것이니라.
13 나 여호와가 모두를 주관하며, 나의
통제하에 모두가 있으며,
14 너희들이 결국은 나로부터 세상에 나
왔으니 나에게로 돌아올 때, 너희들이
어찌 살았느냐에 따라 심판을 받는 그
결과가 너희들 앞에 있다 하였음이니,
15 어찌하여 너희들은 나의 주관하에 있
다는 것을 알며 나로부터 심판을 받는
다는 것을 알면서,
16 내가 너희들에게 지키라 내린 그 십계
명대로 살지 아니하며 그를 지키지 아
니하며,
17 내가 새로운 성경이요, 나의 법전이라
하여 세상에 내려보내니, 이를 따라
살지 아니하고 어찌하여 너희들이 나
에게 오를 수 있다 생각하며,
18 내 앞에 와 감히 심판을 받을 수 있다
생각하며,
19 내가 명하고 내가 너희들에게 지시한
것을 따르지 않고 사는 자가 어찌하여
나의 아들딸이며 나의 백성이라 너희
들이 그리 말하는가?
20 너희들은 모두를 주관하는 나 여호와
앞에 와서 반드시 심판을 받으며, 그
에 따라서 모두의 구원이요, 지옥 불
로 가는 것이 그곳에서 역사가 이루어
짐이니,
21 내가 명하는 것을 행하지 아니하고 내
앞에 와 심판을 받는 그 어리석은 짓
을 하지 말라.

5,246 번째 하나님 말씀

2003년 2월 27일 23시 34분

1 사랑하는 나의 아들아!
2 "네, 아버님! 말씀하옵소서."
3 너희들이 이 세상에 살아가면서 가장
행복함이요, 축복되며 영광된 길이 무
엇이던가?
4 너희들이 부귀영화요, 금화와 은화를
쌓아 놓고 남들보다 당당히 살아가며
그리고 남들보다 호화롭게 살아가는
그것이 가장 소중하다 생각하는가?
5 너희들은 알아야 할 것이니라.
6 나 여호와와 더불어 사는 것, 나와 만
나는 것, 나와 같이 있는 그것보다 더
소중함이 이 세상에 무엇이 있다 생각
하는가?
7 그러니 그것보다 더 위대한 것이 없음
을 너희들은 알아야 할 것이니라.
8 항상 나와 같이 생각하며 나와 더불어
사는 삶을 사는 것이 가장 축복된 것
이며 영광된 삶이라는 것을 너희들은
알아야 할 것이니라.
9 너희들은 천사와 같이 아름다운 마음
을 가지고 살며 진리를 깨우쳐 변하고
자 하는 삶이요, 나에게 오르고자 하

는 마음을 가지고 사는 것이 바로 나
여호와와 같이 있으며 나와 더불어 살
며 나와 항상 동행하고 있다는 것을
알아야 할 것이니라.
10 그와 같은 삶을 살지 아니하며 악하게
살며 악한 행위로써 너희들이 산다는
것은 나에게 오를 수도 없지만, 그리
하여 내가 너희들과 같이 있지 아니하
며 바라보지 아니함이니라.
11 정녕 너희들이 나 여호와가 같이 있으
며 나와 더불어 동행하는 그와 같은
것을 원한다면, 너희들은 지금부터 바
르게 사는 것, 그리고 아름답게 삶을
사는 그것이 항상 나와 더불어 있음을
알아야 할 것이니라.
12 이제는 너희들이 나와 더불어 사는 삶
을 살라.
13 그 길이 나에게 오르는 길임을 알고
있지 아니하는가?
14 그렇지 않으면 너희들이 어떠한 형태
로써 어떠한 형벌로써 감내하지 못하
는 무서운 벌을 받아야 한다는 사실을
이제는 깨닫고 알고 있지 않은가?
15 그와 같은 백성 너희들이 바로 나와
같이 있는 삶을 살기 위해 최선을 다
해 노력하여 그 길을 달려가도록 그리
함을 잊지 말라.
16 내가 명한 것은 철저히 지키라.
17 그리고 내가 너희들에게 지시한 것,
내가 너희들에게 명한 그 모두를 철저
히 지키고 사는 것, 그것보다 더 위대
한 삶은 없음을 알라.
18 내가 내리는 십계명을 철저히 지키며
내가 내려보낸 새로운 성경, 그것을
읽고 정독하며 철저히 지키고 가는
삶, 그것이 지금에 사는 삶의 첫 번째
요, 두 번째도 그것이요, 세 번째도 모
든 삶의 제일인 것은 바로 나의 계명
대로 사는 것, 나의 법전대로 지키며
그리 살아가는 것, 그것이 바로 최고
의 영광이요, 기쁨의 삶이며, 모든 삶
의 초점을 거기에 맞춰야 함을 너희들
은 알아야 할 것이니라.
19 너희들이 그보다 더 위대한 것이 없으
며 소중한 것이 없음이니라.
20 그러나 너희들은 그를 버려두고 삶이
니라.
21 나와 더불어 사는 삶을 살지 못하고
나와 더불어 살 수 있는 그 길을 가지
아니하고 있음이니, 그것보다 더 어리
석은 것이 어디 있다 생각하는가?
22 너희들이 나와 더불어 사는 것, 나와
같이 사는 것, 그것보다 더 소중하고
귀한 것이 없음을 알아야 할 것이니라.
23 이제 너희들이 나와 같이 살며 나와
같이 항상 있고자 한다면, 너희들은
내가 명한 그 계명을 철저히 지키고
오로지 그 길만이 나에게 오르는 길이
라는 것을 알며 그 길을 지키고 가는
너희들에게 내가 항상 같이 있다는 그
것을 깨닫는 자 너희들일 것이니, 너
희들은 여기서 어긋나는 그와 같은 삶
을 살지 않도록 그리하라.
24 항상 나와 더불어 사는 삶을 살도록
하며, 그 길이 무엇인가를 내가 깨우
쳐 주었음이니 너희들은 항상 나와 같
이 있는 그 소중함을 잊지 말며 버리
지 말라.

5,247 번째 하나님 말씀

2003년 2월 27일 23시 52분

1 사랑하는 나의 아들아.
2 "네, 아버님! 말씀하옵소서."
3 너희들 똑같은 인간이 살아가도 저 자신이 어찌 곱게 가꾸고 다스리느냐에 따라서 외형이나 외모가 달라지고 얼굴이 더 아름답게 보이며 또 깨끗하게 보이지 아니하던가?
4 너희들이 학문이라는 것은 또 무엇이더냐?
5 어려서부터 열심히 학업에 정진하는 사람이 나이가 들어 풍부한 지식과 상식을 가지고 세상사를 살아가는 것이 아니던가?
6 너희들의 인품이요, 인격이라는 것은 또 무엇이던가?
7 스스로 다스리고 깨우쳐 제가 그를 다스리고 나가는 그 속에서 너희는 변화되는 사람의 삶의 모습을 볼 수 있음을 알아야 할 것이니라.
8 여기서 너희들은 깊이 깨달으라.
9 너희들이 하늘에 오르는 길이요, 참진리를 찾는 그 길도 과연 무엇이던가?
10 너희들이 자신을 가꾸어 아름다운 모습으로 서듯이,
11 남들이 볼 때 품위 있으며 조용한 성품을 갖는 그 모습도 스스로 수없이 갈고 닦는 그 속에서 그와 같이 사람이 변화된다 내가 너희들에게 말하였음이니,
12 믿음이 바로 그러하니라.
13 선한 행위요, 아름다운 길을 위하여 너희들이 계속 정진하고 또 정진하여 노력할 때, 그 믿음이요, 참진리를 알게 되어 있으며, 나 여호와가 원하는 길이 무엇인가를 알게 됨이니라.
14 그리하여 너희들이 하나하나 다져 나가며, 하나하나 쌓아 가며, 하나하나 변해 가는 각고의 노력 속에서 너희들이 나로부터 축복이요, 영광을 받는 그 구원의 길에 들어설 수 있는 백성으로 변화됨을 잊지 말라.
15 잠시도 너희들이 게을러서는 아니 되는 것이니라.
16 너희들이 학업이라는 것도 어찌하던가?
17 하다가 중단하며 또 하다 중단하면 과연 그것이 어떠한 연관성에서 뜻을 이루는가?
18 아무것도 이루어짐이 없느니라.
19 하늘에 오르는 그 믿음이야말로 쉬지 않고 정진하고 또 정진하는 그 속에서 참진리를 깨우치게 되며, 하늘에 오르는 뜻을 알게 되며,
20 그리고 내가 너희들에게 원하는 것이 무엇이며 나 여호와가 역사하는 것이 무엇인가를 너희들이 알게 됨이니라.
21 너희들이 나와 더불어 있는 것보다 더 소중하고 귀한 것이 없다 하였음이니,
22 너희들이 그와 같이 항상 정진하고 또 노력하는 속에서 내가 너희들과 같이 하며 항상 같이 더불어 살아간다는 것을 잊지 말라, 사랑하는 나의 아들딸들아!
23 노력해야 함이니라.
24 그리고 다스려 가야 함이니라.
25 그리고 스스로 하루하루 삶에서 변화되어 너희들이 하늘에 오르는 길을 향

하여 달려오며,
26 그리하여 천사요, 나 여호와의 심성처
럼 하나하나 변해 가는 삶을 살아오는
그것보다 더 소중하고 귀하고 위대함
이 없음을 너희들은 알아야 할 것이니
라.
27 그리하여 너희들이 진리를 하나 깨우
치면 둘을 알게 될 것이며, 둘을 깨우
치면 넷을 알게 되는 그와 같은 변화
의 역사가 있는 것이며,
28 내가 노력하는 자에게 마음의 문을 열
어 줌이니, 참진리의 길을 보게 됨이
니라.
29 진정한 참진리의 길을 알게 되면 너희
들이 흐트러질 수 없으며, 오로지 그
길을 가는 데 최선을 다하여 스스로
나에게 오를 수 있는 길에 오게 됨을
알아야 할 것이니라.
30 너희들 스스로 아름답게 살아가고자
하면 그 아름다움만이 쌓이며, 악하게
살고자 하면 악함만을 행하게 되는 것
이 너희들의 삶이니,
31 너희들이 참진리를 위해 살아가며 그
와 같이 노력하면 거기에 보탬이 있으
며 또 거기에 보탬이 있어,
32 높은 데서 물건이 떨어지면 속도가 가
속되듯이 그와 같이 너희들이 가속된
다는 것을 잊지 말라.
33 그와 같이 가속이 붙기 시작하면 너희
들은 절대 넘어지지 아니하며,
34 오로지 세상 것을 다 버릴 수 있으며,
세상 것을 다 손에서 놓을 수 있으며,
35 너희들이 육의 삶을 살다 넘을 수 없
으며 피할 수 없는 그 죽음이라는 선
앞에 섰을 때,
36 당황하지 아니하며 불안하지 아니하
며 당당한 모습으로써 나에게 올 수
있는 그와 같은 삶을 살라.
37 너희들이 한 번은 죽어 가는데, 그 죽
어 감에 있어서 지옥으로 가는 두려움
앞에서 떨지 않으려면 그 무서움을 지
금부터 느끼고 체험하는 그와 같은 깨
달음을 얻어야 할 것이니라,
38 너희들이 죽음에서 지옥 불로 감이 얼
마나 두렵고 무서운 것인가를.
39 그것은 오로지 육의 삶에서 육이 죽어
서 나에게 와 심판을 받게 됨이니,
40 지금 살아 있는 이 순간에 너희들이
죽음 앞에서 누구도 거부하지 못하며
그를 넘어야 하는 것이니라.
41 지금은 곱고 아름다우며 젊고 패기 넘
치는 너희들이라 해도 너희들은 백발
이 되어 이가 빠지며 얼굴에 주름살이
생기며 늙어 감이니라.
42 그리하여 너희들이 죽음을 맞게 되니,
그 죽음을 맞을 때 너희들이 죽음의
공포를 느낄 것인가, 고통을 느낄 것
인가, 무서움과 두려움을 느낄 것인
가, 지옥으로 가 벌을 받을 것인가, 아
니면 나 여호와에게 올 것인가?
43 그것이 너희들이 얼마나 무서운 차이
인가 상상을 못 할 것이니,
44 오로지 그 선택은 너희들의 오늘의 삶
에 달렸음을 알라.
45 죽음을 넘지 않는 자가 없으며 죽지
않는 자가 없으니,
46 그 죽음 앞에서 너희들이 공포와 불안
에 전율을 느끼는 그와 같은 자가 되
지 말라.
47 그보다 더 무섭고 어려운 것은 없음을

알라.

5,248 번째 하나님 말씀

2003년 2월 28일 0시 03분

1 사랑하는 나의 아들아!
2 "네, 아버님! 말씀하옵소서."
3 이 세상 모두를 창조한 나 여호와가
너희들에게 지키라 말한 것, 그리고
내가 내린 그 명령보다 더 소중하고
귀한 것이 어디 있으며,
4 그를 꼭 지켜야 하는 것이 너희들이지
아니하던가?
5 그를 지키지 아니하는 자같이 어리석
고 불쌍한 백성이 없음이니라.
6 그것만이 너희들이 나에게 오는 길이
며 그리도 갈구하는 나의 나라에 오
는 길이거늘,
7 어찌하여 너희들은 나에게 오른다면
서 내가 내린 명령이요, 내가 지키라
하는 것을 그리도 함부로 다루며 지키
지 아니하고 사는가?
8 창조주 나 여호와의 뜻을 거역하고 육
이 좀 더 편안하고자, 또 안락하고자,
좀 더 남보다 위에 있고자 그와 같은
삶을 살아가는 자,
9 그리고 재물을 좀 더 모으고자, 명예
를 좀 더 높이고자, 그를 얻고자 하여,
10 나 여호와가 원하고 바라는 길로 가는
것이 아니요, 사탄의 길로 사탄이 원
하는 길로 살아감이니,
11 너희들이 그와 같은 삶으로 나에게 와
심판을 받을 때 오늘의 삶이 얼마나
무섭고 두려운 것인가를 알게 될 것이
니라.
12 그 고통과 그 무서움과 그 두려움 속
에서 견딜 수 없는 그것을 면하도록
하라 하는 것이며, 그 길을 가지 말라
하는 것이 내가 너희들에게 가르치고
전하는 뜻이거늘,
13 어찌하여 내가 나의 아들을 통하여 밤
과 낮을 가리지 아니하고 이리 역사하
는 나의 이 새로운 성경을 보지 아니
하려 너희들이 그리하는가?
14 나의 아들 예수가 고통스럽게 죽음의
길을 간 것은 얼마나 하늘의 법도가
무서우면 나의 아들 예수가 거역하지
아니하고 그 길을 갔으며 순종했겠는
가 하는 것을 생각해 보는 지혜로움을
갖도록 그리하라.
15 나의 아들 예수도 육을 가졌으며, 그
도 너희들처럼 그 고통을 알고 있음이
니라.
16 다만, 그는 성령으로써 세상에 내려간
자요,
17 성령은 하늘로부터 받아간 자요, 육은
땅으로부터 너희들과 같이 나온 나의
아들 예수는, 하늘의 법도를 알며 하
늘의 질서를 아느니라.
18 하늘의 법도와 하늘의 질서를 아는 나
의 아들 예수가 너무나 하늘의 법도
가 무서우며 또 정확하며 거기에 너희
들의 마음대로 융통성이 없으며 말로
써 이루어지는 것은 하나도 얻을 수
없는 그 무서움을 알기에,
19 나의 아들은 그리 순종하며, 그 죽음
의 길이요, 그 고통의 길을 마다하지
않고 갔음이니라.
20 제가 죽을 그 십자가를 짊어지며, 월
계수의 그 가시나무 관을 쓰고 그가

십자가에 매달려 죽어 갈 때,
21 그는 그 모든 백성을 다 용서해 주며
저를 죽이는 자, 저를 때리는 자, 저에
게 창을 꽂는 자, 그들을 다 용서해 주
라 하였음이니라.
22 그리고 나 여호와를 원망하지 아니하
였음이니라.
23 그러니 그가 하늘이 얼마나 무서우며,
지옥이 얼마나 무서우며, 천국이 얼마
나 아름다운 것이며,
24 너희들이 죄를 짓고 그 죄의 대가를
받는 그 하늘의 법도요, 하늘에 흘러
가는 것을 알고 있었으니,
25 그가 얼마나 무섭고 두려웠으면 저를
죽이는 자를 사랑하라 하며 그 길을
갔겠는가?
26 너희들은 그와 같이 인간적인 면에서
생각해 볼 수는 없던가?
27 그 두려움을 너희들이 인간적으로 그
리 생각하며 그리 무서운 줄을 안다면,
28 너희들이 오늘의 이유 없는 반항이요,
나의 법전대로 지킬 수 없으며 살 수
없으며 인간이기 때문에 죄를 짓지 아
니하고 살 수 없다 그러한 말을 하지
못할 것이니라.
29 내가 너희들에게 지킬 수 없는 것을
내렸다 너희들이 그리 말함이니,
30 바로 나의 피조물 만백성을 너희들이
잘못 가는 길로 가르침이니라.
31 내가 나의 아들을 통하여 너희들에게
뭐라 말하였느냐?
32 이 세상의 모두가 존재함은 나 여호와
의 뜻이요,
33 이 세상이 정확하게 돌아가는 것은 나
여호와요, 전지전능한 나 아버지만 할
수 있으며, 내가 존재하여 그리 간다
며 모두를 다 경탄하면서,
34 어찌하여 너희들이 지키라는 고통이
요, 고행의 길을 가며 인내해야 할 십
계명이요, 나의 율법은 내가 잘못 만
들었으며, 내가 지킬 수 없는 것을 너
희들에게 명했으며, 인간으로서 행할
수 없는 멍에의 굴레를 씌웠다 그리
말하는가?
35 그와 같이 말하는 그것이 변명이요,
너희들이 갈 수 없는 길, 또 힘들고 어
려운 길은 피해 가며 그 길을 가지 아
니하려는 사악한 마음 때문에,
36 너희들의 오늘의 가르침이요, 깨달음
이 다 거짓이요, 다 나의 피조물 만백
성을 우롱한 것이며,
37 그들 앞에 너희들이 사기극의 그와 같
은 행위를 하고 있으며 사기극으로
가르치고 있음을 알아야 할 것이니라.

5,249 번째 하나님 말씀

2003년 2월 28일 0시 09분

1 사랑하는 나의 아들아!
2 "네, 아버님! 말씀하옵소서."
3 많은 백성이 나 여호와를 만지고자 하
며 나의 음성을 듣고자 하며 나에게
가르침을 받고자 하느니라.
4 그리고 나를 보고자 하느니라.
5 이제 나로부터 선택된 아들딸 너희들
은 그들이 나의 음성을 듣고자 하며
나를 만져 보고 싶어 하거든, 너희들
을 만져 보라 그리 말하라.
6 너희들을 만져 보며, 너희들의 음성을
들으며, 너희들을 보는 것으로써 그들

이 나를 본다 그리할 수 있도록 그리
너희들을 보며 만져 보라 그리 말하라.
7 너희들은 나를 대신하여 사는 백성이
요, 나의 뜻을 행하며 살아가는 너희
들이니,
8 나를 보려거든 너희들을 보며, 나를
만지려거든 너희들을 만지며, 나의 음
성을 듣고자 하거든 너희들의 음성을
들으라 그리하라, 그리고 들려주라.
9 그것이 너희들이 나이며 내가 또한
너희들이니라.
10 다만, 여기서 너희들은 깊이 깨우쳐야
할 것이니라.
11 그러는 너희가 나 여호와가 되려면 과
연 너희들은 어찌 살아야 하겠는가?
12 나의 피조물 만백성이 나의 음성을 듣
고자 하며 나를 만지고자 하며 나를
보고자 함이니, 내가 형체가 없으니
그들에게 그리해 줄 수는 없음이니라.
13 그러니 나를 대신하여 사는 너희들이
나를 대신하여 그리 행해 주면 되는
것이니,
14 바로 너희들이 어떠한 삶을 살아야 하
며 어찌 바로 서야 하는 것인가 그를
알라.
15 나의 피조물 만백성이 너희를 볼 때
나를 보는 것처럼, 너희들의 음성을
듣는 것을 내 음성을 듣는 것처럼, 너
희들을 만지는 것을 나를 만지는 것처
럼 그들이 느낄 수 있도록 너희들이
나와 같이 변해야 하며,
16 너희들과 내가 하나가 되어야 한다는
것을 잊어서는 아니 될 것이니라.
17 너희와 나 여호와가 하나이니라.
18 그리하여 그와 같은 삶을 살아야 할
것이니라.
19 나의 아들 예수가 곧 그렇게 살았으며
그렇게 생각하며 그리 행하였음이니
라.
20 그리하여 그들은 예수를 보는 것, 예
수를 만지는 것을 항상 나 여호와를
보는 것처럼 그리 생각하고 살았음이
니라.
21 이제 너희들이 그와 같은 삶을 살아야
할 것이니라.
22 그러니 너희들이 얼마만큼 변해야 하
며 얼마만큼 바로 서야 하는가 그것부
터 너희들이 먼저 깨우쳐야 할 것이
며, 바로 서야 할 것이니라.
23 너희들이 나의 피조물 만백성에게, 하
나님 나 여호와요, 창조주를 만지고
싶거든 네 팔을 만지라 하며, 보고 싶
거든 너를 보라 하며, 하나님의 음성
을 듣고자 하면 네 음성을 들으라 하
여,
24 너희들이 보여 주고 만지게 해 주며
음성을 들려주며 그와 같이 너희들이
나를 대신하여 역사해야 함이니,
25 예수와 같이 역사하는 그와 같은 그
길을 가야 하는 것이니라.
26 그것이 너희들이 가야 할 길이며 행해
야 할 길이니,
27 너희들이 어찌 살아야 하는가를 내가
너희들에게 두 번 다시 말하지 아니할
것이니라.
28 너희들이 바로 내가 됨을 잊지 말라.
29 그 삶이요, 그 길을 가도록 그리하라.
30 그것만이 나에게 오는 길임을 잊지 말
며,
31 너희들과 내가 하나가 됨이니, 나의

나라 천국에 와서 너희들이 존재할 수
있는 길이니라.
32 이제는 많은 너의 제자들에게 전하라.
33 수십억의 모든 백성이 나를 만지고자
하거든 너희들의 손을 내밀며, 나를
보고자 하면 너희들을 보라 하며, 나
의 음성을 듣고자 하면 너희들의 음성
으로써 나의 법전을 전하라.
34 그와 같이 너희들이 먼저 바로 서는
것, 너희들이 변화된 다음에 그와 같
은 역사를 이루어야 할 것이니,
35 너희들이 가야 할 길이며 해야 할 역
사가 그것임을 잊지 말라.

5,250 번째 하나님 말씀

2003년 2월 28일 0시 36분

1 사랑하는 나의 아들아!
2 "네, 아버님! 말씀하옵소서."
3 나로부터 선택된 나의 백성 너희들은
나 여호와와 너희가 다 하나가 되어야
하며,
4 내가 창조한 만백성 너희들이 다 같이
또한 나와 하나가 되어야 한다는 것을
잊어서는 아니 됨이니라.
5 그러한 너희들의 삶이야말로 인간 세
상을 초월하여 나 여호와의 나라에 오
며,
6 너희들이 사는 지상의 공간을 넘어 나
에게 오는 것임을 알아야 할 것이니라.
7 이것이 바로 너희들이 가야 할 길이며,
8 지금 삶의 공간을 넘어서 나에게 오는
길을 너희들이 들어서는 그와 같은 삶
을 살아야 함을 알아야 할 것이니라.
9 나로부터 선택된 백성이요, 나의 법전
을 읽고 깨우치며 강론을 듣고 사는
백성, 너희들은 이제 인간 세상에 사
는 그와 같은 삶이 아니요, 인간 세상
의 그 공간을 넘어 나 여호와가 존재
하는 하늘나라의 그 세상을 볼 수 있
어야 함이니라.
10 그리고 거기에서 사는 삶을 살아야 할
것이니라.
11 지금 너희들이 인간 세상에 살면서 인
간이 생각하는 것과 똑같고 그들과 사
는 것이 똑같은 그와 같은 형태로써는
그들을 인도하고 깨우쳐 가르칠 수가
없으며 선생으로서 설 수가 없음이니
라.
12 너희들의 삶은 인간 세상을 초월하여
나의 나라의 세상에 사는 그와 같은
삶을 살아야 함을 알아야 할 것이니라.
13 지금의 너희들이 사는 시간과 공간 그
모두를 다 뛰어넘는 그것이 너희들이
가야 하는 삶이며, 당연히 그 길을 가
는 것이 너희들의 삶이라는 것을 잊지
말라.
14 지금의 너희들이 지상에 사는 삶을 다
뛰어넘는 그와 같은 삶을 살라.
15 이는 보통 사람이 갈 수 없는 길이요,
보통 나의 백성이 인내할 수 없는 길
을 너희들은 인내하고 살아가야 한다
는 것을 잊어서는 아니 되며, 삶을 그
리 살아야 한다는 것을 잊지 말라.
16 그러나 지금의 삶을 사는 것을, 너희
들이 서서히 시간과 공간을 넘어서 나
에게 올라올 것이라며 태만하며 게을
리 시간을 가져서는 아니 될 것이니라.
17 너희들은 그 시간이 기다려 주지 아니
하며, 너희들이 깨우쳐 나에게 올 수

있는 그와 같은 여유 있는 시간이 없음을 알아야 할 것이니라.
18 언제 변화의 삶을 살며 나에게 언제 부름을 받을지 모르는 것이 너희들이거늘,
19 오늘의 삶을 내일로 미루며 태만한 삶을 살아서는 안 되는 것이니라.
20 오늘 이후부터 너희들은 모든 마음의 각오를 단단히 하여, 인간 세상에 사는 그 시간과 공간을 넘어 나의 하늘나라에 사는 삶의 시간을 살도록 그리하라.
21 정녕 시간은 기다려 주지 아니함이니라.
22 어린아이라 해서 시간이 기다려 주며 시간이 많은 것이 아니요, 노인이라 하여 시간이 없다 그리 생각하지 말라.
23 지금 너희들이 살아오는 그 모든 삶을 보면, 어렸을 때는 어린 대로 잘못함이 있으며, 노인이면 노인대로 잘못함이 있으니,
24 너희들은 어리든 늙든 다 나이에 관계없이 시간과 공간을 넘어 무엇인가를 볼 수 있으며 나의 나라를 볼 수 있는 그와 같은 삶을 사는 데 최선을 다해야 함을 잊지 말라.
25 '나는 어리기 때문에 아무렇게나 살아도 되며, 나는 어리기 때문에, 그리고 젊기 때문에 아직 시간이 있기 때문에, 내가 살아갈 수 있는 그 생명의 시간이 있기 때문에 나는 서서히 변해가도 된다'는 그러한 생각을 해서는 너희들이 아니 되느니라.
26 노인이든 어린아이든 그 기다림의 시간은 없는 것이니라.
27 노인이든 젊은이든 평생을 살아가면서도 다 변하고 변한다 해도 변할 수 없는 것이 너희들이기에, 지금 너희들이 넘을 수 있는 그 선을 넘도록 최선의 노력을 다해야 함을 잊어서는 아니 될 것이니라.
28 너희들은 아무렇게나 사는 그와 같은 삶을 살아서는 아니 되는 것이니라.
29 너희들이 늙었다 하여 정도의 길을 살아가는 데 조급한 마음을 가지고 사는 것이 아니요, 어린아이, 젊은 사람 할 것 없이 정도의 길이요, 법전에 따라 사는 길, 그리고 나의 계명대로 살아가는 길은 젊으나 늙으나 다 똑같이 지키고 살아가야 함을 잊어서는 아니 될 것이니라.
30 너희들이 어려서부터 정도로 살아가는 길을 가야 할 것이니라.
31 어려서부터 태만하며 어리기에 그저 대충 인생을 살다 나이가 들어 바로잡으며 노인이 되어 바로잡아 구원의 길을 온다는 그와 같은 착각 속에서 살아서는 아니 될 것이니라.
32 나이 먹어서는 나이 먹은 대로 정도의 길을 가야 하는 것뿐이며, 어려서는 어린 대로 정도의 길을 가야 하는 것이 너희들이니, 나이를 먹든 젊든 정도의 길은 지금부터 당장 시작하며 거기에 어긋나는 삶을 살아서는 아니 됨이니라.
33 너희들이 그를 기다릴 수 없으며 그를 역사할 수 없는 것이 너희들의 삶이라는 것을 잊지 말라.

5,251 번째 하나님 말씀

2003년 2월 28일 0시 45분

1 사랑하는 나의 아들아!
2 "네, 아버님! 말씀하옵소서."
3 내가 예수를 통하여 성경에 기록하여
전하였음이니, 예수는 그리 말하였느
니라.
4 '내가 곧 길이요, 진리요, 생명이니,
나로 말미암지 않고는 아버지께로 올
자가 없느니라.' 그는 그리 기록하여
놓았느니라.
5 과연 너희들은 이를 어찌 깨우치고 어
찌 가르치는가?
6 너희들은 이 대목을 나의 아들 예수가
나와 동등한 자요, 똑같은 자요, 삼위
일체라 하며 같은 자이니, 나 아들 예
수를 통하여야만 너희들이 구원을 받
으며 예수 앞으로 가야만 구원을 받는
다 너희들은 그리 말할 것이니라.
7 그리고 그 예수는 곧 '내가 길이라 하
였으며 진리라' 하였음이니라.
8 이는 그와 같은 가르침을 위하여 나의
아들 예수를 통하여 거기에 기록된 것
이 아니니라.
9 너희가 예수 앞으로 가야 예수로 하여
금 구원을 받는 것이 아니요, 너희가
구원을 받고 나에게 오르는 길은 곧
예수와 같은 삶을 살며 그가 살아온
전철을 그대로 밟아 예수와 같은 자세
로써 살라 하는 것이니라.
10 그것을 표현한 것이니라.
11 예수는 곧 나의 명을 받아 세상에 나
갔음이니, 예수와 같이 똑같은 생각을
하고 똑같은 마음으로 살아가는 자,
그와 같은 자만이 나에게 오를 수 있
으며 구원을 받는다는 그와 같은 의미
임을 너희들은 알아야 할 것이니라.
12 예수가 산 그대로 살지 아니하는 자는
누구도 나 여호와에게 올 수 없다는
것을 말하는 것이며, 그와 같이 사는
자만이 나에게 오를 수 있다는 것을
잊어서는 아니 될 것이니라.
13 너희들은 여기서 하나 깨우쳐야 할 것
이니라.
14 내가 지금 나의 아들을 통하여 이는
예수에게 무조건 가기만 하면 너희들
처럼 예수의 보혈로써 구원받았으며,
손으로 지은 성전에 와 나를 찾으며
예수를 찾으면 구원을 받는다 그리 가
르치는 것이 얼마나 어리석고 우매한
것인가를 너희들은 알아야 할 것이니
라.
15 이 대목은 누구나 다 예수 앞으로 오
면 그저 예수를 찾으면 구원을 받는다
는 것이 아니니라.
16 다만, 너희들이 예수와 같은 삶을 사
는 자, 바르게 사는 자만이 구원을 받
을 수 있으며 나에게 오를 수 있다는
그 뜻임을 알아야 할 것이니라.
17 그렇다면, 너희들이 도적질한 자요,
살인한 자요, 강도질한 자요, 그와 같
이 사악한 짓을 한 자들이 예수를 찾
으며 예수를 부르면 보혈로써 구원을
받는다 하면 고통스럽고 힘든 길을 가
는 백성은 과연 무엇이라는 말이더냐?
18 사악한 짓을 하면서도 예수 앞에 오면
구원을 받는다 그리 가르치기 때문에
오늘날 세상이 이리 험악해져 있음이
니라.

19 강도질하는 자, 살인하는 자, 도적질
하는 자, 그와 같은 자는 예수 앞에 천
날 만날 와도 구원을 받을 수 없으며
관계없는 백성임을 너희들은 알아야
할 것이니라.
20 너희들이 바르게 살고 옳게 사는 것만
이 하늘에 오르는 길이라는 그 뜻을
여기서 그를 보고 깨우치지 못한다면,
너희들은 아무리 손에 쥐여 줘도 바로
보고 바로 들으려 하지 아니할 것이니
라.
21 여기에서 너희들 말대로 예수 앞에 오
기만 하면 나에게 오를 수 있으며 구
원을 받는다는 그 뜻으로 여기에 기록
하였다면, 그리하여 너희들은 아무나
다 그저 오면 된다는 것이니라.
22 험악하게 살라는 것이니라.
23 너희들이 그저 도적질하며 강도질하
며 살인하고 재물을 훔치고 마음대로
살다가도 나의 아들 예수만 부르면 구
원을 받는다면 세상에 이와 같이 밑
지지 않는 장사가 어디 있는가?
24 그렇다면 지금 나의 아들이요, 그 아
들을 따르는 제자들에게 바로 살라,
그리고 계명대로 살라, 행함이 중요하
다 하며 그것을 내가 왜 가르치며 왜
그들을 가게 하겠는가?
25 그저 편한 대로 대충 살다가 그저 나
의 아들 예수만 부르면 될 것이며, 남
의 재물을 강탈하고 그저 나의 아들을
부르면 될 것이거늘, 그것이 아님을
너희들은 이제 깨우쳤을 것이니라.
26 그러니 이것은 엄연히 나의 아들 예
수가 원했던 그 정도의 길을 사는 자
만이 구원을 받는다는 것이요,
27 나의 아들 예수를 부르기만 하면 구원
을 받는다는 것이 아님을 알라.
28 여기에 모든 죄를 짓는 자, 도적질하
는 자, 강도질한 자, 살인한 자, 그 모
두는 구분하게 되어 있으며 거기에 대
한 벌을 스스로 받게 되어 있느니라.
29 그렇지 않다면 내가 벌을 줄 필요가
없으며 심판할 필요가 없지 아니한가?
30 너희들이 그저 나의 아들 예수만 찾으
면 구원을 받는데 심판이 무엇이 필요
하며, 지옥이 어디 필요하며, 천국이
어디 필요하다는 말이던가?
31 그러면 지옥이라는 것이 왜 필요하며
왜 벌이 필요한가?
32 그저 나의 아들 예수만 부르면 되는
것을, 그리고 울부짖으면 되는 것을,
그리고 말로써 나 여호와를 찾으면 되
는 것을, 그리고 너희들이 죽어 갈 때
나 여호와를 부르면 되는 것을, 나의
아들 예수를 부르면 되는 것을.
33 그리하지 말라.
34 나의 아들이요, 선택된 백성이 아름답
게 살려고 고통의 길을 가며 죽어 가
는 자가 나를 부를 때 내가 그들에게
손을 내밀어 거둬들일 것이요,
35 살인한 자, 도적질한 자, 강도질한 자,
그와 같은 자가 아무리 울부짖는다 해
도 내가 그는 받아들이지 아니할 것이
니, 이것이 하늘의 법도임을 알라.

5,252 번째 하나님 말씀

2003년 2월 28일 07시 07분

1 사랑하는 나의 아들아!
2 "네, 아버님! 말씀하옵소서."

3 어떠한 것도 너희들이 이루며 살아가
는 속에 노력하지 아니하고 되는 것
이 없으며, 그 노력은 또한 고통이요,
시련으로써 연결됨이니라.
4 그와 같이 노력과 시련의 고통 속에서
너희들이 무엇인가 얻어지며 이루어
지는 것이니,
5 지금 나에게 오르는 길이요, 만백성을
깨우치는 지도자로서 너희들이 가는
길이 세상에 무엇보다도 더 어렵고 힘
든 노력이 필요한 것이며,
6 너희들이 어찌 노력했느냐에 따라서
그 결과는 반드시 얻어지게 됨이니라.
7 인간의 세상에 어떠한 목적을 이루는
것도 아니요, 나 여호와에게 오르는
길이요, 만백성을 나에게 오르는 길로
인도하고 가르치는 그것보다 더 위대
하고 조심스러우며 소중한 사업이 없
는 것이니라.
8 세상에서 그 일을 할 수 있는 자들이
얼마나 행복한 자며 선택된 자이며 얼
마나 축복받은 자인가를 너희들은 알
아야 할 것이니라.
9 너희들의 육이 존재하는 이 세상에 천
가지, 만 가지 너희들이 살기 위한 사
업이 있으며 역사함이 있으며 목표함
이 있느니라.
10 너희들은 선생이 되고 싶은 자, 재벌
이 되고 싶은 자, 또는 과학을 연구하
는 자, 그런 너희들의 인생의 모든 목
표가 있으며 지향하는 것이 있음이니
라.
11 그중에서 제일 위대한 사업이요, 가장
중요한 것, 바로 제1번이 무엇인가?
12 참진리요, 나에게 오르는 길을 보며
그 길을 갈 수 있는 자, 그 길을 가는
자보다 더 소중한 사업이 없음이니라.
13 모두를 다 들어도 그중에 으뜸인 것이
나 여호와를 향하여 오는 길이니라.
14 그러니 너희들은 정녕 진실한 길이요,
진리요, 참 아름다운 길을 위하여 그
길에 들어서 있으며 그 길을 가고 있
음이니,
15 너희들은 남들이 살아가는 것보다 더
고통스럽고 더 힘들고 어려운 길이라
하여도 인내하고 살아감이 당연함을
알아야 할 것이니라.
16 작은 것을 원하고 작은 목표를 세워
놓고 가는 만큼 그 노력의 대가가 따
르듯이, 이 세상에서 제일 소중한 것
이요, 제일 큰 것이요, 제일 위대한 것
을 위하여 가는 너희들이 이 세상 어
느 백성보다도 더 힘들고 어렵고 무한
한 노력을 경주해야 하는 것은 당연하
지 않은가?
17 너희들보다 더 위대하고 더 큰 길의
역사를 가는 자가 없음이니,
18 그리하여 오늘의 시련과 고통의 힘든
길을 가면서 스스로 너희들이 때가 되
어 내가 너희들에게 역사하는 그때까
지 진리를 위하여 살아가는 자들이
얼마나 노력했으며,
19 이 세상 어떠한 것도 바꿀 수 없는 가
장 소중한 사업의 역사를 하는 바로
너희들이 그러한 길이기에, 그만큼 너
희들이 수고로움이요, 고통이요, 시련
을 같이한다는 것을 잊지 말라, 사랑
하는 나의 아들딸들아!

5,253 번째 하나님 말씀

2003년 2월 28일 09시 28분

1 사랑하는 나의 아들아!
2 "네, 아버님! 말씀하옵소서."
3 너희들 말에 오죽하면 죽어서 묻힌 그 무덤 앞에 가 '당신은 어찌 죽었느냐?' 물으면 이유 없는 사람이 하나도 없다 그리 말했음이니, 다 그 이유가 있다 하였음이니라.
4 그러니 그게 너희들의 마음이요, 살아가는 자세가 아니더냐?
5 그리하여 너희들은 이 세상을 살아가면서 그런 말을 하지 않더냐?
6 '손뼉이 마주치지 아니하면 소리가 나지 않는다.' 하였음이니,
7 서로 이유가 있으며 자기 입장에서 생각하는 대로 다 생각이 있음이니라.
8 자기 입장에서 생각하고 자기가 살아가는 것을 남들이 이해하지 못하며 네 입장을 이해하지 못하는 것이니라.
9 서로 그와 같은 차이가 있으며 서로 생각이 다름이니, 그리하여 곧 그는 무엇이던가?
10 마주치게 됨이니라.
11 그러니 너희들이 죽은 자 무덤 앞에 가 물을 때, 이유 없는 자 없다 말했듯이, 너희들은 이유 없는 자가 없을 것이니라.
12 그리하여 이유가 있기에 너희들이 마주치게 되며, 그 이유 때문에 언성을 높이게 되며, 서로 감정을 쌓게 되며,
13 그리고 사랑하는 사람끼리 헤어지며, 더불어 인생을 아름답게 살아갈 사람들끼리 말하지 아니하며 거리를 두며 그리고 의절하며 살아가는 것이 너희들이 아니겠는가?
14 이제 나의 법전을 읽고 깨우친 나의 백성 너희들은 걸음걸음 한 발짝 걸을 때마다 '하나님! 저의 죄를 용서하여 주옵소서.' 그와 같이 기도하는 그 마음을 가지고 살라 하였음이니,
15 너희들에게는 이유가 있어서는 아니 됨을 잊지 말라.
16 어떠한 형편이든 너희 쪽에서 이유를 대지 말라.
17 그리고 모두를 다 수용하며 그들을 다 용서하고 이해하는 마음으로 살아가도록 그리하라.
18 그리하면 마주침이 없음이니라.
19 그리고 너희들이 불화가 있을 수 없음이니라.
20 그것이 너희들이 가야 할 길이며 삶의 길이며 행해야 함을 잊지 말라.
21 오죽하면 죽은 자 무덤 앞에서 물을 때 이유 없는 자가 없다 하였으니,
22 살아 있는 너희들은 서로 감정이 있으며 또 생각하는 것이 있으며 나름대로 보는 입장이 있으니, 거기에 이유가 없을 수는 없을 것이니라.
23 부부지간에 살아가면서 아내로서 입장이 있을 것이며, 남편으로서 그 입장이 있으니, 서로 그를 이해하지 못함이니라.
24 그는 사랑이 부족하기 때문이니라.
25 아내의 입장에서 이해할 수 있는 마음을 가지며, 남편의 입장에서 이해할 수 있는 서로 그와 같은 관계를 가지고 살아간다면, 절대로 부닥치는 일이 없을 것이니라.

26 그러니 너희들이 부닥치는 소리요, 음성이 높아지는 것은 이유가 있음이니, 그 이유는 다 너희들 앞에서는 타당하다고 생각하나, 객관적인 입장에서 보는 마음을 가져야 할 것이니라.

27 객관적인 입장에서 너희들의 뜻이 맞고 너희들의 뜻이 옳다 해도 너희들이 남에게 이기려 하며 네 뜻만을 강조하려 하지 말며,

28 그리하여 남과 마찰을 일으키며 언성을 높이며 시시비비를 하는 그와 같은 마음의 자세를 버려야 할 것이니라.

29 모두를 다 수용하는 마음처럼, 바다가 모든 것을 쓸고 내려온 그 강물을 받아들이듯이 너희들이 그와 같은 마음으로 살아가는 것이 나를 따르며 나를 경배하며 나로부터 선택된 백성이 가는 길임을 잊지 말라, 사랑하는 나의 아들딸들아!

30 이유가 있으면 마찰이 있음이니라.

31 마찰이 있으면 불상사가 있지 않은가?

32 그리하여 모든 감정이 돌출되며 너희들 자신의 깨달음이 하루아침에 무너짐이니,

33 그와 같이 이유가 있는, 이유를 대는 삶을 살지 말라.

34 모두를 수용하며 사랑으로 용서하며 인내로써 참고 나가는 그와 같은 너희들의 자세로 살아나간다면, 마찰이 있을 수 없으며 이유가 있을 수가 없음이니라.

35 그것이 너희들의 기본의 자세요,

36 그와 같이 살아가는 너희들을 보고 만백성이 깨우치고 느낄 것이니라.

37 이유가 있으면 안 되며, 거기에 어떠한 단서가 붙어서는 너희들은 하나가 될 수 없으며 합의점을 찾을 수 없다는 것을 알라, 사랑하는 나의 아들딸들아!

5,254 번째 하나님 말씀

2003년 2월 28일 09시 31분

1 사랑하는 나의 아들아!

2 "네, 아버님! 말씀하옵소서."

3 2천 년 전 내가 나의 아들 예수를 통하여 그리 기록하여 두었느니라.

4 예수가 말하기를, '네가 나를 안다면 내 아버지를 알았을 것이며, 이제부터는 내가 그를 알았고 또 보았느니라.' 이와 같이 너희들에게 그리 가르쳐 주고 있음이니라.

5 이는 바로 무엇이던가?

6 이는 완전히 완벽하게 살 수 없음이라 너희들은 그리 말하며, 또한 살 수 없다 그리 말하느니라.

7 그러나 그것은 잘못되었음을 너희들은 알아야 할 것이니라.

8 나의 아들 예수를 세상에 내보내는 것은 너희들이 그리 살 수 없다 하여 인간의 형태를 보인 나의 아들이 완벽한 삶을 살아갈 수 있다는 것을 너희들에게 보여 주고자 함이니,

9 이는 내가 하늘에 있음을 너희들이 알며, 나의 아들 예수가 나의 아들이라는 것을 믿는 그것으로써 너희들이 구원을 받는 것이며 하늘에 오르는 길이라는 것을 의미함이 아님을 알아야 할 것이니라.

10 너희들은 예수를 보며 예수가 살았던

그대로, 그가 행하고자 했던 그대로 살며 믿음의 길을 가는 것, 그것만이 너희들이 나를 볼 수 있으며 나에게 올 수 있다는 그와 같은 뜻임을 여기서 다시 한 번 새겨 둬야 할 것이니라.
11 나의 아들 예수가 행한 그대로 따라 살면 나를 보게 된다는 그와 같은 뜻을 여기에 기록하여 너희들에게 전하였음이니,
12 이를 보고도 너희들이 해석하며 가르치는 방법을 다르게 가르침으로 인하여 얼마나 많은 오류를 범하게 되는가?
13 그리하여 예수를 경배하고 예수를 따르면 너희들이 구원을 받는다 그리 말하나 그 뜻이 아님이니라.
14 예수가 살아가는 그와 같은 삶으로써 너희들이 살아갈 때 나를 볼 수 있다는 것이며 그 뜻을 여기에 기록하여 둔 것이니,
15 너희들이 말로써 나의 아들을 찾으며 나의 아들을 부르기만 하면 구원을 받는다는 그와 같은 착각 속에서 이제 깨어나라.
16 그리고 너희들이 행함이 얼마나 중요한가?
17 예수가 행했던 그 모두를 답습하고 따라가는 삶을 살아야 할 것이니라.
18 너희들이 말로써만 예수를 찾으며 예수를 부르짖으며 나 여호와를 부르며 그리하면 구원을 받는다 그런 생각을 하고 살다 나에게 왔을 때, 너희들이 받는 고통은 이루 말할 수 없으며 너희들이 치르는 그 죄의 대가는 상상할 수가 없음이니라.
19 오로지 행함을 하라.
20 그리고 진정한 행함 속에서 너희들이 나를 볼 수 있다는 것을 잊지 말라.
21 그를 내가 다시 한 번 너희들에게 강조하여 예수가 2천 년 전에 이리 기록하여 전했음이니,
22 오늘의 너희들이 이를 행하는 백성으로서 손색이 없도록 그리 가라.
23 말로써 하지 말라.
24 말로써 모두를 다 하면 나를 볼 수 없으며 나에게 오를 수 없다는 것을 다시 한 번 깊이 가슴에 새기도록 그리 하라.

5,255 번째 하나님 말씀

2003년 2월 28일 09시 36분

1 사랑하는 나의 아들아!
2 "네, 아버님! 말씀하옵소서."
3 나의 피조물 만백성 너희들이 살아가며 갈구하는 것이 나에게 오르고자 하며 천국에 오르고자 하는 것이 너희들의 뜻이 아니던가?
4 그리고 육은 죽어 가되 그 영혼은 구원받아 새로 태어나는 그 생명의 삶을 위해서 너희들이 다 바치며 오늘의 믿음이라는 길을 가는 백성이 수없이 지금 늘어나고 있음이니라.
5 너희들은 나를 찾으며 그렇기에 나를 사랑한다 그리 말함이니라.
6 내가 너희들에게 다시 한 번 전함이니,
7 정녕 너희들이 나를 사랑한다는 것은 말로써 믿음을 향하는 것이 아니요, 재물로써 그와 같은 믿음으로써 하는 것도 아님을 알라.

8 너희들이 나를 사랑하며 나에게 오르
고자 하는 백성이라면 내가 내린 계명
을 철저히 지키며,
9 내가 명한 율법이요, 나의 성서대로
살아가는 것이며, 내가 지금 내리는
나의 법전을 지키고 사는 그것만이 너
희들이 나에게 오르는 길이며 나를 볼
수 있는 길이라는 것을 알아야 할 것
이며, 정녕 나를 사랑하는 자임을 알
라.
10 너희들이 나를 진정 사랑한다면 나의
계명과 나의 명을 지키고 사는 그것을
깨달아야 할 것이며,
11 그를 지키고 살고자 한다면 너희들은
스스로 왜 내가 내린 계명을 지키며
나의 법전대로 살아야 하는가를 그와
같은 뜻을 알게 될 것이며 그때야 너
희들이 깨우침을 얻게 됨이니라.
12 나의 계명대로 지키지 아니하고 사는
자는 진정 나를 사랑함이 아니니라.
13 나를 사랑하는 것은 나를 기쁘하게 함
이요, 내가 존재함을 굳건히 믿는 것
이며, 내가 원하고 이루고자 하는 것
을 알고 있는 자이니라.
14 그러나 너희들은 그를 알지 못함이니,
지금 나 여호와가 존재함을 너희들이
믿으며 정녕 나를 사랑하는 그와 같은
마음으로 나를 생각한다면, 우선 너희
들이 십계명부터 지키고 살아야 하며
지키고 살겠다는 굳은 약속을 하며,
15 내가 지금 나의 아들을 통하여 세상에
내려보낸 나의 법전이요, 새로운 성경
을 정독해 깨우치겠다는 마음을 갖는
그 순간에 너희들이 왜 계명을 지켜야
하며 법전을 지켜야 하며 그리 사는
이치를 알게 되며,
16 오늘의 너희들이 공부하고 깨우친 그
성경의 잘못된 부분과 지도자들이 잘
못 가르치는 그 부분을 스스로 알게
되며 그를 찾게 됨이니라.
17 그것이 바로 내가 너희들에게 내리는
가장 큰 사랑이요, 내가 너희들에게
성령이 임한 증거이니라.
18 너희들이 구약과 신약의 잘못된 부분
이요, 내 뜻대로 행하지 아니하는 종
교 지도자들이 살아가는 모습을 바라
보지 못하며 그를 찾지 못한다 하면,
19 너희들은 나로부터 성령이 임하는 역
사를 받지 못한 자이니,
20 그를 구분하는 역사가, 그와 같이 구
분하는 눈이 뜨일 때, 내가 너희들을
터치하고 있음을 알아야 할 것이니 그
리 알라.
21 새로운 성경이요, 나의 법전을 지키는
백성만이 나를 믿으며 그가 나를 사랑
하는 것을 알아야 할 것이니라.
22 내가 너희와 항상 같이하고 있음이니
라.
23 정녕 나를 사랑하는 자, 그리고 나 여
호와가 존재함을 믿는 자, 그와 같은
자는 내가 항상 같이 있으며, 나 여호
와가 네 안에 있음을 너희들은 알아야
할 것이니라.
24 그러하니 나의 법전을 읽고 정독하는
백성, 나 여호와가 역사하고자 함을
알며, 내가 새로운 시대를 건설하고자
하는 것을 알며,
25 백성이 어떻게 살아가는 것이며 너희
들이 어찌 행하는 것이 진정한 인간의
도리이며 하늘에 오르는 길인가를 다

깨우칠 수 있는 것이 나의 법전을 정
독하는 그 속에 다 있음이니라.
26 너희들이 나에게 오르는 것이며, 나를
향하여 오는 길이며, 구원을 받는 길
이 무엇인가를 알게 되는 것은 오로지
이를 읽지 아니한다면 알 수 없음이니
라.
27 나의 법전을 읽고 또 읽어 정독하는
그 순간에 너희들은 나를 볼 수 있으
며, 나의 음성을 들을 수 있으며, 내가
명하는 것을 다 깨달을 수 있는 그 문
을 내가 열어 줌이니,
28 오늘의 너희들의 삶이 얼마나 발라야
하며, 나를 사랑함이 얼마나 진실해야
하며,
29 그리고 나를 진심으로 너희들이 사랑
한다면, 내가 내린 십계명이요, 율법
이요, 나의 법전을 지키고 사는 것이
너희들이 그 길을 가는 자라는 것을
잊지 말고 명심하여 살아가도록 그리
하라.

5,256 번째 하나님 말씀

2003년 2월 28일 09시 46분

1 사랑하는 나의 아들아!
2 "네, 아버님! 말씀하옵소서."
3 나의 피조물 만백성이요, 선택된 너희
들이요, 나로부터 부름을 받은 나의
아들딸 너희들은 지금 살아가면서 가
장 중요시해야 할 것을 잊고 살아감
이니라.
4 너희들이 가장 중요시하여 깨닫고 살
아가야 하는 것은 지금까지 지은 수많
은 죄에 대하여 그 죄의 대가의 무서
움을 알며 죄가 얼마나 무서운 것인
가를, 거기에 대한 심판을 받는 것이
얼마나 두려운 것인가를 먼저 깨우쳐
야 할 것이니라.
5 그리하여 너희들이 지금 짊어진 죄의
대가를 치르고 덜어 내기 위하여 얼
마나 어렵고 힘든 고통의 길을 가야
하는가를, 그 두려움과 무서움을 먼저
생각해 보는 그와 같은 마음의 자세를
갖도록 그리하라.
6 그리하면 너희가 지금까지 지은 죄가
얼마나 무서운지를 시인하게 될 것이
며, 그로 하여금 반성하는 시간을 갖
게 되며 그를 인정하는 그것으로써 너
희들이 변화가 시작되는 것임을 알아
야 할 것이니라.
7 너희들이 지은 죄가 무섭다는 것을 알
며 그 죄를 시인하고 인정하며,
8 그를 벗어나고자, 그 죄를 용서받고자
노력하기 시작한다면 그때부터 변화
되기 시작함이니,
9 새로운 싹이 너희들로부터 태어남을
알아야 할 것이니라.
10 제가 지은 죄를 죄로 볼 줄 알며 자신
이 지은 죄를 두려워한다면, 이제는
너희들이 그 죄를 누구에겐가 자백을
해야 할 것이며 자백하여 그 길에서
광명이요, 아름다운 길을 찾는 것밖에
없음이니라.
11 그렇다면 너희들은 자백을 함에 있어
서 누구에게 자백할 것이며 어디에서
자백의 그 길을 선택할 것인가, 자백
할 상대가 누구인가를 한번 생각해 보
도록 그리하라.
12 너희들이 정녕 자백을 하고 그 모든

죄를 털어놓을 수 있고 용서를 빌 수
있는 것을 바로 가족에게 해야 할 길
이라 생각하는가, 그렇지 아니하면 형
제들에게, 그리고 너희들의 자매들에
게 그리해야 한다 생각하는가?
13 그렇지 않으면 너희들이 죄의 그 모두
를 자백하며 다시 짓지 않겠다는 그
언약을 지금의 종교 지도자라 하는 그
들에게 그 죄를 자백하여야 한다 생
각하는가?
14 그러나 종교 지도자들은 너희들보다
도 더 많은 죄를 짓는 자이니 그들에
게 어찌 자백할 수 있다 생각하는가?
15 그러나 너희들이 그들에게 자백하며
용서를 빌며 애걸복걸하는 그와 같은
형국으로 감이니,
16 자백의 길을 깨달은 많은 백성이 정
녕 자백할 곳을 모르며, 자백할 자를
찾지 못하고, 인간에게 자백하며 너희
보다 더 죄를 많이 지은 사악한 자에
게 네 죄를 자백함이니,
17 그는 심판자도 아니요, 그를 다스릴
자도 아니니라.
18 오로지 너희들의 죄를 자백할 곳은
너희들의 죄를 다스리며 너희들을 심
판하는 자에게 그를 자백해야 함이니,
그는 과연 누구더냐?
19 나 여호와 창조주뿐이며, 너희들이 나
에게 자백하는 그 순간부터 너희들은
나로부터 그 심판을 받음이요,
20 그리고 너희들이 깨달음을 얻는 그 순
간에 아름다운 삶을 살아가는 길을 볼
수 있기에,
21 오로지 너희들의 자백은 나 여호와에
게만 할 수 있다는 것을 잊지 말라.
22 너희들의 지은 모든 죄는 오로지 그
자백을 나에게 할 수밖에 없으며 너희
들이 그 죄에 대해 자백을 했다면, 그
것으로써 깨끗해졌다 생각하여 마음
편하게 살아가는 그와 같은 삶을 살아
서는 아니 됨을 알아야 할 것이니라.
23 너희들은 자백하는 그 순간에 모두를
다 사함을 받았다는 그와 같은 생각을
하며, 나에게 자백을 했으니 너희들이
용서받았으며 너희들의 죄는 다 덜어
진 것이라 그리 깨닫고 그리 가르치고
있으니,
24 그것은 절대로 자백으로써 죄가 용서
해지는 것이 아니며 죄가 다 덜어지는
것이 아님을 너희들은 알아야 할 것이
니라.
25 너희들이 말로써 나 여호와에게 자백
하는 순간에 모든 죄가 덜어진다면,
죄짓지 아니할 자가 하나도 없으며
고통스럽지 않을 것이며 편안한 삶을
살아갈 수 있는 것이 아니던가?
26 너희들은 자백하는 그 순간부터 삶을
다시 시작해야 하느니라.
27 선함을 행하며, 속죄할 수 있는 삶을
살아가는 것이며,
28 그보다 더한 선행이요, 아름다움을 베
풀어 너희들이 지은 죄에 대한 것을
치르는 그와 같은 속죄의 길을 가는
것만이 너희들이 자백하는 의의가 있
으며 내가 너희들을 거둬들인다는 것
을 잊지 말라.
29 지금의 모든 종교 집단과 종교 지도자
들이 사랑하는 나의 백성 신도라는 너
희들을 어찌 다스려 가고 있는가?
30 그들은 다 그와 같이 몸으로 선행을

베풀며 아름답게 살아가는 것이 자백
한 그 뜻이 있으며, 그리하여 너희들
이 용서를 받는다는 것을 너무나도 잘
알고 있음이니라.
31 그러나 그들은 자백하면 너희들에게
면죄부를 준다, 그리고 너희들은 죄가
없다, 하늘에 오른다 그리 가르치며
너희들은 지금 그리 배우고 따라가고
있음이니라.
32 이것이 잘못된 것이며, 이것이 이 세
상을 사탄의 세상이요, 악마의 세상으
로 만든 근본의 문제라는 것을 너희들
은 알아야 할 것이니라.
33 그들은 그리 가르치느니라.
34 말로써 죄 사함은 다 끝났다 그리 가
르침이니, 그 쉬운 면죄부를 받는 자
가 쉽게 면죄부를 받으니 죄짓기를 두
려워할 게 뭐 있으며 죄짓기를 무서워
할 것이 무엇이 있겠는가?
35 그저 말로 용서를 빌면 다 용서를 받
을 수 있는 그와 같은 길이 있음이니,
36 그리하여 너희들은 작고 큰 죄의 두렵
고 무서움을 모르고 있음이니라.
37 종교 지도자들이 왜 그리 가르치는가?
38 그들은 죄를 지은 자가 행하지 아니하
면, 선행을 베풀지 아니하면 용서받지
못한다는 것을 너무나 잘 알고 있음이
니라.
39 그러면서 너희들은 말로써 그 죄를 용
서받을 수 있으며 면죄부를 받았다 그
리 말하는 것은 바로 무엇이더냐?
40 저희들 스스로 선행을 하며 지은 죄의
대가를 다 치르며 면죄부를 받는 그
길을 간다면, 너희들은 너무나 고통스
럽고 괴로운 길이니라.
41 그러니 종교 지도자 저희 자신이 그리
갈 수 없으며 저희 자신이 갈 수 없기
에,
42 나의 사랑하는 백성 너희들에게 그 면
죄부라는 것을 선행을 베풀며 고통의
길로써 인내하고 가는 것이 구원을 받
는 길이라 그리 가르치지 아니하는 것
이니라.
43 그들은 그리 가르칠 수가 없기 때문이
니라.
44 그러면서 저희들이 행하지 못하기 때
문에 나의 백성까지 지옥으로 이끌어
가는 그와 같은 행위에 부끄러운 줄
알며 사죄하는 마음으로 사는 것이 아
니라,
45 그들은 그보다 더 사악한 방법으로 머
리를 써 저희들에게 재물을 많이 바치
면 면죄부를 받는다 그리 말함이니,
46 나의 어리석은 백성은 재물을 바치면
면죄부를 받는 것처럼 그 면죄부를 사
고자 하여 말도 안 되는 사기극을 벌
이는 그들에게,
47 재물을 바치면 구원을 받는다, 하늘에
많이 쌓아 놓으면 된다 그와 같이 하
여 면죄부를 팔아먹는 자들에게 현혹
되어,
48 너희들의 욕심이 눈앞을 가려 그 어
둠을 모르고 그것이 죄인 줄 모르며,
지금 면죄부를 사고자 시간과 돈과 재
물 모두를 바치며 몸부림치며 울고불
고하는 그 형국이 얼마나 추하고 볼
수 없는 형국인가를 너희들은 알아야
할 것이니라.
49 이제 너희들은 재물이라는 것을 바침
으로 구원을 받는다는 그와 같은 생각

을 버리라.
50 그것이 바로 재물을 바치면 지옥으로
간다는 것을 잊지 말라.
51 몸으로 행하라.
52 선함을 행하며 육으로 실천하는 것,
그리고 고통을 이기는 데서 나에게 오
르는 길을 볼 수 있으며 그것이 진정
너희들의 죄를 면죄 받는 길이라는
것을 잊지 말라.

5,257 번째 하나님 말씀

2003년 2월 28일 09시 51분

1 사랑하는 나의 아들아!
2 "네, 아버님! 말씀하옵소서."
3 사랑하는 만백성 피조물 너희가 살아
가면서 지은 죄에 대하여 그를 시인하
며 그를 자백하는 것은,
4 그때부터 너희들은 나 여호와에게 두
번 다시 그와 같은 죄를 짓지 아니하
며 실패하는 삶을 살지 않겠다는 굳
은 약속을 의미하는 것이며 나에게 그
언약을 함이니라.
5 그러니 너희들은 나에게 자백하여 그
언약을 했다면, 그 언약을 그대로 지
키고 행해야 하는 것이 나의 아들딸로
서 나에게 오르는 길을 오는 백성이
라는 것을 알아야 할 것이니라.
6 그러나 여기서 너희들은 그와 같이 살
아가고자 하며 그 길을 가고자 하나,
사악한 종교 지도자들이 지금 어찌 가
르치는가?
7 죄를 짓고 말로써 용서를 빌며 재물
을 갖다 바치면 구원을 받는다는 그
무서운 사악한 자들의 가르침 때문에
너희들이 지금 바른길을 오지 못하며
방황하는 그와 같은 형국에 있음이니
라.
8 그와 같이 사악한 자들의 말을 듣지
말며 그들을 중단하게 해야 할 것이
며, 그리고 그들이 그와 같은 말을 하
는 것이 얼마나 두려운 것이며 너희
들을 죽음으로 이끌어 가는 것인가를
그들에게 깨우쳐 줘야 할 것이며, 그
들을 단죄할 때가 지금의 너희들임을
알아야 할 것이니라.
9 그와 같은 사악한 자들의 말을 들으며
그들이 세상에 존재하는 한 나의 어리
석고 순박한 백성은 구원의 길을 보지
못하며 죽음의 길로 달려감이니라.
10 저희들이 내가 먹고살라 준 그 재물을
그곳에 바치며, 그리고 시간을 바치
며, 모두를 다 바치는 그것이 죽음의
길을 가는 것이라는 것을 모르고 있으
니,
11 그들이 죽음의 길로 가는 것을 모르는
것은 사악한 종교 지도자들이 쉽고 가
장 편안한 방법으로써 그들을 유혹하
기 때문이니라.
12 너희들이 죄를 시인하며 나에게 자백
하는 그 순간에 너희들이 새로 태어나
는 것이요, 새로 가는 길이요, 새로 사
는 삶이라 하였으니,
13 그는 너희들이 나에게 약속함이 아니
던가?
14 죄를 짓지 아니하며 사악한 짓을 하지
아니하며 오로지 나 여호와의 뜻에 따
라 아름답게 살아 너희들이 죽음의 문
턱에서 후회하지 말며 죽음의 두려움
의 공포에 떨지 않는 그와 같은 너희

들이 되겠다 나에게 약속한 것이니,
그것을 그대로 지키면 되는 것을,
15 너희들을 무너트리는 것이 그 사악한
종교 지도자들이요, 말로써 모든 면죄
부를 받을 수 있으며, 재물로써 구원
을 받겠다는 그와 같은 사악한 자들이
존재하는 한 나의 백성이 바른길을 볼
수 없으며 참진리를 볼 수 없음이니,
16 이제 나의 법전을 읽고 깨우쳐 깨달은
백성 너희들이 그와 같이 사악한 자들
을 이 세상에서 단죄해야 하며, 그들
이 발을 붙이지 못하도록 해야 하며,
17 그들의 성전이요, 교회라는 곳에 이제
는 너희들이 발을 끊어야 할 것이며,
그곳에 거미줄을 치며 문을 닫는 데
이를 다 이루어야 하는 것은 너희들밖
에 그 역사를 할 수 없다는 것을 알라.
18 그 사악하고 사악한 자들을 이제 단죄
해야 할 것이니, 그 누구도 그들을 다
스릴 수 없으며 그들을 중단하게 할
수 없음이니라.
19 오로지 너희들이 그들을 중단시키며
그들을 바로 다스리지 아니하면 그 누
구도 그 역사를 할 수 없음이니, 중단
의 그 역사의 중책이 너희들에게 있다
는 것을 잊지 말라, 사랑하는 나의 아
들딸들아!

5,258 번째 하나님 말씀

2003년 2월 28일 10시 17분

1 사랑하는 나의 아들아!
2 "네, 아버님! 말씀하옵소서."
3 나의 사랑하는 피조물 만백성 너희들
이 삶을 사는 것은 아름다운 삶이 연
속되는 그와 같은 삶을 살아야 하거늘,
4 너희들은 아름답고 고우며 선한 일을
행하고 사는 것이 아니요, 너희들은
삶에 따라서 죄를 짓는 연속의 삶을
살아가고 있음이니,
5 그 죄는 너희들이 지옥으로 추락하는
것을 과연 알고 있는가?
6 너희들이 육의 세상의 삶을 마쳐 죽어
나에게 와 심판을 받을 때, 그 죄의 대
가로 너희들은 지옥 불로 떨어지며,
7 한 번 지옥 불로 떨어졌을 때 영원히
헤어날 수 없다는 것을 너희들은 알
고 있는가?
8 그러나 지금 너희들의 육이 존재하며
육이 이 지상의 지옥으로 떨어져 끝까
지 내려간 지금 너희들의 삶에서 너희
들 자신을 돌아다봐야 함을 잊어서는
아니 될 것이니라.
9 너희들이 육의 삶을 살며 죄를 짓고
죄 속에서 살다 너희들의 육은 흙으로
돌아가고 영혼은 나에게 심판을 받아
그 심판에 의해 지옥으로 떨어진다면
너희들은 영원히 구원을 받을 수가 없
음이니라.
10 지금 너희들의 육이 존재하는 이 지상
의 삶에서, 지상의 지옥으로 떨어지고
떨어져 너희들이 끝까지 내려갔음이
니,
11 여기에서 너희들이 일어서고 다시 솟
아나는 그리하여 새로운 삶을 사는 그
와 같은 역사의 기적을 이루지 아니하
면 영원히 나에게 구원을 받을 수 없
음을 알아야 할 것이니라.
12 내가 보는 너희들의 삶은 지금 지상의
지옥에 떨어질 때까지 밑바닥까지 떨

어졌음이니,
13 여기서 너희들이 나의 법전과 나의 아
들의 강론을 들으며 그리고 나의 십계
명대로 살겠다는 그와 같은 반사작용
의 용기를 갖지 아니하면,
14 너희들은 여기서 뛰어나오지 못하며
뛰어오르지 못한다면,
15 지상의 삶에서 지옥의 삶을 면하지
못한다면 너희들은 영원히 구원을 받
을 수 없음을 알라.
16 나 여호와가 너희들을 사랑하기에, 너
희들이 나로부터 심판을 받고 지옥으
로 가는 곳에서는 구원할 수 없으나,
육의 삶에서 육의 지옥에서 바닥까지
떨어진 지금의 삶은 너희들이 연습의
삶이니라.
17 너희들의 생명이 살아 있고 삶의 시간
이 남아 있는 이 삶에서 너희들이 지
옥의 바닥까지 떨어진 것은 바로 연습
이니,
18 이 연습의 삶에서 너희들이 반사작용
을 이루어 구원의 길을 보도록 하며,
19 구원의 길로 올라서지 아니한다면, 너
희들은 연습으로 살면서 지옥으로 떨
어져 실전의 지옥으로 떨어져 간다는
것을 잊어서는 아니 될 것이니라.
20 지금 너희들이 연습인 이 육의 지상의
삶에서 천국이 아니요, 지상의 지옥에
서 지금 바닥까지 떨어져 있는 그 삶
에서
21 너희들이 십계명을 지키며 나의 법전
대로 지키고 살겠다는 그 반사작용의
힘을 얻어 너희들이 뛰쳐 오르지 아
니한다면,
22 너희들은 지상의 지옥에서 살다 영원
히 지옥으로 그저 감이니,
23 그곳에서는 너희들이 반사작용으로
튀어나올 수도 없으며 헤어날 수 없는
것이니라.
24 그러니 너희들이 육의 세상에서 잘못
살아 육의 세상의 지옥에서 바닥까지
떨어진 여기서, 지금 연습의 훈련 과
정인 이 육의 세상에서 반동을 이용하
여 반사작용으로 힘차게 솟아오르는
삶을 살아 새로운 삶을 엮어 가도록
하라.
25 그것이 바로 죽었을 때 마지막 나에게
정녕 실전의 심판을 받았을 때 천국에
오르는 길이며 나에게 오르는 길이니
라.
26 그때는 너희가 아무리 몸부림쳐도 지
금의 육의 지옥에서 벗어날 수 있는
반사작용이요, 반동의 작용을 할 수도
없는 것이니 그리 알라.
27 지금 너희들이 끝을 보고 있음이니라.
28 너희들이 이 끝에서 이제 일어나야 함
을 깨달으라.
29 너희들이 여기서 깨달아 일어나지 못
하고 헤맨다 하면, 그리고 나의 법전
을 접해서 나를 보고 깨우쳐 용기 있
게 뛰쳐 오르는 반사작용의 역사를 이
루지 못한다면,
30 너희들은 여기서 살다 그대로 나에게
와 심판을 받으면 도저히 돌이킬 수
없으며 돌아 나올 수도 없는 그 지옥
으로 가게 됨이니,
31 훈련 과정인 지금의 지상의 지옥에서
벗어나는 그와 같은 깨달음을 얻으며,
거기서 용기를 얻어 새로 태어나는 삶
을 살도록 하라, 사랑하는 나의 아들

딸들아!
32 내가 지금 기록하는 그 뜻을 알겠는
가, 내가 너희들에게 전하는 나의 이
성령의 뜻을 알겠는가?
33 이를 안다면 이를 믿고 행하라.
34 그것만이 너희들이 반사작용으로 인
하여 지상의 지옥 훈련에서 너희들이
승자가 됨이니라.
35 지상의 지옥 훈련에서 너희들이 낙오
자가 되면 실전에서 죽는 것은 당연한
것이 아니던가?
36 국가를 지키고자 군인으로서 훈련을
받는 그 모두도 훈련에서 낙오된 자가
전투에서 과연 승자가 될 수 있겠는가?
37 지금 지옥의 연습 과정이요, 그 훈련
과정인 지상의 지옥에서 너희들이 이
겨 내야 하며 뛰쳐나오는 그와 같은
반사작용의 역동의 힘을 얻으라.
38 그리하여 구원을 받는 자가 실전에서
구원을 받으며 이길 수 있는 것이니라.
39 훈련에서 지친 병사는 이길 수 없음
이니라.
40 훈련을 제대로 받지 못하고 견디지 못
한 병사는 실전에 갖다 놓았을 때, 그
들의 먹잇감만 됨이니라.
41 이를 깊이 깨우치며 나의 뜻을 깨달아
행하도록 하라, 사랑하는 나의 아들딸
들아!
42 그 뜻을 너희들은 아직도 깨닫지 못하
고 있단 말이던가?

5,259 번째 하나님 말씀

2003년 2월 28일 10시 23분

1 사랑하는 나의 아들아!
2 "네, 아버님! 말씀하옵소서."
3 나 여호와가 나의 법전에 기록하여 가
르치기를, 너희들의 검은 머리로써 모
두를 생각하고 결정하며 그 결정에 따
라 행하는 그와 같은 너희들의 삶을
살지 말라 그리하였느니라.
4 그는 너희들의 생각이며, 나 여호와의
뜻이 아니라 하였음이니라.
5 항상 기도하며 묵상으로써 나에게 답
을 물어 행해야 너희들이 어떤 착오와
결과에 오차가 없다 내가 그리 말하지
아니하였던가?
6 너희들 머리로 생각하며 너희들이 생
각해서 이 세상에 일어나는 그 모든
일을 저질러 놓고 나에게 기도하지 말
라.
7 너희들이 일을 저질러 놓고 나에게 기
도하며 나에게 무엇을 원하며 너희가
나에게 이루고자 하는 것을 원망하는
그와 같은 마음의 자세를 가진 것이
너희들이 아니던가?
8 이미 일을 벌여 놓았으며 그 일에 대
하여 그 결과에 따라서 나를 원망하며
나에게 소원하는 그와 같은 기도를 하
지 말라.
9 너희가 먼저 기도와 묵상으로 접하고
나에게 물어 답을 얻어 행한다면, 너
희들이 살인도 면할 수 있는 것이며
너희들이 쓰러지는 것도 지탱하고 버
틸 수 있다는 것을 알아야 할 것이니
라.
10 나에게 의논 없이 너희들이 살인을 하
며 도적질하며 죄를 지으며,
11 그 벌을 받는 것을 나를 원망하며, 그
것이 또한 나의 뜻이라 그리 생각하지

말며, 내가 주관하는 속에 그리 이루
어졌다 그와 같은 말을 하지 말라.
12 너희들이 도적질을 하여 바치며 감사
기도 드리는 그와 같은 것, 재물을 어
떠한 형국이든지 그저 많이 바치면 좋
다 하는 자, 너희들을 칭찬하는 자, 그
리고 너희들의 믿음이 위대하다 하는
자,
13 그와 같이 너희들을 좋다 하는 자들에
게 너희들이 바치면서 줘 가면서 그
모두를 나에게 감사하다 그리 말하지
말라.
14 너희들이 도적질하는 것, 불의하게 번
것, 그리고 정당하지 아니한 그와 같
은 것을 갖다 주는 것을 좋아하는 종
교 지도자, 그들을 위해서 너희들이
갖다 바치니 그것은 너희들의 생각이
거늘,
15 너희들의 생각으로써 너희들을 좋아
하는 종교 지도자에게 갖다 바치고서
나에게 감사하다 하며 나를 찾지 말며
나를 울고불고 부르짖지 말라.
16 나는 그와 같은 자와 아무런 관계도
없으며, 나 여호와는 그와 같은 자식
을 기억하지 아니하며 그와 같은 자식
을 기다리지 아니함이니라.
17 네 생각으로써 네가 재물을 갖다 바치
는 것, 어떠한 방법으로 벌어서 갖다
바치든 좋다 하는 자, 너희들을 칭찬
하는 자, 그리고 믿음이 대단하니 구
원을 받는다 말하는 자,
18 그들을 기쁘게 하려고 너희 생각으로
갖다 바치고 나를 찾으며 나에게 감사
하다 하며 나에게 무엇을 얻고자 그와
같은 추한 행위를 하지 말라.
19 나 여호와는 그러한 자식을 내 기억에
두고 싶지 않은 것이 나의 마음이니라.

5,260 번째 하나님 말씀

2003년 2월 28일 10시 31분

1 사랑하는 나의 아들아!
2 "네, 아버님! 말씀하옵소서."
3 인간 세상에서 살아가면서 너희들이
가장 중요한 것이 무엇이더냐?
4 질서를 지키고 사는 삶이니라.
5 질서를 지키지 아니하고 사는 그 생활
때문에 너희들의 모든 것이 다 무너지
며, 서로 정의로우며 아름다운 것이
없는 그와 같이 무너져 가는 세상이
되었음이니,
6 너희들이 질서를 지키고 사는 것이 얼
마나 소중한 것인가를 알아야 할 것이
니라.
7 지금 나의 피조물 만백성이 하늘에 오
르기 위해 믿음의 길을 가는 그 백성
이 기도할 때 무어라 말하는가?
8 나에게 달라, 무엇을 이루라, 더 달라
기도하며 소원하는 것은,
9 너희들이 나의 것을 다 벗겨 가고자
하며 내가 걸친 옷 한 벌까지도 벗어
달라 하는 그와 같은 심성이요, 그와
같은 욕심에서 기도하는 자라 내가
그리 가르쳐 주었음이니라.
10 그러나 너희들에게만 축복을 내려 주
고 그리고 너희들에게만 욕심을 채워
주고 명예를 주며, 부귀와 영화요, 소
원하는 것을 채워 달라는 그와 같이
기도하는 자들이 과연 어떠한 자들인
가?

11 사람들이 질서를 지키려고 줄을 서
기다리는 자들을, 그를 다 제치고 헤
치면서 제가 급하니 먼저 해야 한다
면서 앞에 가서 제 일을 수습하며 제
일을 먼저 하고자 하는 그와 같은 자
보다도 더한 자라는 것을 알아야 할
것이며, 질서를 파괴하고 사는 자이니
라.
12 나 여호와에게 달라 기도하는 것, 소
원을 이루어 달라 기도하는 그것은 바
로 너희들이 인간 세상의 질서를 파괴
하는 것보다도 더 무서운, 하늘의 질
서를 파괴하는 그와 같은 행위임을 알
아야 할 것이니라.
13 나 여호와의 모든 일의 순서는 나에
의해 이루어지며 그 순서에 따라서 역
사하고 있음이니라.
14 그러니 너희들이 나에게 이루어 달라,
빨리 달라 그리 기도하는 것은 무엇이
던가?
15 나의 계획하에 이루는 그 순서를 중단
하고,
16 너희 것만을 먼저 해 주며, 너만을 위
해서 모든 순서를 다 제치고 네 것을
해 달라는,
17 그와 같이 너만을 위한 것이며, 질서
를 파괴하는 그와 같은 대표적인 자가
지금의 종교 지도자들이요, 종교의 믿
음의 길을 가는 자들이요, 그리고 달
라 기원하는 신도들임을 알라.
18 너희들은 지상의 세상의 삶의 질서를
파괴하는 것으로도 부족하여 이제는
하늘나라 나 여호와가 역사하는 그것
까지도 그 질서를 파괴하고자,
19 저만 달라, 제 것만 달라, 순서를 제
것을 앞에 해 달라, 저를 먼저 앞에 접
수해 달라, 제 것부터 이루어 달라는
그와 같은 질서를 파괴하게 하는 사악
한 행위를 하니,
20 지금 나에게 달라, 이루어 달라 기도
하고 몸부림치며 울고불고하는 것은
너희들의 믿음이 아름다운 길을 가는
것이 아니요,
21 나에게 '당신은 하늘의 질서를 파괴해
서라도 나부터 먼저 주고 내 것부터
먼저 이루어 주고 나부터 역사하도록
해 달라.' 그와 같이 하고 있는 것이니,
22 그 추한 행동이 종교 집단이요, 지도
자요, 그 신도의 마음의 행동임을 너
희들은 알아야 할 것이니라.
23 너희들은 내가 이리 말하는 것을 그렇
지 않다 하며 거부하며, 나 여호와가
너희들을 잘못 가르친다 하며 그리하
여 이는 사탄이요, 사악한 자가 너희
들을 현혹하기 위하여 마지막 시대에
이를 엎고자 하는 사악한 자요, 거짓
선지자라 너희들은 그리 말할 것이니
라.
24 너희들은 너희들 것만이 옳다, 너희들
이 하는 것만이 옳다 그리 생각하지
말며,
25 내가 법전에 기록하여 너희들에게 전
하는 내용을 한번 들어보라.
26 과연 그것이 무엇이 잘못되었는가?
27 먼저 달라, 이루어 달라, 축복을 달라,
금화와 은화를 충분히 달라, 그리고
명예를 달라, 너희 자식의 꿈을 이루
어 달라 하는 것은,
28 내가 질서와 순서가 있는데 그것을
다 앞당기어 네 것만을 먼저 해 달라

나에게 말하는 것이 아니던가?
29 그리하여 너희들은 나에게 기도를 하
며 나에게 소원하며 빈다 하나,
30 너희들이 바로 명령하는 자요, 나보다
더 높다는 것을 과시하는 자가 기도하
는 형태이며, 너희들이 믿음의 길을
가는 자세가 그렇다는 것을 이제 나의
법전을 읽고 곰곰이 생각하여 깨달아
보라.
31 그러면 내가 하는 그 뜻을 깨달아 알
것이니,
32 아는 자는 등골이 오싹하여 나의 법전
을 그 순간부터 정독하며 그 뜻을 음
미한다면 하늘에 오르는 길을 보게 되
며,
33 그렇지 아니하고 사탄이요, 이단이라
집어던지면 너희들이 평생에 단 한 번
기회의 역사를 잃어버리는 가장 불행
한 자라는 것을 잊지 말라.

5,261 번째 하나님 말씀

2003년 2월 28일 15시 41분

1 사랑하는 나의 아들아!
2 "네, 아버님! 말씀하옵소서."
3 이 세상에 새 생명으로 태어나는 모든
날짐승이 알에서 깨어나 하나의 생명
이 태어남이니,
4 그들이 최초에 태어날 때는 거의 다
비슷비슷한 모습이요,
5 과연 그게 무슨 새끼이며 제 어미가
무엇인가를 그를 보지 못하며 닮지 아
니하며 그리고 구분하기 어려운 그와
같은 형국으로 그들이 태어나지 않던
가?
6 더러는 완연한 그 모습을 가지고 태어
나는 것도 있으나, 대부분이 비슷비슷
하고 예쁜 모습으로 태어남이니,
7 그것이 어떤 것의 새끼인지 쉽게 구분
하기 어려운 그와 같은 모습으로 세상
에 태어남이니라.
8 너의 제자들이요, 지금 너를 따르는
백성, 그리고 나의 법전을 읽고 깨우
쳐 나에게 오르고자 노력하는 백성이
요, 나의 아들딸들이 바로 알에서 갓
태어난 그와 같은 병아리요, 또는 날
짐승의 새끼처럼 서로 확실히 구분되
지 아니하며 그저 고만고만한 형태로
다시 태어나는 그와 같은 새 생명의
역사를 얻음을 알아야 할 것이니라.
9 날짐승이 서서히 알에서 깨어날 때는
다 저희가 비슷비슷하나 그들이 살아
가고 성장하면서 그들은 제 모습을 따
르며 제 어미의 뜻을 따라 제 어미의
모습으로 변하여 가지 않는가?
10 그와 마찬가지이니라.
11 이제 나를 따르는 나의 아들이요, 나
의 부름을 받은 너희들과 나의 아들을
따르는 제자 너희들이야말로 지금 갓
알에서 태어난 날짐승 새끼처럼 서로
가야 할 길이며 특성이 무엇이며 어떠
한 형태로 자랄 것인가를 아직 너희들
은 모르고 있음이니라.
12 그러나 날짐승이 자람에 따라서 강한
날짐승이요, 또 나약한 날짐승의 아름
다운 모습으로 변하듯이,
13 나의 아들을 따르는 제자 너희들이 그
와 같이 깨달음이 높아지며 믿음의 경
지가 높아질 때 서서히 그 모습을 드
러내게 됨이니, 그는 바로 무엇이던가?

14 너희들이 맡은 임무요, 맡은 직분이
있음을 알아야 할 것이니라.
15 지금은 너희들이 고만고만하며 다 비
슷비슷하기에 누가 무엇을 맡고 누가
어찌 가는 것인가를 모름이니,
16 나의 아들을 대신하여 성전을 맡아 운
영할 자, 그리고 법전을 세상에 나오
게 할 수 있는 자, 그리고 나의 아들
옆에서 같이 더불어 가는 그와 같은
자, 그리고 나의 아들을 받들어 그를
도와주며 또 자식과 같이 갈 수 있는
자,
17 내가 그리하여 장자와 같은 자라 말하
였으며, 성전을 맡을 자라 했으며, 너
는 법전을 만들 자며, 너는 이 법전을
정비할 자며, 그 모두를 내가 하나씩
너희들에게 이미 이름을 붙여 놓았지
만,
18 고만고만한 그 속에서 너희들이 그 이
름표를 아직 보지 못하며 그가 어찌
자라는지를 모르고 있음이니라.
19 이제 날짐승의 그 새끼들이 알에서 깨
어나 그가 부모의 보호 아래 성장하여
서서히 커 가며,
20 물어다 주는 그 먹이를 먹으며 나날이
변하면서 웅장한 날짐승은 웅장한 날
짐승대로 너희들이 그와 같은 제 모습
을 갖고 살아가게 됨이니라.
21 그와 같이 그때가 되면 너희 제자들은
다 각자 그 임무가 있으며 너희들이
그 임무를 충실히 수행할 수 있는 자
들임을, 그를 해낼 수 있는 자들이기
때문에 지금 선택되어 있음이니라.
22 독수리가 아무리 강하다 하여도 그
새끼가 지금 날 수 있는가?
23 날지 못하는 것이니라.
24 그리하여 그가 날개가 나며 그가 어미
의 모습으로 자랐을 때 그는 날 것이
며,
25 밤에만 보는 그 새가 또 제가 완벽한
그 어미의 모습이 되었을 때 밤에만
보며 사냥을 하며 살아가는 그와 같은
제 직분의 제 삶에 따라서 그 규칙에
따라서 그는 변화되지 아니하고 그 길
을 가게 되어 있음이니라.
26 지금 나의 아들을 따르는 제자 너희들
은 조급히 생각하지 말라.
27 너희들은 다 각자의 직분이 있음을 알
라.
28 어떠한 사람은 이와 같은 믿음의 길
을 가며, 네 믿음이 잘못되었는가 너
희들은 그를 견주어 보지 말라.
29 나의 아들과 더불어 대화하는 자, 나
의 아들과 더불어 식사하는 자, 나의
아들과 더불어 강론하는 자, 그리고
나의 아들과 더불어 여행하는 자, 그
와 같이 너희들은 하나하나 다 직분이
있어서 내가 선택한 자들이며,
30 독수리가 새끼가 날아서 사냥하듯이
너희들이 그렇게 무섭게 직분이요, 책
임을 다할 수 있는 자이기 때문에 내
가 지금 선택한 자들이니라.
31 어미가 물어다 주는 먹이를 먹고 성장
하듯이,
32 너희들이 나의 성령이요, 나의 아들을
통하여 내리는 강론을 들으며 나의 법
전을 읽고 깨우쳤을 때 그와 같이 무
섭게 직분을 수행하는 선택된 나의 아
들딸로 선다는 것을 알라.
33 각자 자기가 맡은 직분에 최선을 다하

며, 너희들이 깨닫는 믿음은 깨달은
믿음대로 그리 가라.
34 남이 이와 같은 믿음을 가졌다 해서
너희들이 그를 따르려 하지 말며,
35 남이 어떤 것을 역사했다 해서 너희들
이 그를 따르려 하지 말며 그를 본받
으려 하지 말라.
36 믿음의 길을 가는 방법이요, 따르는
것도 각자 다르듯이, 너희들이 해야
할 직분이 다 다름을 알라.
37 이제 너희들이 그만큼 경지에 올랐으
며 나의 아들을 통하여 내가 내리는
내 뜻을 이해하고 알아들을 수 있는
그와 같은 경지에 올랐기에 내가 오늘
나의 아들을 통하여 너희들에게 내리
니,
38 너희들은 각자의 직분이 있음이니라.
39 맏아들의 역할을 하는 자는 맏아들의
역할이 무엇인가를 알아야 할 것이며,
40 법전을 만들어 만백성에게 전하는 그
모두를 총괄하는 자는 그가 어떠한 것
을 생각해야 할 것이며,
41 나의 아들과 더불어 건강을 더불어 하
는 자, 여행을 하는 자, 강론을 하는
자는 강론의 준비를 어찌해야 할 것이
며, 여행을 할 때는 어찌할 것인가,
42 더불어 각자가 다 임무가 다 있음이니,
43 너희들이 임무를 수행할 때 나 여호와
하나님이요, '하나님! 말씀하옵소서'
라는 이 큰 배가 떠나고 움직이고 항
해를 시작하게 됨이니라.
44 내가 뭐라 말하였던가?
45 너희들은 큰 배에 모두 직분을 맡은
자라 했으니,
46 하나의 너트요, 하나의 어떤 기관사
요, 어떠한 기계에 고장이 있어도 그
배는 순항을 할 수 없다 하지 않았더
냐?
47 너희들이 그와 같은 자들이니라.
48 갑판은 갑판수요, 또한 항해사는 항해
사요, 또 그와 같이 다 직분이 있으니,
너희들은 직분을 알아서 살아가도록
그리하라.
49 너희들이 직분을 모르고 서로 우왕좌
왕하여 남의 것을 보고 배우며 남이
가는 믿음으로 따라간다면, 너희들 스
스로 좌절할 것이며 너희 스스로 주저
앉게 될 것임을 잊지 말라.
50 나의 아들과 더불어 여행하는 자가 강
론을 하고자 하며,
51 건강을 위해 신경 쓰며 건강에 대한
가르침이요, 상식을 가르치며 지식을
불어넣는 자가 다른 것을 하고자 한다
면,
52 다른 사람이 하는 것을 보고 배우고자
한다면, 너희들이 그리하는 것에는 나
의 아들에게 문제점이 생긴다는 것을
알아야 할 것이니라.
53 그리하여 각자 맡은 직분에서 너희들
이 최선을 다하도록 선택된 자라는 것
을 잊지 말라, 사랑하는 나로부터 선
택된 나의 아들딸들아!
54 그리하여 하나의 큰 배가 가게 되어
있음이니라.
55 나의 아들이 항해를 시작하는 그 배
에 너희들이 각자 그 자리를 지켜 역
할을 다해야 한다는 것을 잊지 말라.
56 이것을 잊고 지금까지 살아온 것이
너희들임을 알라.

5,262 번째 하나님 말씀

2003년 2월 28일 15시 47분

1 사랑하는 나의 아들아!
2 "네, 아버님! 말씀하옵소서."
3 내가 나의 법전에 기록하여 너에게 깨
우치기를, '일식 삼찬'(한 끼에 밥, 국,
반찬 3가지)의 그 역사를, 그 사업을
이루라 하였음이니라.
4 내가 그리하여 유한 여성들로부터 유
한 남성들과 더불어 유한 사람부터 그
와 같이 하나의 모임을 가져 육성시키
라 그리 말하였음이니,
5 이는 내가 너희들에게 무어라 말하였
더냐?
6 여인이 살아가는 그 생활의 어려움을
너희들이 깨달으며,
7 또한 가장이 그를 들여다봄으로 인해
서 평생 한 가정을 위해 희생하는 여
인의 그 아름다운 마음이요, 봉사의
생각을 너희들이 한번 해 볼 수 있는
그와 같은 기회를 가지라 하였음이니
라.
8 내가 너희들에게 이것으로써 경제를
줄이며 환경오염을 줄이는 그와 같은
것을 거기에서 깨우치며 깨달음을 얻
으라 하는 것이 아니니라.
9 다만, 한 가정의 여인이요, 그리고 너
희들이 살아가며 그 음식이요, 먹고살
려고 보내는 시간과 낭비하는 그 모
두를 한번 돌이켜 생각해 볼 수 있도
록 하는 것이 깨달음이 아니던가?
10 너희들의 한 가정이요, 개인이 식사하
는 시간은 불과 몇 분에 지나지 않느
니라.
11 그러나 그 몇 분의 시간을 위해서 가
정에서 여인이 하는 수고의 시간은 얼
마나 많이 드는가?
12 그 물건을 준비하기 위하여 재물을 준
비해야 하며, 그것을 사는 데 드는 시
간을 낭비해야 하며, 또 그것을 만들
려면 몇 시간을 허비함이니,
13 그를 먹고 그를 취하는 사람들은 단
몇 분 만에 그 모두가 끝나는 것이 아
니더냐?
14 이것은 얼마나 불합리하고 불공평한
일이던가?
15 그리하여 '일식 삼찬'으로써 그를 간
단히 준비하여, 너희들이 몇 분이면
먹는 식사의 준비를 몇십 분에 할 수
있는 그와 같은 삶을 살아갈 수 있도
록 하고자 하는 것이 나 여호와의 뜻
이니라.
16 환경을 정화하며 경제적인 물질의 손
실을 막는다는 그와 같은 것은 두 번
째 문제며,
17 10분을 위하여 몇 시간씩 소비하는
그와 같은 삶은 잘못된 것이 아니던가?
18 그리하여 유한 여성이 많은 시간을 갖
고 많은 백성이요, 자식을 깨우치고
가르치는 데 거기에 투자하는 그와
같은 삶을 살 수 있도록 하고자 하여
나 여호와가 그를 시작함이니라.
19 그리할 때 너희들은 얼마나 아름다운
모습으로 변화될 것이며,
20 그리고 그 여인의 수고로움을 덜어 주
는 그것으로써 너희들이 얼마나 아름
답게 시간의 여유요, 또 여인의 유하
고 부드러운 그 마음을 다른 곳에 많
이 활용할 수 있지 않겠는가?

21 10분의 식사 시간을 위하여 몇 시간
씩 바치는 것은 이 세상에서 가장 밑
지는 장사이며 잘못된 것이 아니던가?
22 이 관행과 습성을 고치고자 하는 것이
나 여호와의 뜻이니,
23 이를 고침으로써 너희들의 생활이 가
벼워질 것이며 너희들의 마음이요, 어
깨를 짓누르고 붙잡는 그 모두에서
해방됨을 알아야 할 것이니라.
24 이 이치를 너희들은 깨달았을 것이니
라.
25 그를 위하여 너희들이 많은 시간을 소
비하며 많은 경제적인 자본을 만들어
야 하며 금화와 은화를 거둬들여야 하
며, 그를 준비하기 위해서 여인이 보
내는 그 시간이 얼마나 많은가, 단 10
분의 식사 시간을 위해서.
26 그리하여 이를 절약하며 단시간 내에
맛있고 건강을 지탱할 수 있고 또 충
분히 만들 수 있으며 그 식탁을 준비
할 수 있는 것이 지금 유한 여성이요,
그들이 가진 지식이요, 상식이니라.
27 지금 나의 딸들이 생각하는 상식이요,
생각하는 그 지식이 얼마나 높이 가
있는지 모를 것이니라.
28 그 좋은 지식과 좋은 생각이요, 좋은
머리를 가지고 짧은 시간 내에, 10분
이면 끝나는 그 식사의 준비를 단 몇
십 분에 할 수 있는 그와 같은 생활의
개선을 위하여 내가 '일식 삼찬'의 역
사를 이루라 함이니라.
29 그리하여 유한 여성이 나의 법전을 읽
고 공부하며, 나의 법전을 듣고 만백
성을 깨우치는 데 그들이 앞에 달려갈
수 있도록 그리 내가 쓰고자 하는 뜻
임을 너희들은 알라.

5,263 번째 하나님 말씀

2003년 2월 28일 15시 55분

1 사랑하는 나의 아들아!
2 "네, 아버님! 말씀하옵소서."
3 너희들이 나로부터 생명을 받아서 세
상에 나오니,
4 육의 세상의 이 아름답고 놀라운 자연
속에서 너희들은 살아가면서 얼마나
너희들의 태어남이 위대하며 이것이
얼마나 놀라운 사실인가를 모르고 사
느니라.
5 당연히 너희들이 생명을 가지고 세상
에 나왔으니, 이 자연 속에 있는 것을
그저 눈으로 보며 몸으로 느끼며 피부
에 닿으며 서로 부딪치면서 살아가는
것이라 그리 생각하느니라.
6 그러나 이 세상에 나올 수 없는 생명
을 받아서 이 세상에 태어나 너희들이
눈을 떴을 때, 이 자연의 아름다움이
요, 이 위대한 역사 속에 너희들이 한
점으로 떨어졌다는 것을 생각할 때,
얼마나 위대한 축복이며 영광이라 생
각할 수 없겠는가?
7 너희들이 나로부터 이리 오지 아니하
였다면 세상을 볼 수도 없으며, 너희
들이 산 그 죄의 대가를 지옥에서 치
르고 있어야 하거늘,
8 이 세상에 눈을 뜨고 나오는 순간 너
희들이 취하고 살아갈 모든 준비가 다
되어 있으며, 이 자연의 세상이 펼쳐
진다는 것이 얼마나 위대하고 아름다
운 것인가?

9 사랑하는 나의 아들딸 너희들은 알아야 할 것이니라.
10 너희들이 나로부터 이 세상에 태어났을 때, 너희들이 태어난 그 순간에 이 자연의 위대함은 너희들의 품 안에 있음이니,
11 별천지와 같은 이 세상을 보면서 너희들은 무엇을 놀랐는가?
12 너희들이 하나하나 지켜볼 때 놀라움을 거듭하지 아니할 수 없을 것이니라.
13 모두가 계획에 의하여 하나의 오차도 없이 돌아가는 이 자연의 현상이요, 아름다운 자연산천이요,
14 너희들이 존속할 수 있고 쓰고 관리할 수 있도록 너희들을 기다리고 있는 그 모두를 볼 때,
15 이것이 얼마나 위대한 세상이고 아름다운 세상이요, 너희들이 말하는 별천지의 세상이 너희들 앞에 펼쳐져 있는가?
16 이 육의 세상에 사는 것도 그러니라.
17 너희들이 백 년도 못 사는 그 삶을 나로부터 생명을 받고 세상에 나왔다는 그 자체가 이 별천지의 세상에 살아가는 축복을 받았음이니, 너희들은 다음의 세상이 있다는 것을 잊지 말라.
18 너희들이 세상에 나와 눈을 뜨고 이 세상의 아름다움을 보며 돌아가는 자연의 그 모두를 볼 때,
19 하나하나 그 의미를 알 때 얼마나 위대한 세상이며, 아름다운 곳에 너희 자신이 던져졌다 생각하는가?
20 그러나 너희들은 백 년도 안 되는 육의 세상의 삶이 그와 같이 아름답고 훌륭한 별천지의 세상에 존재함이니,
21 그러니 영원히 죽지 않는 창조주 나 여호와의 하늘의 나라는 어떻다 생각하는가?
22 너희들이 이곳에 왔을 때는 입이 벌어져 다물지 못하며 너희들의 상상을 초월하는 아름다운 별천지의 세상이,
23 지금의 지상의 세상보다 천배 만배 더 위대한 하늘의 별천지의 세상이 너희들을 기다리고 있으며, 그 세상을 열어 주고자 하는 것이 나 여호와이거늘,
24 어찌하여 너희들은 이를 보지 못하며 이곳에 오지 아니하려 그리 생각하는가?
25 너희들이 상상할 수도 없고 생각할 수도 없는 지상의 이 위대함이요, 모든 자연의 돌아가는 그 섭리를 보며 너희들은 나 여호와의 위대함이요, 나 여호와의 전지전능함에 놀라며 이 아름다운 세상을 정말 별천지의 꿈속에서 보는 것처럼 생각한다면,
26 그보다 천배 만배 더 위대한 세상이 다음의 세상이니라.
27 너희들에게 그 세상에 올라오라는 것이 나 여호와이니라.
28 거기 와서 너희들은 상상할 수 없고 숨이 막히고 입이 벌어져 다물지 못하는 그와 같이 황홀한 지경의 위대한 세상이 너희들 앞에 기다리고 있음이니, 그곳을 오고 못 오는 것은 너희들에게 달렸느니라.
29 사랑하는 나의 아들딸들아, 너희들은 내가 내려 준 이 세상의 별천지에서 60평생이요, 70평생이요, 백 년이요, 그리 살아가는 것이니라.
30 그 삶은 무엇이던가?

31 내가 깨우쳐 주었음이니라, 너희들 모
두는 세상에 나가 이 지상의 육에서
살며 죽음의 동반자요, 다음의 세상에
오는 길을 가고 있다 말하였음이니라.
32 그러니 너희들은 어떠한 형태던가?
33 너희들이 나와서 살다 죽으면 결국 나
에게 오는 것이며 심판의 그 순간이니
그를 대비하라 하였음이니라.
34 너희들이 육의 세상에 살다 한 줌의
흙으로 돌아가며 영원히 나에게 오르
는 그 시간은 너희들이 말하는 1초요,
'똑딱' 하는 그 소리보다도 짧은 순간
에 운명은 결정되는 것이니,
35 그 1초의 아름다운 삶이요, 당당한 삶
이요, 자신 있는 삶을 위해 너희들이
몇십 년 동안 살아갈 수 있도록 내가
이 지상에 모두를 다 주었으며 별천지
에 너희들의 생명을 주어 하나로 떨어
뜨렸으니,
36 너희들은 평생을 사는 그 의미가 어디
있는지 아는가?
37 '똑딱' 하는 단 1초도 안 되는 순간에
너희들의 육은 죽어 가며, 영혼이 나
오는 그 세상에 너희들이 상상할 수도
없는 그 별천지에, 1초 안에 나에게
올라올 수 있는 그와 같은 삶을 살라
하는 것이 나 여호와의 뜻이니,
38 너희들이 평생 살아가면서 그 1초도
네 것으로 만들지 못하는가?
39 지금의 별천지보다도 천배 만배 더 위
대한 별천지의 세계에 너희들이 1초
사이에 오고 지옥으로 가는 그 갈림길
에서 별천지의 하늘의 세상에 오라 내
가 만들었음이니,
40 그 1초를 위해서 살아가는 것이 너희
들이며 그 1초를 위해서 모두를 다 바
치느니라.
41 단 1초를 위해서 너희들이 평생을 다
바치고 살아감이니, 그 1초를 위해서
너희들이 바른 삶을 살도록 하라.
42 60평생이요, 70평생이요, 백 년이요,
평생 너희들이 늙어 죽을 때까지 그
모두를 다 바치는 것은 그 1초를 위함
이니라.
43 그 1초를 쥐고 너희들이 네 것으로 만
드는 그와 같은 삶을 살라, 나의 사랑
하는 아들딸들아!
44 내가 너희들을 사랑함이니라.
45 '똑딱' 하는 순간에 너희들의 육은 흙
으로 돌아가며 영혼은 나에게 오니,
그 1초의 순간에 너희들이 결정이 됨
이니라.
46 지옥으로 가는 자, 영원히 불바다 속
에서 허덕이는 자, 끓는 기름 가마 속
에 허덕이는 자,
47 그리고 너희들이 상상할 수도 없는 하
늘나라의 별천지의 영광에 벌어진 입
이 다물어지지 않는 그 찬란하고 위대
한 나의 나라에 올 수 있는 그 기로는
딱 1초이니라.
48 그 시간을 위하여 모두를 다 투자하도
록 하라.
49 그 1초를 너희들이 잡도록 하라.
50 그 1초를 잡기 위하여 너희들이 모두
를 다 바치니, 그 1초를 잡도록 하라,
사랑하는 나의 아들딸들아!

5,264 번째 하나님 말씀

2003년 2월 28일 16시 05분

1 사랑하는 나의 아들아!
2 "네, 아버님! 말씀하옵소서."
3 너희들이 인간의 세상에 살아가다 보
면 수많은 일이 너희들에게 부닥치느
니라.
4 평생 수천수만 가지 부닥치는 그 속에
서 작고 크게 부닥칠 때마다 너희들의
마음에 파장을 이루니,
5 그를 다스리지 못하며 지키지 못한다
하면, 너희들은 말로써 경지에 오르며
사랑을 베풀며 산다 하면서 막상 너희
들에게 마음으로써 파장이 밀려왔을
때 네 마음을 다스리지 못하며 흔들리
며 그 감정을 억제 못 하는 것은,
6 너희들의 깨달음이 부족한 것이며 믿
음이 약한 것이며, 나 여호와가 존재
함을 무섭게 믿지 못함이 여기에 있음
을 알아야 할 것이니라.
7 내가 너희들에게 깨우쳐 말했음이니,
너희들은 단 1초의 삶을 위하여 내가
어찌 살라 말하였느냐?
8 그리고 너희들은 모두가 죽음의 길을
가는 동반자라 말하였으며, 이 세상의
삶이 별천지요, 아름다운 세상이라는
것을 깨닫는 자보다 천배 만배 더한
것이 하늘나라 나에게 오름이니,
9 거기에 온 자, 누구든지 입이 벌어져
다물지 못하는 그와 같은 황홀경에 눈
물을 흘린다 내가 그리하지 아니하였
던가?
10 그 감사함에 너희들이 끊임없이 눈물
이 흐르는 그와 같은 영광의 세상이
바로 나에게 오르는 길이라 내가 말하
였느니라.
11 참진리의 길을 깨달았다면, 정녕 고요
한 바다와 같이 아무런 변화가 없이,
강에서 흘러들어오는 그 모두를 다 가
슴에 안듯이 받아들이는 그 고요한 바
다와 같은 마음을 가지고 있는 자가
깨우친 자요,
12 천 가지, 만 가지 파장이 생길 때마다
거기에 응답하고 거기에 뜻을 표현하
는 것은 맞부닥치는 것이라 하였음이
니라.
13 맞부닥치지 아니하면 소리가 나지 아
니한다 하였음이니,
14 모두는 너희들이 부닥치지 않는 사람
이 되라 내가 말하지 아니하였던가?
15 너희들이 부닥쳐 소리가 나는 것은 너
희 자신이 부닥치기 때문이니라.
16 그러니 그 모두는 너희들의 깨달음이
부족하며 나 여호와의 믿음이 부족하
며, 너희들이 나에게 와 심판을 받는
그 자체도 순간순간 잊어버리고 사는
것이니,
17 믿음이 하나도 없는 자들과 무엇이 다
르던가?
18 지상의 삶에서 참진리의 길을 가지 않
는 백성은, 진리의 길을 보지 아니하
며 그 길을 가지 않는 백성이야말로
육의 생활이요, 육의 삶의 편안함과
또 즐거움과 행복함과 인간이 살아가
는 데 최대의 향락을 누리면서,
19 그들은 육의 안일을 위해서 육의 행복
을 위해서 살아가는 자들이니라.
20 그러나 너희들은 알아야 할 것이니라.
21 그들은 그와 같이 저희들의 육의 향락

을 위해 모두를 살아온 만큼 그 대가
를 받는다 내가 그리 말하지 아니하였
던가?
22 그러나 나로부터 선택된 백성이요, 나
의 아들딸로서 나 여호와의 뜻을 따르
며 참진리의 길을 가는 너희들은 만백
성을 이끌어 가는 백성이요, 지도자이
니라.
23 진리의 길을 가는 자, 지도자의 길을
가는 백성은 고달프며 힘들고 어려운
고난의 길을 가지 아니한 자 아무도
없음이니라.
24 진리를 깨달으면 깨달을수록 깊이가
있으며,
25 진리는 깨달을수록 더 두렵고 무서움
이 있으며,
26 진리를 깨닫고 깨달을수록 그 방대한
참진리요, 나 여호와의 뜻을 너희들이
들여다보게 됨이니, 입이 다물어지는
것이며 말을 하지 못하며 깨달았다 말
을 못 하느니라.
27 다만, 너희들이 그를 지키고 살아가기
도 바쁘며 그를 지키고 살아가기가 너
무나 방대하고 어렵고 힘들며, 그 진
리의 길을 가는 백성은 가도 가도 끝
이 없는 고달픈 길이요, 시련의 길이
요, 인내하기 어려운 길을 살아가는
것이니라.
28 그러나 여기서 사랑하는 나의 아들딸
너희들은 들어야 할 것이니라.
29 너희들에게 간단한 깨우침의 말이 있
지 않으냐?
30 너희들이 먹는 것 중에 '단 것이라는
것은 너희들의 몸을 상하게 하는 독
소가 많이 들어 있으며, 쓰고 쓴 것은
너희들이 먹기는 거북스러우나 그것
은 너희들에게 약이 된다' 하지 아니
하였더냐?
31 그와 마찬가지로 가도 가도 끝이 없는
깨달음의 깊이요, 고달프고 어렵고 고
통스러운 길을 인내하며 흐트러지지
아니하고 좌절하지 아니하며 굳건히
버티고 그 진리와 진리를 먹고 사는
그와 같은 모습으로 너희들이 살아갈
때,
32 너희 자신도 모르게 천국의 문턱에 왔
을 때 내가 그 문을 열어 줌이니,
33 너희들이 감히 상상할 수도 없으며 와
서 보는 순간에 벌어진 입이 다물어지
지 않는 천국의 문을 열고 들어오는
그 영광을 얻게 됨이니,
34 오늘의 짧은 육의 삶을 위해 그 영광
됨을 버리는 어리석은 삶을 살지 말라.
35 작든 크든 모든 일에 너희 마음에 파
장을 이루는 어리석은 삶을 살지 말라.
36 바다가 모든 강물을 가슴에 안고 받
아들이듯이 모두를 받아들이고 사랑
하는 마음으로 살아가라.
37 인간인 너희들에게 그리 말하는 나 여
호와의 가슴이 아프니라.
38 똑같은 인간이요, 6천 년 동안 흘러오
며 믿음의 길을 가며 이 세상에서 가
장 깨끗한 백성이요, 나로부터 선택을
받았다 하는 백성 그들도,
39 십계명을 지킬 수 없으며 나의 율법대
로 지킬 수 없다 그리 말하는 자들, 나
에게 오른다 하면서 내 뜻을 거역하며
산다 말하는 자들, 그와 같은 자들이
지금 얼마나 무수히 있는가?
40 너희들은 그들을 보지 말라.

41 그들을 돌아다보지도 말며 그들을 생각하지도 말라.

42 너희들은 고통과 시련의 생활을 즐거움이요, 행복이라 생각하고 달려올 때, 너희들이 나에게 와 심판을 받는 날, 그들과 얼마나 멀고도 멀며, 가까이 볼 수도 없으며 바라볼 수도 없게 거리가 벌어져 있는가를 알게 될 것이니라.

43 진리의 가는 길은 고달프고 힘들고 어려운 길이니, 이를 인내하는 삶을 살라.

5,265 번째 하나님 말씀

2003년 2월 28일 16시 18분

1 사랑하는 나의 아들아!

2 "네, 아버님! 말씀하옵소서."

3 너의 제자들에게 손에 쥐여 줘 나 여호와의 뜻을 전하도록 그리하라.

4 너희들 혼자만이 어려운 길을 가는 것이 아니요, 너희들 혼자만이 나 여호와 사랑을 실천하고 행하고 지키고 살아가라 함이 아니라는 것을 알도록 그리하라.

5 내가 너희들에게 말하지 아니하였던가?

6 저를 버려 남을 구원하는 그 생명의 길을 가는 것이 너희들이요,

7 너희들이 제 생명을 버려 남의 생명을 위해 던질 수 있는 그와 같은 길은 어떠한 상황에서도, 남의 자식과 제 자식 중 하나를 버려야 할 때, 제 자식을 버릴 수 있는 그와 같은 마음을 실천하고 행하는 그자가,

8 남의 생명을 위해 저 자신을 던져 버리며 제가 죽을 수 있는 그와 같은 마음이요, 깨달은 자라 내가 그리 말하지 아니하였던가?

9 그 누구도 이를 할 수 없으며 실천할 수 없다 너희들은 그리 말할 것이니라.

10 그러나 너희들은 할 수 있으며 그 길을 가게 될 것이니라.

11 깨닫고 깨닫는 속에 스스로 그와 같은 생각을 잊어버리게 되며 생각마저도 하지 아니하는 아름다운 모습으로 변화될 것이니,

12 모든 일상생활에서 남을 위해 희생하고 봉사하는 훈련을 하고 또 거듭하는 그 순간에,

13 자식이 아니라 그보다도 더 소중한 것, 제 생명보다 더 소중한 것도 남을 위해 던질 수 있는 그 경지에 오르게 되어 있으며 반드시 오를 것이니,

14 오늘의 너희들이 그와 같은 마음을 갖지 못했다, 그리할 수 없다 하며 그 마음을 원망하며 후회하지 말라.

15 오늘의 훈련과 시련을 겪고 가다 보면, 너희들은 하나를 실천하며 둘을 실천하며, 작은 것을 그와 같이 희생과 봉사의 마음으로 실천함으로써 큰 것도 던질 수 있는 그날이 머지않았음을 알라.

16 너희들은 그와 같은 역사를 할 수 있는 나로부터 선택된 나의 아들딸이라는 것을 알라.

17 정녕 자기 자신을 버릴 수 있는 혹독하고 어려운 그 시련의 훈련을 하는 너희들과, 그저 나의 아들 예수의 보혈로써 구원을 받았다 말로 하는 그들

중에,
18 과연 누가 진정한 하늘에 오르는 길이
며 나의 백성이며 나의 종인지 이제
너희들은 알 것이니라.
19 그러니 너희들보다 더 고달픈 자, 더
힘든 길을 가는 나의 백성이 많이 있
음이니라.
20 너희들 혼자만이 사랑이 아니요, 너희
들 혼자만이 어려운 길을 지키고 가는
것이 아니라,
21 너희들보다 더 어렵고 힘든 길을 가는
백성이 있음이니라.
22 그러나 그들은 진정한 길을 모르며 진
정한 깨달음의 길이 무엇인지 모르고
있느니라.
23 잘못 가르치는 종교 지도자요, 수천
년 동안 내려온 역사의 전통이요, 관
습 때문에 그들이 너희들보다 더 어렵
고 힘든 길을 가면서도 하늘에 오르는
진정한 길을 가지 못하고 있음이니,
24 그들이야말로 얼마나 불행하고 불쌍
한 백성인가 그들을 깨우쳐 주라.
25 몰라서 못 가는 그들을 깨우쳐 주도
록 그리하라.
26 그러니 너희들은 진정한 하늘에 오르
는 길에 나 여호와가 같이하고 있으
며 나와 더불어 살아가는 그와 같은
삶을 사는 자들이요,
27 육의 세상의 천국에서 살다 하늘나라
에 올 수 있는 그 뜻과 길을 알고 사는
너희들은,
28 같은 고생이요, 같은 힘든 길을 간다
해도 정도의 길이요, 빠른 길을 가는
너희들이 얼마나 선택되고 영광되며
축복받은 백성인가?
29 너희들은 항상 감사하는 마음을 잊지
말고 살도록 그리하라.
30 사랑하는 나의 아들아!
31 "네, 아버님! 말씀하옵소서."
32 너는 들어 만백성이요, 너의 제자들에
게 전하라.
33 믿음의 길을 가는 백성 너희는 알아야
할 것이니라.
34 종교 지도자는 나 여호와의 율법과 나
의 십계명과 성경대로 살아가면 되며,
그대로 지키고 가면 되느니라.
35 나 여호와를 찾고 경배하면 될 것이
니, 그와 같은 길을 가려면 정녕 힘들
고 어려운 길이요,
36 또 나의 아들 예수가 일찍이 행하고
살아갔던 그 모습 그대로 살아가며 그
힘들고 어려운 길을 가야 하느니라.
37 너희들은 지금 과연 그리 살아가고 있
다고 생각하는가?
38 예수의 그 삶이요, 그 길을 종교 지도
자 너희들은 그리 살아갈 수 없느니라.
39 그리하여 나 여호와의 율법이요, 내가
명한 그대로 살아갈 자신이 없기에
너희들은 나의 아들 예수를 신격화해
놓은 것이 아니던가?
40 나를 따르며 내가 명한 율법을 지키며
십계명을 지키며 살아가야 하는 종교
지도자 너희들이 도저히 그를 따라갈
수 없으며 그를 행할 수 없기에,
41 나의 아들을 신격화해 놓고 너희들이
그 중간에서 갖은 악행을 다하는 것이
며, 사악한 행위를 하는 것이 너희들
종교 집단이요,
42 수천 년 동안 흘러오며 자랑하는 오늘
의 하늘에 오르는 길이 너희들밖에 없

다는 그 악습에 지금 젖어 있는 것이
니라.
43 그 악습 속에서 너희들이 헤어나지 못
하는 것이며,
44 너희들만이 구원의 길이요, 진정한 길
이요, 나의 아들의 보혈로써 구원을
받았다 말하는 그 관행이요, 악습이
지금 진행되고 있음이니,
45 너희들이 얼마나 악행을 하고 있는지
모를 것이니라.
46 또한, 나 여호와를 찾으며 율법과 십
계명대로 살아갈 수 없기에 나의 아
들을 신격화해 놓은 그 종교 지도자
밑에서 신도라 하여 배우고 가르치는
너희들은 과연 어떠하던가?
47 너희들도 예수의 삶과 같이 사는 그것
만이 나에게 구원을 받을 수 있으며
나에게 오는 길이거늘,
48 너희들은 그리 갈 수 없고 그리 행할
수 없기에 나의 아들 예수를 신격화해
놓고, 나의 아들로부터, 나 여호와로
부터 명을 받았으며 나로부터 대명을
받은 것처럼, 그리고 나의 아들 예수
가 행한 것처럼 저희들이 신격화하여,
49 그와 같이 행하는 종교 지도자, 나로
부터 대명을 받았다 말하며 단상에 앉
아 설교하는 그 인간들은 어찌 가고
있는가?
50 그 인간들을 신격화한 것이 지금 바
로 종교 지도자 밑에서 신도라 하여
몇십 년 동안 하늘에 오르는 길이요,
진리를 깨우쳐 배웠다 하는 자들이 하
고 있는 추태임을 알아야 할 것이니라.
51 지금의 종교 지도자라는 자, 나의 아
들 예수에 버금가는 그와 같은 신격화
된 대우를 받고자 하는 그들은 나의
아들 예수를 나 여호와와 같다 하여
삼위일체요, 신격화해 놓고, 저희들이
나의 피조물 만백성 위에서 군림하며
그들을 통제하며 그 간악한 행위를 했
으며,
52 또 그 밑에서 신도라 하여 배우는 자
들은 바로 무엇이더냐?
53 너희들은 그와 같이 아름답게 살 수
없기 때문에 인간의 종교 지도자요,
인간을 또 올려놓고 그를 받들며 그를
신격화해 놓고 그 뒤치다꺼리하는 것
을 믿음이라 생각하며 행복이라 생각
하며, 너희들의 인생 모두를 다 바쳐
가는 것이 지금의 신도이니,
54 그저 무엇을 달라, 이루어 달라, 거기
서 목매어 부르짖는 그것으로써 그 인
간들이 모두를 다 이루어 주는 것처럼
지금 그리 인간을 받들며 인간을 위해
살아가는 그와 같은 믿음의 길을 가고
있는 것이니라.
55 너희들은 나 여호와를 믿으며, 예수의
사랑을 실천하는 그것만이 하늘에 오
르는 길이요, 나의 뜻이거늘,
56 너희들은 그것이 아니요, 너희들이
선정해 놓은 그 인간을 숭배하고 있음
을 알라.
57 인간을 숭배하는 믿음으로 가고 있는
것이 지금의 종교 집단이 가는 길이라
는 것을 너희들은 나의 법전을 읽는
이 순간에 스스로 깨우쳐야 함을 잊
지 말라.
58 나 여호와의 성령을 배우고 따르는 것
이지,
59 나 여호와의 흉내를 내는 사악한 자

들, 그들에게 너희들이 무엇을 해 달
라, 무엇을 이루어 달라, 그리고 너희
들의 그 귀중한 생명이 다시 태어나는
구원의 길을 인도해 달라 그리 말하
는 자들,
60 그리고 삼위일체라 말하는 그들 밑에
서 나의 아들과 성령과 내가 똑같다
그리 가르치며 저희들을 신격화해 대
우를 받고 있는 종교 지도자, 그들에
게 무엇을 청원하며, 무엇을 이루고자
그들을 위하여 믿음의 길을 가며, 그
들을 숭배하는 것으로써 신도라 하는
나의 백성 너희들이 그리 타락되어 있
으며,
61 진정한 믿음의 길이 아니요, 인간을
숭배하는 그와 같은 관계로 흘러가는
것이 지금의 믿음이요, 종교 집단의
흘러감이니,
62 이 추한 모습이 나와 관계없다 함을
너희들은 알아야 할 것이니라.

5,266 번째 하나님 말씀

2003년 2월 28일 20시 55분

(강론을 마치며)

1 사랑하는 나의 아들아!
2 "네, 아버님! 말씀하옵소서."
3 이 세상에 수천 년 동안 흘러오는 그
역사 속에서, 내가 구약 시대에 모세
를 통해 백성 너희들을 구원하여 하늘
에서 이루어진 것같이 이 지상에 낙
원을 이루려고 하였으나,
4 너희들이 그와 같이 광란의 짓으로써
내가 그 뜻을 이루지 못하도록 하였음
이니,
5 인간 너희들의 욕심이요, 사악한 마음
이 그러하니라.
6 그리하여 내가 다시 신약 시대에 나의
아들 예수를 세상에 내보내어 너희들
을 깨우쳐 하늘에 오르는 길의 역사를
이루고자 하였으나,
7 나를 믿고 나를 찾는 백성이 저희들이
가진 그 기득권이요, 만백성 위에서
군림하고 있는 그와 같은 형국에서 저
희들이 쓰러지는 것이 두려워 나의 아
들을 그와 같이 고통 속에 죽게 하였
음이니라.
8 그들은 그때부터 어떤 역사로 흘러왔
던가?
9 모든 백성으로부터 죄를 지은 것을 사
해 준다 하여 재물을 받았으며, 그 죄
를 사해 주며 금화와 은화를 거둬들이
는 그와 같은 형국으로써 그들이 존재
했음이니,
10 나의 피조물 만백성의 같은 형제요,
같은 인간인 그들이 무슨 권한이 있기
에 금화와 은화를 받으며 그들의 죄를
용서해 주며 그들을 구원해 준다는 그
와 같은 사악한 행위를 했던가?
11 그 모두가 잘못되었기에 그를 바로잡
으라 나의 아들 예수가 그를 부르짖었
음이니,
12 그들은 그것이 두려워서 그를 죽게 하
여 2천 년이라는 지금의 세월이 흘러
왔음이니라.
13 2천 년이라는 그 세월이 흘러오는 동
안에 지금 나의 백성 너희들은 내가
예수를 통하여 역사하고자 했던, 예수
를 통하여 깨우치고자 했던 그 사랑이
요, 진리를 깨우친 것이 아니요,

14 나를 믿는다는 백성이 나의 아들 예수
를 죽게 했던 그들의 그 습성이요, 그
후손의 뿌리만이 존재하여 지금까지
흘러왔음을 너희들은 알아야 할 것이
니라.
15 지금도 너희들이 그와 같은 방법을 쓰
고 있지 아니한가?
16 죄를 용서해 준다 하여 직접 재물을
받아들이며 인간 위에 군림하는 그와
같은 행위를 신약 시대에도 그리하였
으며,
17 지금의 모든 종교 지도자 너희들은 어
찌 가고 있는가?
18 너희 손으로 지은 그 성전에 와 기도
하고 경배하는 순간에 너희들이 예수
의 보혈로써 구원을 받았다 말하며,
각종 이름을 종이에 써 붙인 그 명단
이요, 그 명칭에 의해 헌금이라는 것
을 바치도록 하였으며, 재물을 바치도
록 지금 그리하고 있으며,
19 그 구원을 받는다는 것은 곧 무엇이던
가?
20 너희들의 죄를 사해 준다는 뜻이 아니
던가?
21 구원을 받아 하늘의 나에게 오른다는
것은 너희들이 죄의 면죄부를 주기 때
문에 구원을 받음이니,
22 2천 년 전에 죄를 용서해 준다 하여
그를 팔아먹은 것이나, 구원해 준다
하여 재물을 거둬들이는 너희들이나
마찬가지이니라.
23 너희들은 십일조요, 각종 이름을 붙여
거둬들일 수 있는 한 거둬들임이니라.
24 그리하여 거둬들이기가 끝이 없어 거
기에 더 이상 할 길이 없으니, 하늘을
팔아 재물을 거둬들이는 그와 같이 사
악한 자들로서 무너져 있음이니라.
25 하늘의 창고에 그득히 쌓아 놓으며 그
창고에 재물을 쌓아 놓았으면, 너희들
이 죽어 내 앞에 와 그 창고의 문을 열
때 쌓은 그 금은보화만큼 너희들의 죄
를 사함 받으며 나에게 구원을 받는다
하여 그리 거둬들이고 있음이니,
26 지상을 오염시키다 그것도 모자라 하
늘까지 오염시키는 것이 종교 지도자
너희들이 지금 가는 길임을 알아야 할
것이니라.
27 내가 나의 아들에게 물어, 그 아들로
하여금 나의 아들처럼 믿음의 길의 지
도자로서 네 자식을 기르겠느냐 할
때, 나의 아들은 그 자식을 그와 같이
가게 하지 아니하겠다 하였음이니라.
28 그가 제 자식을 저와 같이 종교 지도
자로 만들지 아니한다는 것은, 이 길
이 너무나 힘들고 어려우며 아무나 갈
수 없기에 자식을 그리 시키려 하지
아니하는 것이니라.
29 그러나 지금의 그 물질을 가진 모든
종교 집단이요, 방대한 조직을 가진
종교 지도자 너희들은 지금 어찌하는
가?
30 너희들은 세습체제로써 그걸 자식에
게 넘겨주고자 하며,
31 자식을 종교 지도자로 만드는 데 모두
가 혈안이 되어 있음이니,
32 너희들이 진정 어렵고 힘든 믿음의 길
을 가는 것인가, 육의 행복과 만백성
위에 제왕적인 대우를 받고 살아가는
데 모든 삶을 거기에 맞추고 있는가?
33 그것은 스스로 너희들이 깨우쳐야 할

것이며,
34 그 밑에서 배움의 길이요, 구원을 받
는다는 신도 너희들이 분석하고 따져
야 할 것임을 알아야 할 것이니라.
35 너희들이 말하기를, 세상의 모두는 나
여호와가 만들었으며 내가 주관하지
아니하는 것이 하나도 없다 말하니,
36 이 160권의 장서의 법전이 세상에 나
가는 것도 나의 뜻이라 생각을 한다
면, 이 법전을 읽고 깨우쳐 들여다보
는 것이 무엇이 죄가 되던가?
37 너희들은 편리할 때는 이 세상 것을
내가 다 만들었다 하며, 불리할 때는
그것이 아니라는 그와 같은 형국을 하
고 있음이니,
38 참진리는 변하지 않는 것이요, 진실은
변하지 않는 것이요, 정의로운 삶은
변하지 않는 것이라는 것을 모르고 있
음이니라.
39 이와 같은 그들을 과연 어찌 잡아야
다스릴 수 있다 생각하는가?
40 오로지 나의 법전밖에는 이를 다스릴
수가 없음이니,
41 이 법전이 하얀 눈이 세상을 덮듯이
160권의 법전이 세상에 나왔을 때, 이
를 다 역사할 자는 나로부터 선택된
너희들임을 알아야 할 것이니라.
42 이제 너희들은 가진 것이 없으며 능력
이 없는 자라 절대 두려워하지 말라.
43 너희들은 너희들대로 다 할 수 있는
그와 같은 능력이 있음을 알라.
44 날짐승의 새끼가 알에서 깨어났을 때
는 그들은 같은 형태로써 어떤 날짐승
의 새끼인지 구분하기 어렵다 하였음
이니라.
45 그와 같이 그 날짐승이 커 가면서 제
모습이 나타내며 독수리는 독수리로
서 가듯이,
46 너희들은 지금 갓 알에서 태어난 날짐
승의 새끼들처럼 그렇고 그런 수준에
있음이니 너희들은 서로 모르고 있으
나,
47 날개가 돋쳐 독수리 새끼가 날듯이,
너희들의 그 임무가 무엇이며 해야 할
일이 무엇인가를 내가 명하여 너희들
을 쓰고자 할 때, 당당한 모습으로써
역사할 수 있는 것이 너희들이니라.
48 아직은 너희들이 깨달음이 적고 깨달
음이 높지 않기에 서로 같은 사람이
요, 같은 동료요, 비슷비슷하다 생각
하나,
49 너희들은 각자 맡은 임무가 있으며 각
자 역사할 수 있기 때문에, 오늘날 나
의 성전에 와 나의 아들을 통하여 내
가 내리는 나의 성령을 직접 들으며
나의 법전을 보고 깨우치는 그와 같은
삶을 사는 것이니, 너희들이 선택하는
것이요,
50 내가 너희들을 쓰고자 선택했으며 내
가 부른 소중한 백성이라는 것을 잊지
말라.

2003년 3월

5,267 번째 하나님 말씀

2003년 3월 1일 08시 03분

1 사랑하는 나의 아들아!
2 "네, 아버님! 말씀하옵소서."
3 아무것도 모르던 네가 오늘의 이 자리
까지 올 것을 나는 알고 있었음이니라.
4 너 스스로 가고자 하며, 너 스스로 이
세상의 그 누구도 갈 수 없는 가장 깨
끗하고 아름다운 사람이요, 예수와 같
은 삶을 사는 사람, 한 사람이라도 이
루겠다는 그 마음을 나 여호와는 알고
있으며,
5 네가 죽음의 그 순간에 한 점의 부끄
럼이 없이 당당히 죽을 수 있도록, 그
죄에 대한 용서를 받고자 네가 오늘의
살아가는 모습을 나 여호와는 아느니
라.
6 너의 제자들에게 깨우쳐 주라.
7 너희들은 남의 허물은 보이나 저 자신
의 허물은 보지 못하니, 너희들이 살
아가며 대화하며 행동하는 것이 과연
부끄럽지 않은 짓을 하고 있는가 그를
먼저 알아야 하며,
8 남을 미워하는 마음, 싫어하는 마음을
아직도 가슴에 안고 있지 않은가 그를
봐야 할 것이니라.
9 너희들의 깨달음은 미워하는 사람, 저
주하는 사람이 있어서는 아니 되며,
10 원수를 사랑하라는 그와 같은 마음의
사랑이 무엇이라는 것을 알면서, 막상
그를 행하지 아니하며 실천하지 못한
다면, 그는 모르는 자만 못한 것이 아
니던가?
11 그러니 너희들 스스로 과연 네가 지금
얼마나 원수를 사랑하며 저주할 사람
을 사랑하고 그를 용서하고 있는가 너
희 자신을 들여다보는 그와 같은 삶을
살아야 할 것이니라.
12 사람이 제 허물이요, 제가 잘못하는
것은 보지 못하고 남의 허물만을 보는
것이 인간이 아니던가?
13 그 마음의 문이 열려야만 함이니라.
14 '과연 나는 내가 말한 대로 행하고 살
고 있는가?'
15 말로는 청산유수같이 정말 잘하고 모
두를 다 베풀고 산다면서, 실생활에서
는 그와 같이 적용하지 아니하며 그리
행하지 아니한다면,
16 지금 모든 종교 지도자들이 잘못 가르
치고 있으며 말로써 구원을 받는다 하
는 그들과 다른 것이 무엇이 있는가?
17 이제는 너희 자신을 되돌아보며, 너희
들이 넘을 수 없는 그 선을 넘어야 하
며 용서할 수 없는 사람을 실제로 용
서하며,
18 두 번 다시 같이하고 싶지 아니한 자
를 가슴에 안는 그와 같은 행동을 해
야 하느니라.
19 행위를 그리하지 못하며 말만 하면
무엇하는가?
20 '나는 사랑을 베풀며 이렇게 살아간
다.' 말하고, 속으로는 저는 깨달으며
이제 여호와 하나님 내가 내린 이 법

전을 읽고 깨우치며 강론을 듣고 깨우
쳐 감이니 세상이 두렵고 무서운 것을
아나,
21 실상 가장 미워하고 저주하는 것은 용
서하지 못하며, 그와 더불어 가는 그
와 같은 마음의 자세를 갖지 못한다면
그는 깨달음이 하나도 없는 것이니라.
22 이제 너희들 스스로 행함을 하도록 그
리하라.
23 내가 너희들에게 말하지 아니하였던
가?
24 나 여호와가 너희들에게 명한 것은,
너희들이 듣기는 작은 것 같으나 그
뿌리가 한없이 커서 어떠한 것이 더
큰 역사를 거두는 것인지 모른다 하지
않았던가?
25 작은 것이나 큰 것이나 죄는 같다 내
가 말하였음이니,
26 이제는 작고 소소한 것, 아주 경미한
것을 너희들이 어찌 지키고 있는가 그
를 보고 하나하나 행하는 그와 같은
삶을 살도록 그리하라.
27 그리하지 아니하면 너희들은 하늘에
오를 수 없으며, 나의 백성으로서 만
백성을 구하는 그 역사의 길을 가는
자가 아님을 알라.

5,268 번째 하나님 말씀

2003년 3월 1일 08시 07분

1 사랑하는 나의 아들아!
2 "네, 아버님! 말씀하옵소서."
3 나의 사랑하는 아들 예수가 죽으면서
저를 죽게 한 자들을 용서해 달라 기
도하였으며 나를 원망치 않고 그가 죽
어 갔음이니,
4 그는 순종이요, 사랑이 무엇인가를 실
천하는 것을 너희들에게 깨우쳐 주고
자 하였다 하였음이니라.
5 그러나 너희들은 예수의 죽음이 그 어
떠한 의미가 있으며 어떠한 뜻이 있
는가 하나로 단정하기 전에,
6 너희들이 가장 깊이 깨우치고 가슴에
심어야 할 대목이 있으니, 이를 명심
하여 가슴에 새기도록 그리하라.
7 예수가 그와 같이 고통스러운 죽음을
가며 그를 인내할 수 있으며 참을 수
있었던 것은 바로 무엇이던가?
8 예수는 하늘의 무서움을 알았으며 하
늘이 존재함을 알며 천국이라 하는 나
라가 있음을 알고 있었음이니라.
9 성령으로 세상에 태어났으니 그는 내
가 하늘에 존재함을 알고 있으며,
10 하늘나라가 있으며, 너희들이 다 죽어
하늘에 와서 영원히 사는 세상이 있다
는 것을 알고 있었다는 것을 너희들은
여기서 들여다보는 그와 같은 현명함
을 얻도록 그리 전하라.
11 예수가 그와 같이 모두를 다 사랑하
며, 나에게 순종하며,
12 보통 너희들이 견딜 수 없는 그 고통
의 길을, 그가 말 한마디만 해도 가지
않을 수 있는 것을, 그를 거역하지 아
니하며 내가 존재함을 만백성에게 전
하며 그와 같이 장렬히 죽음을 선택했
었던 그 이면을 너희들은 깨우쳐야 할
것이니라.
13 하늘나라가 있으며 나 여호와가 존재
하고 있으며 천국이 있음을 그는 알기
에,

14 나왔던 그 세상으로 다시 돌아오는 것
은 당연하며, 언젠가는 가야 한다는
것을 알기 때문에,
15 예수는 그와 같이 그 모두를 감내하고
인내할 수 있었다는 것을 너희들 스스
로 깨우치고 그 뜻을 들여다보는 그와
같은 마음의 문을 열어야 할 것이니
라.
16 너희가 세상에 나갔음이니 곧 너희들
이 세상에 나간 그 자리에 나에게 돌
아오는 그와 같은 삶을 사는 것이며,
17 반드시 돌아오게 되어 있다는 것을 예
수가 보여 주었음을 알아야 할 것이니
라.
18 너희들은 나 여호와가 존재하는지 존
재하지 아니하는지 그것을 알고자 하
며,
19 그것을 의심하며 그것을 의혹하기에
완벽한 삶을 살 수 없다, 내가 지키라
는 계명을 지킬 수 없다 그와 같이 함
부로 말을 하고 있음이니라.
20 너희들이 정녕 예수처럼 하늘나라가
있으며 나 여호와가 존재하는 것을 확
실히 안다면,
21 내가 지키라는 것을 지킬 수 있다, 없
다 감히 시시비비를 할 수 없음이니라.
22 그리하여 어떠한 두려움도 없이 어떠
한 고통도 어떠한 시련도 인내할 수
있는 것은 바로 너희들이 하늘나라가
있다는 것을 확실히 믿는 그와 같은
자세가 되어야 함이니라.
23 그러나 너희들은 아직도 완벽하게 믿
지 못함이니, 예수처럼 제 몸을 던져
만백성을 깨우치고자 하는 그 길이 영
광된 길이요, 그가 그 길을 스스로 거
부하지 아니하며,
24 그리고 나 여호와에게 애원하지 아니
하며, 그리고 그를 죽인 백성을 사랑
으로써 용서해 달라는 그와 같은 말을
할 수 있는 것은,
25 큰 나라가 있으며, 큰 나라가 역사하
는 하늘나라가 있으며, 이 세상의 모
두를 주관하는 나 여호와가 있다는 것
을 확실히 그는 알고 있었다는 것을,
26 그래서 그가 그 길을 갈 수 있었다는
것, 그 이면의 뜻을 들여다보는 그와
같은 깨달음의 문을 열도록 그리하라.
27 너희들은 지금의 세상이 전부가 아니
라는 것을 이제 깨달아야 할 것이니라.
28 너희들이 생각할 수도 없는 그 황홀한
곳으로, 예수가 죽음으로써 모두를 용
서하며 자기가 온 자리로 그 길을 돌
아가는 것은 당연한 것이요,
29 그 길을 가려고 그와 같은 고통의 길
을 마다하지 아니하며 그를 인내하고
견딜 수 있었던 것,
30 너희들은 그것을 알아야 하며 그것을
깨우쳐야 함을 잊지 말라.

5,269 번째 하나님 말씀

2003년 3월 1일 08시 14분

1 사랑하는 나의 아들아!
2 "네, 아버님! 말씀하옵소서."
3 이 세상의 창조를 누가 하였으며 이
세상을 누가 주관하는 것인가를, 이제
이 문제에 대한 답을 나의 아들을 따
르는 백성 너희들은 그 모두를 알 것
이니라.
4 그리고 법전을 읽고 깨우친 백성 너희

들은 확실히 나 여호와가 존재하며, 이 세상을 주관하는 것은 나 여호와라는 것을 알고 있을 것이니라.
5 그렇다면 너희들은 누구를 향한 믿음의 길을 가며 누구를 향하여 달려가며 누구의 뜻에 따라 깨달음의 길을 가야 하는가?
6 너희들은 정녕 예수를 믿는 믿음으로써 가야 하는가?
7 그 길만을 가야 옳다고 생각하는가?
8 그렇지 않으면 절이라 하는 그 믿음의 길을 달려가는 것만이 옳다 말할 수 있는가?
9 마리아를 믿는 믿음이 옳다 그리 말할 것인가?
10 무당이요, 잡신을 믿는 그와 같은 무속인의 그 믿음을 옳다 말할 것인가?
11 모든 짐승이요, 날짐승이요, 그저 너희들이 관리하고 쓰게 했던 그 형상을 놓고 기도하고 경배하고 오르고자 하는 그 길을 가야 할 것인가?
12 이제 사랑하는 나의 아들 너는 만백성에게 전하며, 그 제자 너희들은 들으라.
13 예수를 믿는 것도 아니요, 석가를 믿는 것도 아니요, 마리아를 믿는 것도 아니요, 무당을 믿는 것도 아니요, 잡신을 믿는 것도 아니요, 너희들이 만든 어떠한 형상을 신이라 숭배하며 그를 믿는 것도 아니니라.
14 이 세상의 그 모두는 예수나 석가나 마리아나 너희들과 다 똑같다 하였으며, 어떠한 잡신을 믿는 무당이나 그 형태의 사람도 너희들과 형제요, 똑같다 하였음이니라.
15 그러니 너희들은 똑같은 백성으로서, 이제는 오로지 나 여호와를 향하는 그 믿음으로 가야 하며 그 길을 위하여 너희들이 존재한다는 것을,
16 그리고 그를 향하여 달려와야만 한다는 것을 알아야 할 것이니라.
17 너희들은 나의 아들 예수 자체를 믿어도 안 되며, 부처 자체를 믿어도 안 되며, 마리아 자체를 믿어도 안 되며, 잡신 자체를 믿어도 안 된다는 그 뜻을 알겠는가?
18 모두는 다 형제이니라.
19 형제니 너희들이 이제는 모두가 다 똑같은 인간으로서,
20 인간을 믿고 숭배하는 것이 아니요, 나 여호와를 믿고 나를 향하여 그 믿음을 위해 달려오는 그와 같은 너희들이 되어야 할 것이니라.
21 너희들은 결국 누구로부터 존재하며 누구로부터 너희들 자신을 받아 세상에 나왔는가 그를 생각해 보라.
22 나로부터 받아 간 자요, 내려 준 자요, 그리고 명을 한 자요, 그리고 생각을 준 자, 그를 따라 그를 믿고 세상의 삶을 마치고 하늘에 오면 됨이니,
23 너희들은 높고 낮음이 없이 모두 다 같은 존재이니라.
24 그러니 너희들이 누구를 믿고 누구를 믿지 않는 그와 같은 시시비비를 하지 말라.
25 모두를 다 접어 두고, 그들을 믿는 것이 아니요, 그들의 행함을 믿는 것이니라.
26 그리고 나 여호와에게 오는 믿음이요, 나를 믿고 오는 것이 하늘에 오르는

길이며 참진리의 길임을 너희들은 알
아야 할 것이니라.
27 모두가 존재하는 것이 누구 때문에 존
재하며 누가 역사한 것인지 너희들이
스스로 알 것이니라.
28 이제는 모두를 다 나 여호와를 믿는
믿음의 길로 와야 하며, 그 길로 너희
들이 달려가야 함이니, 이제 사람을
믿고 사람을 경배했던 그 믿음의 울타
리에서 깨어나야 할 것이니라.
29 종파가 없이, 내가 '하나님! 말씀하옵
소서', '하늘에 오르는 길'이라 하여 나
의 법전을 이와 같이 세상에 내보낸
그 뜻을 너희들은 알겠는가?
30 내가 종파를 두지 아니한 것은, 너희
들이 인간을 숭배하는 그와 같은 믿음
으로 가지 않게 하려고 그러함이니라.
31 너희들은 인간을 믿고 인간을 숭배하
며 종파를 숭배하며 종파를 믿는 그와
같은 믿음으로써 너희들도 모르는 사
이에 그리 흘러가고 있음이니,
32 이제 너희들은 모두를 다 심판할 수
있는 나 여호와요, 너희들의 생명을
내려 준 나 여호와를 믿으며 나를 향
하여 오는 그 믿음만을 가지며, 나를
위한 믿음이라는 것을 갖도록 그리하
라.
33 그리하여 너희들은 무당이든, 잡신이
든, 짐승을 숭배하든, 마리아를 숭배
하든, 부처를 숭배하든, 예수를 숭배
하든, 모두는 다 그들의 행함만을 보
는 것이며, 나를 향한 믿음을 갖도록
하며, 너희들은 다 똑같은 자들이니
누가 높고 낮으며 우월한 자가 없다는
것을 알라.
34 이제는 나의 심판의 법전을 읽고 깨우
쳐야 할 것이니라.
35 그리해야만 너희들이 나와 더불어 같
이 살며 나와 같이 역사하며, 이제 나
에게 오르는 길을 보는 것이니라.
36 이제 너희들은 누구를 믿어야 할 것인
가를 알았을 것이니라.
37 모든 백성 너희들은 오로지 나 여호와
를 믿으며, 나 여호와를 따라 행하며,
내가 명한 것을 지키라.
38 인간 자체를 믿지 말라.
39 예수요, 석가요, 마리아요, 모든 백성
너희들이나 무당이요, 잡신이요, 들짐
승을 모시며 바위를 숭배하며 강에 가
절하라는 그와 같은 모든 백성 너희들
은 다 똑같으니라.
40 높고 낮음이 없음을 이제는 알라, 사
랑하는 나의 아들딸들아!

5,270 번째 하나님 말씀

2003년 3월 1일 13시 17분

1 사랑하는 나의 아들아!
2 "네, 아버님! 말씀하옵소서."
3 너의 제자들이 나의 법전을 읽고 깨우
치며 나의 강론을 듣고 그들이 마음의
변화를 이루기 시작하면,
4 그들은 지금까지 살아온 죄요, 잘못
살아온 그것 때문에 고통과 번뇌를 하
게 되며,
5 그 자신이 부끄러워 하늘의 나 여호
와를 볼 수가 없으며 하늘을 쳐다볼
수 없는 그와 같은 마음의 상태가 됨
이니라.
6 너는 그들에게 전하라.

7 그와 같은 역사를 이룬 모세도 살인을
하였으며, 불의를 참지 못하여 사람을
죽이는 그와 같은 역사의 죄를 지었음
이니라.
8 그리하여 그는 광야에 가서 40년 동
안 시험과 훈련을 거듭하며 그리하여
80이라는 나이에 그 민족을 구원하는
길의 역사를 시작하지 아니하였던가?
9 그와 같이 살인을 하며 제가 살던 왕
궁을 떠나야 했던 그는 얼마만큼 고통
과 번뇌의 시련이 있었겠는가?
10 그도 그와 같이 용서받을 수 없는 그
험악한 일을 하면서 그가 또 그리 변
화되며, 또 그렇게 하여 그는 광야에
서 40년이라는 훈련의 기간을 참고
인내할 수 있었음이니라.
11 그가 살인하지 아니하며 그 죄를 짓지
아니하였다면, 그가 그와 같이 회개
요, 반성과 40년이라는 긴 세월동안
그 고통의 시련을 과연 인내하고 견딜
수 있었겠는가?
12 그는 그리하여 쓰임을 받았음이니라.
13 너희들 자신이 알게 모르게 살아온 그
모든 지난날의 삶에 너무 연연하며 괴
로워하며 눈물짓지 말라.
14 그것이 너희들이 거치는 길이며 가야
할 길이며 변화의 역사이니라.
15 이제 너희들은 나에게 선택된 자들이
니, 지금까지 살아온 그 모두는 나의
뜻에 의해 주관되어 이루어졌으며, 오
늘의 너희들이 회개의 눈물을 흘릴 수
있으며,
16 만백성을 위하여 나의 법전을 전하는
나의 선택된 지도자로서 명받아 그 일
을 행하는 하나의 훈련 과정이니라.
17 너희들이 지난날 지은 죄가 너무나 고
통스럽고 부끄러워 너희 자신이 하늘
을 바라보지 못하며 나를 볼 수 없는
그와 같은 깨달음의 고통이 오거든,
18 너희들은 선함을 베풀며 사랑을 베풀
며, 작은 것부터 행하는 그와 같은 마
음의 자세를 가지고 가라.
19 너희들이 나 여호와에게 기도하며 나
를 경배하며 하늘을 향하여 보는 것은
큰 사랑이요, 큰 뜻이며, 너희들이 더
이상 바랄 게 없다 그리 말하느니라.
20 그러나 그 큰 뜻이요, 그 큰 사랑만을
바라보며 그를 행하고 실천하고 그와
같이 살겠다 생각하지 말라.
21 너희들이 그 큰 시련의 그 모든 역사
를 이루려면, 작은 사랑을 베푸는 것
을 해야 하며,
22 작은 것에 연연하지 아니하며 작은 것
에 욕심을 부리지 않는 그와 같은 훈
련의 과정이 필요함을 너희들은 알아
야 할 것이니라.
23 너희들의 그 가르치는 말에 잘 표현되
어 있지 않던가?
24 천릿길의 목적지를 가는 그 목적을 달
성하고 이루는 것도 첫발을 디뎌야만
한다 하지 아니하였던가?
25 너희들이 탄력을 받아 달려가는 것도
시작이 있음이니라.
26 시작은 미약하나 그 역사는 방대하듯
이, 작은 것을 행하고 작은 실천을 하
며 작은 것을 나누는 것부터 너희들이
훈련하도록 그리하라.
27 너희들이 큰 것을 나누지 못하며 큰
것을 마음 편하게 줄 수 없거든,
28 우선 큰 것을 주려 노력하지 말며, 작

은 것부터 주는 훈련을 쌓다 보면 어
느 땐가 너희도 모르게 큰 것을 남에
게 주고 있는 너희들의 아름다운 모습
을 볼 수 있을 것이니라.
29 그리하여 내가 너희들에게 부모를 공
경하며 부모를 사랑하는 것이 사랑의
근본이요, 기본의 틀이라 하였음이니
라.
30 그리하여 그리 행하지 않는 자는 나
여호와의 사랑함을 모르며, 나에게 경
배하며 기도하는 것이 다 위선이라는
것이니라.
31 너희들에게 내가 일깨워 기록하여 전
하지 아니하였더냐?
32 '형제를 미워하고 형제와 반목하면 지
옥 불로 간다' 하였음이니 그는 바로
무엇이던가?
33 그 형제를 미워하고 미워하지 않는 그
죄가 얼마나 크겠느냐 너희들은 그리
생각할 것이나,
34 그 죄를 따지기 전에 너희들은 나의
기본이요, 근본의 뜻인 그 사랑의 싹
이 없기 때문이니라.
35 사랑의 싹이 없는 너희들의 행동이기
때문에 그 죄가 무서운 것이며,
36 형제와 반목하는 것이 지옥 불로 가는
그와 같은 무서운 죄라 내가 전한 뜻
은, 너희들이 사랑의 싹이 없으며 사
랑의 마음이 없기 때문이니라.
37 형제지간이요, 부모와 자식 사이에 사
랑이 없는 자가 어찌 남들과의 사랑이
있으며 남을 위해 사랑을 베풀겠는가?
38 제 이해관계와 제 이해득실이 없이는
그는 절대로 남을 사랑하지 아니하며
남을 원하지 아니하느니라.
39 제가 필요할 때 제가 이해관계가 있을
때만 사랑하는 척 사랑하는 흉내를 내
는 그것이 지금 가고 있는 사악한 자
들이니,
40 그리하여 형제와 불화가 있는 자, 내
가 지옥 불로 보낸다는 뜻은, 사랑의
근본의, 본질의 싹이 없기에 그는 나
의 백성이 아니므로 내가 그리 감을
너희들은 알라.

5,271 번째 하나님 말씀

2003년 3월 1일 13시 28분

1 사랑하는 나의 아들아!
2 "네, 아버님! 말씀하옵소서."
3 너희들이 기르는 모든 가축이요, 그
짐승은 너희들이 부리고 다스려 길들
임으로 인하여 그는 너희들에게 순종
하며 너희들이 그를 부려 쓸 수 있음
이니라.
4 짐승도 길들여 인간의 생활에 도움이
될 수 있도록 그를 쓰고 이용하거늘,
5 이 세상에 길들여 고쳐서 쓸 수 없는
것이 바로 무엇인 줄 알겠는가?
6 단 하나가 있음이니라.
7 나에게 오르는 길이요, 하늘에 오르는
길이라 그리 가고 있는 지금의 종교
집단, 그리고 그 지도자들,
8 그 속에서 구원의 영광을 얻었다는 자
들,
9 나의 아들 예수의 보혈로써 구원을 받
았다 생각하는 그와 같은 자들,
10 그들은 정녕 돌이킬 수가 없으며, 어
떠한 방법으로든지 그들을 다스려 쓸
수 없는 것이 지금 이 세상에 단 하나

의 그 집단임을 알아야 할 것이니라.
11 말 못 하는 짐승도 너희들이 가르치
고 그를 다스려 유용하게 생활에 도움
이 될 수 있도록 그와 같이 이용하는
것이거늘,
12 어떠한 것도 다 길들일 수 있으나 오
로지 길들이지 못하며 다스리지 못하
며 변화되지 못하는 것이 지금의 종교
집단이니라.
13 이 세상에 너희들이 길러서 이용하는
모든 짐승도 처음부터 그와 같이 길들
인 것은 아니니라.
14 너희들이 노력하고 또 투자하고 노력
함으로 인하여 그들은 너희들의 말에
따라 순종하는 그와 같은 짐승으로 되
느니라.
15 너희들이 타고 다니는 그 사나운 말이
라는 것도, 너희들이 부려 쓰는 소라
는 그 짐승도 그렇고, 많은 짐을 싣고
다니는 코끼리라는 그 육중한 짐승도
처음부터 너희들의 임의대로 그가 따
르며 그리 길들지 아니한 것이니라.
16 인간이 길들이는 대로, 노력하는 대
로, 너희들이 가르치는 대로 말 못하
고 의사소통이 잘 안 되는 그 짐승도
변화되어 너희들의 삶에 더불어 도움
이 되는 삶을 살아가는 것이 그와 같
은 짐승의 변화가 아니던가?
17 그러나 말 못 하는 야생의 짐승이요,
또는 가축으로 기르는 짐승까지 다 너
희들이 길들이고 다스리면 너희들의
뜻을 따라 움직이는 것이 그 짐승이
변화되는 것이거늘,
18 이 세상에 절대 변할 수 없고 돌이킬
수 없으며, 남의 것을 들여다보지 아
니하며, 오로지 제 것만이 최고요, 저
만이 구원을 받는다 생각하는 그 마음
에서 돌이킬 수 없고 마음을 돌릴 수
없는 것이 지금 수천 년 동안 흘러온
종교 집단의 뿌리며 그들의 믿음이니
라.
19 그러니 그게 얼마나 무서우며, 얼마나
무서운 지금의 현실이던가?
20 그리하여 그들은 스스로 지옥 불로 달
려가며 나와는 관계없는 길을 간다 해
도 계속 고집스럽게 고집을 부리면서
그 길만을 가는 것이니라.
21 그러니 그들이 얼마나 불쌍하고 어리
석은 백성인가?
22 그를 너희들이 인간으로서 길들여 돌
이킬 수 없으며, 아무리 깨우쳐도 돌
이킬 수가 없음이니라.
23 그리하여 지금 나의 아들 예수가 세상
에 다시 내려가 그들을 깨우친다 해
도, 나 여호와가 인간의 형태를 하고
세상에 나가서 그를 깨우쳐 다스린다
해도 듣지 아니함이니라.
24 너희들이 예수를 보지 아니하였으니,
예수의 형상을 보지 아니하였으니, 어
떠한 형태로 세상에 나의 아들 예수가
나간다 해도 너희들은 그를 그저 인
간으로 볼 것이며 믿지 않을 것이며,
25 그가 가르치고 전하는 것이 너희들의
뜻과 다르다면 너희들은 절대로 변화
되지 아니하며 따르지 아니할 것이니
라.
26 지금의 너희들 종교 집단이 가고 있는
그 믿음의 길이 잘못되어 그를 바로잡
으려 하여 아무리 천사와 같은 모습이
요, 천사와 같은 형태로 내려가 그를

고치고 다스리라 해도 너희들은 그를
고치지 아니하고 마음을 돌리지 아니
함이니,
27 너희들은 오로지 같은 길이요, 너희들
의 뜻이 옳다 말하며 너희들이 가는
곳에 손뼉 치고 같이 손들어 주며 울
고불고 광란의 짓을 하며 눈물의 찬송
을 불렀을 때 너희들은 같은 동지요,
같은 동무라 그리 말할 것이니,
28 너희들이 가는 것이 잘못됐으니 그것
을 바로잡으며 그것을 뜯어고쳐야 한
다며 그것을 바로 세우고자 노력하는
자는 그 어떤 누구도 세상에 존재할
수 없음이니라.
29 나 여호와가 직접 세상에 내려가, 너
희들이 가고 있는 이 길이 잘못됐으니
바로잡고 고치라 말해도 안 되며, 나
의 아들 예수가 내려가도 안 되니 그
누구도 안 됨이니라.
30 그리하여 내가 나의 성령을 태워서 마
지막으로 '하늘에 오르는 길'이요, '하
나님! 말씀하옵소서'라는 이 책을 만
들어, 하얀 눈이 세상을 덮듯이 다 덮
어 버리는 그와 같은 역사 외에는 너
희들을 돌리고 길들일 수가 없음이니
라.
31 너희들은 인간이기 때문에 스스로 길
들고 깨우쳐 오는 그 길밖에 없으니,
32 불쌍한 너희들을 구원하는 길은 바로
나의 법전을 만들어 만백성이요, 세상
에 전하며,
33 너희들이 법전을 보고 의아해하며 불
안한 마음을 가질 때, 나의 아들을 따
르는 백성이 천사와 같이 살아가는 그
모습을 보면 너희들은 두말할 것 없
이 그들을 따라오는 그와 같은 대변화
를 이룰 것이니라.
34 그 길이 아니면 너희들은 변화의 역사
를 이룰 수 없다는 것을 알아야 할 것
이니라.
35 그러니 너희들은 지금 어찌해야 하는
가?
36 야생의 시대로 그냥 돌려보내서 그와
같이 짐승이 사는 삶을 원하는 것인가?
37 길들고 다스려져 나에게 오르는 길을
가야 하겠는가?
38 짐승이 인간이 다스리는 대로 따르지
아니하며 그가 길들지 아니할 때, 그
짐승은 어찌 되는가?
39 저희가 야생으로 돌아가지 못한다면
그는 바로 무엇이던가?
40 인간에게 버림을 받는 그와 같은 길밖
에는 없음이니라.
41 지금의 종교 집단이 나 여호와의 뜻이
요, 참진리를 찾고자 하는 것이 아니
라, 나를 거역하는 길이요, 내가 원하
는 길을 가지 아니한다면,
42 너희들은 내가 길들이려던 그 짐승을
길들일 수 없어서 그들을 갖다 버리
듯 그와 같은 길밖에 없음이니,
43 그 짐승이 가는 길이요, 그가 갈 길은
무엇이더냐?
44 그는 죽음이요, 죽음으로 가는 짐승의
그 형태가 될 것이니라.
45 지금 너희들이 구원의 길이라 달려가
는 것이 구원을 받는 길이 아니요, 지
옥 불로 가는 그와 같은 길이라는 것
을 알라.
46 도저히 짐승을 길들이지 못했을 때,
그 짐승을 죽음으로 버리듯이,

47 내가 너희들을 다스리며 깨우치고자
해도 너희들이 변화되지 아니하며, 나
의 뜻을 알고 깨우쳐 하늘에 오르고자
하는 그 뜻을 갖지 못하며, 그와 같은
마음의 자세를 갖지 못하고 살아간다
면,
48 내가 너희들의 손을 놓고 버렸을 때
너희들은 어떠한 형국이 되는가?
49 지옥으로 가게 되는 것이니라.
50 구원을 받아야 한다는 생각 때문에
너희들은 무엇이 어찌 되든 간에 오
로지 주 예수요, 구원의 예수요, 영광
의 예수를 찾으면 그저 구원을 받는다
그리 생각하고만 있음이니,
51 너희들은 창조주요, 나 여호와가, 세
상에 너희들을 내려보낸 너희들이 말
하는 전지전능한 아버지 나 여호와가
어떤 생각을 하고 무엇을 원하며 무엇
을 요구하는 것인지 그를 먼저 깨우쳐
깨달아야 할 것이니라.
52 그를 저버리고 내가 가기를 원하는 길
을 가지 아니하며, 역행하는 길을 간
다는 것은 그것이 바로 지옥의 길이라
는 것을 알라.
53 너희들은 창조주 나 여호와가 원하는
길이요, 내가 뜻하는 것을 순종치 아
니하고 지금 살아감이니,
54 지금 가고 있는 그 믿음에서 너희들
자신을 돌아다보도록 그리하라.
55 그리하여 가던 발길을 멈추며 진정한
하늘에 오를 수 있는 참진리를 찾도록
하라.
56 그 모든 방법은 내가 새로 내리는 성
경이요, 나의 법전 속에 있다는 것을
알라.
57 멀리서 찾으려 하지 말며 어렵게 찾으
려 하지 말고, 다만, 내가 내리는 법전
을 너희들이 한번 정독하고 깨우쳐
보라.
58 그래서 너희들이 진정 찾지 못하며 방
황하며 두려워했던 하늘에 오르는 길
이 무엇인가를 알게 될 때, 너희들은
그리 가면 될 것이며,
59 그때도 얻음이 없으며 깨우침이 없거
든 그때 가서 지금의 길을 가든 말든
그것은 너희들의 권한이니라.

5,272 번째 하나님 말씀

2003년 3월 1일 13시 43분

1 사랑하는 나의 아들아!
2 "네, 아버님! 말씀하옵소서."
3 너희들은 지금 나이를 먹은 만큼 인생
을 살았음이니라.
4 그러나 지금까지 살아오면서 아름답
고 선하게 산 백성이 과연 얼마나 되
겠는가?
5 너희들 자신이 정녕 회개를 하며 반성
을 하며 나 여호와에게 눈물의 기도로
써 회개한다 하면,
6 너희들은 지난날의 삶이 잘못되어 그
모두를 다 묻어 버리고 싶으며 다 흘
려버리고 싶으며 씻어 버리고 싶을 것
이니라.
7 그리고 지난날의 삶이 부끄러워 고개
를 들지 못하니, 그를 생각하고 싶지
않은 것이 너희들이 죄를 짓고 살아온
것이며,
8 지금 모두를 다 털어 버리고 지워 버
리고 싶은 심정이요,

9 그 마음을 갖지 아니하는 백성이 없을
것이니라.
10 그와 같은 마음을 갖기 시작하는 백성
은 깨우치기 시작하며 깨달음의 길에
들어선 것이니라.
11 그러나 너희들이 아무리 묻어 버리고
싶고 털어 버리고 싶고 지워 버리고
싶어도, 지난날의 죄는 절대로 그리할
수 없음이니라.
12 그리고 그리되지 아니함을 알아야 할
것이니라.
13 아무리 너희들이 몸부림쳐도 지워질
수 없는 것이 그 죄이니라.
14 내가 나의 아들을 통하여 너희들에게
무어라 말하였는가?
15 육의 세상에서 아무리 공들여 이룬 공
든탑이라 하여도 그 조각 하나를 가지
고 나에게 올 수 없으며, 죽음의 길을
넘을 수 없다 내가 그리 말하지 아니
하였던가?
16 다만, 너희들이 그 죽음의 선을 넘을
때 가지고 올 수 있는 것은 오른손에
선함을 들고 올 것이며, 왼손에는 너
희들이 지워 버리고 싶고 기억하고
싶지 않은, 잘못 살아오며 지은 사악
한 죄에 대한 그것을 양손에 하나씩
쥐고 나에게 옴이니,
17 그는 너희들의 손에서 떨어짐도 아니
요, 물러남도 아님이니라.
18 그리하여 그를 달아 어느 쪽이 위로
올라가느냐에 따라서 나에게 구원을
받고 못 받는다 내가 그리 말하였음이
니, 너희들은 이 무섭고 엄연한 사실
을 알아야 할 것이니라.
19 그 길은 누구도 피할 수가 없으며 그
길은 누구도 돌아갈 수도 없으며 그
길은 멈출 수도 없는 것이 너희들의
삶이라는 것을 절대 잊어서는 아니 됨
을 알아야 할 것이니라.
20 그리하여 내가 너희들에게 지난날의
지은 죄요, 가슴에 안은 그 묻어 버리
고 싶으며 씻어 버리고 싶은 죄를 너
희들이 씻어 버리고 흘려버리는 것은
무어라 말하였더냐?
21 말로써 기도하며 말로써 천 번, 만 번
수다를 떨어도, 말로써 아무리 울고불
고 나의 아들 예수를 부르며 나를 부
른다 하여도,
22 너희들이 손으로 지은 성전에 가서 모
든 재물을 다 던지며 울고불고한다 해
도 그것은 나와는 아무런 관계도 없는
짓이며,
23 너희 기분에 도취하여서 하는 행위라
내가 그리하지 아니하였던가?
24 그와 같이 할 수 있는 것은 지금 내가
내려 준 너희들이 가지고 있는 그 재
물이요, 그 모두를 가지고 나눠 쓰는
것이니라.
25 그리고 나누어 씀이 곧 무엇이더냐?
26 사랑을 베풀라 하는 것이니라.
27 너희들은 나의 재산을 관리하고 잠깐
보관하는 것이며, 그와 같은 너희들의
재물을 주인이 이웃에게 나누어 주라
하였거늘,
28 어찌 그 주인의 말을 듣지 아니하고
너희들의 사유 재산으로 네 것으로
만들려 그리 움켜쥐고 있는가?
29 나누어 주고 베푸는 것이 그렇게 힘
들고 어려운 길이던가?
30 그를 행하지 못하는 자는 나와는 아무

런 관계도 없는 자로 전락한다 내가
그리하지 아니하였던가?
31 너희들은 육의 영달을 위하여, 작은
육의 삶의 부귀와 향락을 위하여 크고
도 큰 구원의 영광의 길을 저버리는
것이니라.
32 너희들이 지금 베풀지 못하고 나누며
살지 못하는 그 마음의 형태는 무엇이
던가?
33 내가 너희들에게 말하였느니라.
34 이 세상에 내가 주어 관리하는 모든
것을 나누어 쓰고 베풀며 아름답게 살
라 하는 것은,
35 너희들이 일단 나에게 와 심판을 한
번 받았으며 너희들에게 한 번의 기회
를 주며,
36 너희들이 나에게 심판을 받게 된 지금
까지의 그 죄를 다 씻으며 아름답게
베풀고 나누며 사랑을 베풀고 살겠다
는 약속을 하고 약속장을 써 놓고 나
왔기에, 내가 너희들을 인간 세상에
내보냈다 하지 않았던가?
37 그러니 지금 나 여호와가 나의 아들을
통하여 너희들이 인간으로 살다 나에
게 와 심판을 받아 한 번의 기회를 내
가 주었다 말했으니,
38 그것이 의심스럽거든 너희들이 지금
사는 삶을 잘 들여다보라.
39 너희들이 지금 육이 사는 세상에 욕심
이 있는 자는 전생에서도 욕심이 있었
으며,
40 거짓된 자는 전생에서도 거짓을 밥 먹
듯이 했으며,
41 남의 것을 갈취하는 자는 갈취하고자
하는 것이 전생에서도 그와 같이 살았
음이니,
42 이 세상에 오기 전에 너희들이 산 모
습이 오늘의 삶의 모습이요, 그 모습
을 40퍼센트 닮고 가져온다 했으니,
43 너희들이 어떠한 마음을 가지고 사는
것인가는 너희들이 이 세상에 오기 전
에 나로부터 가장 무섭게 지은 죄며
큰 죄를 지금 여기서도 행하고 있다
는 것을 알라.
44 그렇다면 너희들이 이 세상에 오기 전
에 어떠한 인간이었으며, 반드시 오기
전의 세상에 너희들의 그 삶이 있었다
는 것을 알게 될 것이니라.
45 이제는 너희들이 오늘의 삶을 보면서
이 세상에 오기 전에 살았던 모습을
볼 것이며,
46 지금의 너희들의 살아가는 그 모습을
가지고 바로 무엇을 알 수 있는가?
47 천국이요, 구원이요, 지옥이요, 너희
들이 나의 나라에 오르느냐, 못 오르
느냐 그것이 너희들의 삶이 이제 거울
임을 알아야 할 것이니라.
48 너희들이 나에게 오르고 못 오르는 것
이 지금의 세상에서 사는 삶을 어떻게
살았느냐에 달렸다는 것을 알아야 할
것이니라.
49 그리하여 내가 너희들에게 심판을 해
보라 하였음이니라.
50 너희들이 지금 육의 세상에 사는 그
심판의 삶이 나에게 와 심판을 받을
때 그대로 흘러가며 하나도 놓침이 없
이 그대로 역사함이니,
51 너희들이 어떠한 형국으로 사는가 너
희 스스로 자신을 냉정히 심판대에 올
려놓고, 선과 악을 한번 기록하여 쭉

정돈해 가면서, 너희들 자신이 그 기
록에 의하여 심판해 보라 하였음이니
라.
52 그를 심판해 보지 아니한 자는 구원할
수 없음을 알아야 할 것이니라.
53 사랑하는 나의 아들딸들아, 너희들은
어리석은 삶을 살아서는 아니 되느니
라.
54 너희들은 넓은 세상이 있으며, 다음
세상이 있으며, 과거와 현재와 미래가
있듯이,
55 너희들의 삶의 영생도 전생에서 살았
던 그 삶이 있으며, 오늘의 현재의 삶
이 있으며, 미래의 삶의 아름다움이
있다는 것을 알라.
56 너희들은 아름다운 천국에 오르는 그
위대한 것을 오늘의 육의 삶에 의하여
모두를 저버리니,
57 너희들이 몇 개도 안 되는 과일을 두
손에 들고 그것만이 소중한 줄 알고
그를 놓지 못하며, 그것만을 가지고
영원히 행복하게 살 것이며 가장 큰
축복이라 생각함이니,
58 너희들이 두 손에 들고 있는 사과가
있으면, 큰 바구니에 그득히 담은 사
과를 들 기회를 놓치며 그 기회를 얻
지 못하는 어리석은 자와 같음이니,
59 이와 같은 어리석음에서 깨어나도록
그리하라, 사랑하는 나의 아들딸들아!
60 너희들이 눈앞에 보이는 것으로 세상
을 보지 못하며,
61 앞에 보이는 것만이 위대한 것이며 진
실한 것이라 그리 생각하고 다음 세상
을 보지 못하는 그와 같은 어리석은
삶을 살지 말라.
62 지금 너희들만이 진정한 하늘에 오르
는 길이요, 너희 것만이 위대하다 생
각하는 자,
63 그것이 아니면 어떠한 길이든 구원을
받을 수 없다 그리 생각하는 자,
64 너희들과 더불어 가지 아니하는 자는
지옥으로 간다 생각하는 그와 같이 어
리석은 생각을 하고 사는 너희들이 바
로 가장 우매하고 불쌍한 백성이며,
이 세상에서 가장 어리석은 나의 백성
이라는 것을 잊지 말라.
65 이제는 제 것만이 최고요, 제 것만이
소중하다 생각하지 말며,
66 이 세상에 나와 있는 모든 참진리요,
깨달음이요,
67 그리고 이 세상에 역사하는 것은 모두
가 나 여호와의 뜻에 따라 이루어진
다 하였음이니,
68 너희들이 세상에 나와 있는 나의 법전
을 단 한 권이라도 가슴에 안고 정독
해서 읽어 보도록 하라.
69 이 속에 내가 기록한 내용이 모두가
들어 있음이니,
70 너희가 읽고 깨우칠 때 이것은 나 여
호와의 뜻이요, 내 뜻이라는 것을 알
게 될 것이거늘,
71 그리하여 그것이 심판의 기준이요, 하
늘에 오르는 길인 소중함을 너희들의
육이 살아 있는 이 삶에서 잊지 말라.

5,273 번째 하나님 말씀

2003년 3월 1일 13시 51분

1 사랑하는 나의 아들아!
2 **"네, 아버님! 말씀하옵소서."**

3 너희들이 이 세상을 살아가면서 얽히
고설킨 세속의 삶에서 너희들의 노력
의 대가요, 경륜이요, 연륜에 따라서
그 직급을 받으며 자기가 지키는 그
자리가 있음이니라.
4 그리하여 그 자리에서 너희들이 그 직
분을 다 수행하며 살아가는 것이 인간
세상의 삶이 아니던가?
5 그곳에서 제대로 수행하지 못하는 자,
자기가 명받은 직분을 충실히 하지 못
하는 자는 낙오자가 되며 그 대열에서
도태되는 것이 세상 살아가는 법칙이
아니던가?
6 지금 너희 제자들은 그와 같이 나로부
터 직분을 받은 자들임을 알아야 할
것이니라.
7 너희들이 얼마나 소중한 백성인가?
8 인간 세상의 직분을 받은 것이 아니
요, 창조주 나 여호와로부터 너희들이
직분을 받아 그 직분을 행하고자 지금
훈련 과정에 있음을 알아야 할 것이
니라.
9 나 여호와가 너희들을 선택은 해 놓았
으나, 아직은 너희들이 해야 할 상세
한 그 직분이요, 그 임무를 내가 명을
내리지 아니하였음이니 그리 알라.
10 너희는 전체적인 기초의 훈련이 먼저
이니라.
11 그 기초 훈련이 끝나는 순간에 나 여
호와가 너희들에게 할 수 있는 명을
내릴 것이며, 또한 너희들이 스스로
깨우칠 수 있음이니라.
12 너희들이 전쟁터에 나가는 젊은이에
게 무기를 다루는 기술을 가르쳐 주지
아니하며, 전쟁을 치를 수 있는 그 방
법이요, 훈련을 시키지 아니하고 그들
을 전쟁터로 내보낸다면, 그들은 어찌
되겠는가?
13 무기를 다룰 줄 모르는 자가 전쟁터에
나가 적을 이길 수는 없는 것이니라.
14 그와 마찬가지니라.
15 너희들이 기초의 훈련으로 다스려지
지 아니하며 그 기초 훈련에 완벽하게
다스려지지 아니하면, 너희들은 나의
뜻을 수행하는 그 역사를 이룰 수 없
음을 알아야 할 것이니라.
16 너희들이 이제 기초의 훈련이요, 기본
의 훈련이 다 다져졌을 때, 나 여호와
의 명령을 너희들이 스스로 알게 될
것이며, 내가 내리는 것의 말귀를 알
아들을 것이니라.
17 너희들이 처음에 짐승에게 훈련을 시
킬 때도, 주인이 아무리 열성을 다하
여 가르쳐도 그 짐승은 그 말을 알아
듣지 못하며 그 뜻을 모르지 않던가?
18 반복하고 반복하는 속에 그들은 기억
하게 되어 있음이니라.
19 그와 같이 완벽한 그 훈련에서만이 너
희들이 나의 뜻을 따라 만백성을 구하
는 지도자로서 설 수 있는 것이요,
20 기초가 다스려지지 아니한 상태에서
는 너희들이 스스로 다스릴 수가 없음
을 알아야 할 것이니라.
21 너희가 만백성을 위하며 다스리는 그
와 같은 나로부터 명을 받은 자들이
그것을 더 지키지 못하며 기초가 완전
히 다져지지 아니한 자세에서는 너희
들이 나에게서 떨어지는 명을 수행할
수 없다는 것을 알아야 할 것이니라.
22 이제는 내가 기초 훈련에 들어가 너희

들이 지금 닦는 그 첫 번째 과정은, 너
희들 스스로 자신을 던져 만백성을 구
할 수 있는 그와 같은 마음의 자세를
갖는 것이니라.
23 저의 모두요, 저의 전부를 다 던져 만
백성을 구할 수 있는 그와 같은 마음
의 자세로 굳어지는 기초의 훈련이 필
요하며,
24 너희들은 하나의 목적을 이루고자 잠
시도 쉬어서는 안 되며, 그리고 꾸준
히 노력하여 달려가는 그와 같은 삶을
살도록 지금 훈련되지 아니하면 아니
되는 것이니라.
25 너희들이 이 세상에 살면서 무엇을 하
나 이루고자, 목적을 달성하고자 하면,
26 그것이 이루어질 때까지 그 시간 동안
노력하고 연구해서 하면 되니,
27 그다음은 휴식이 있으며 자유로운 시
간을 가질 수 있는 것이 인간 세속의
삶이 아니던가?
28 그리고 여유 있는 삶을 살 수 있는 것
이 인간 세상의 너희들이 노력하는 것
이며 살아가는 방법이니라.
29 그러나 너희들이 여기서 완전한 기초
요, 훈련으로 다져지는 그 이유는, 너
희들이 나 여호와의 뜻이요, 믿음이
요, 나에게 오르는 백성의 지도자는
영원히 계속되는 그 훈련의 고된 과정
속에서 가야 하기 때문이니라.
30 나를 향하며 만백성을 구하는 그 훈련
은 임시 1년이요, 2년이요, 10년이요,
30년이요, 그 과정에서 끝나는 것이
아니라,
31 너희들이 깨달음의 지도자로서 서는
그 순간부터 죽을 때까지 영원히 너희
들이 변화되는 그와 같은 훈련 과정을
가야 하기 때문이니,
32 지금 기초가 완전히 다져지지 아니하
면 너희들이 무너져 그 길을 갈 수 없
기에, 오늘 내가 사랑하는 너희들에게
은혜와 상을 내리지 못하고 있음을 너
희들은 알아야 할 것이니라.
33 언젠가는 그 영화요, 축복이 너희들에
게 있을 것이니 그리 알라.

5,274 번째 하나님 말씀

2003년 3월 1일 21시 29분

1 사랑하는 나의 아들아!
2 "네, 아버님! 말씀하옵소서."
3 모든 나의 백성을 구원하고자 사막의
길로 인도했던 모세는 과연 어떠한 형
국에서 출발했던가?
4 가장 어렵고 힘든 시대에 그는 태어났
으며, 그는 죽음의 고비를 넘기면서
성장했음이니라.
5 그리하여 그는 나이가 들어 그 민족의
사람을 죽이는, 인간으로서 할 수 없
는 그와 같이 포악하고 어려운 그 일
을 했으며, 그는 그와 같은 것을 당한
자이니라.
6 그러면서 그는 어쩔 수 없이 그곳에서
스스로 모두를 버리고 떠나야 했으며,
7 광야에서 그는 많은 세월 동안에 거기
에서 다스려졌음이니, 그것을 너희들
은 과연 어찌 보는가?
8 그저 한 어린아이가 어려운 시대에 태
어나 죽음의 고비를 넘겨 그가 또 성
장하여 사람을 죽이는 그와 같은 어려
운 일을 겪으며, 그는 광야에서 40년

이라는 길고도 긴 세월을 살았음이니,
과연 그는 어찌 살았는가?
9 가장 어렵고 어려운 시대에 태어나 누
릴 수 있는 것을 다 누리고 살았으며,
10 그리하다 그는 살인자라는 그 오명을
썼음이니, 그를 감추고 덮으려 하였으
나 감추지 못하고 덮지 못하여 그는
거기서 저 자신이 용단을 내려 광야로
갔으며, 그리고 방랑의 길을 가지 않
았던가?
11 그리하여 그는 40년이라는 그 긴 세
월을 사막에서 살았음이니라.
12 그리하면서 그는 무엇을 했는가?
13 동물을 기르며 양을 치며 살았음이니,
14 남으로부터 명예요, 대우를 받으며 남
을 부리고 살던 그 모세가 목동으로서
남의 짐승에게 먹이를 주며 그들을 관
리하고 가꾸면서 그는 과연 거기서 무
엇을 깨달았겠는가?
15 그를 너희들은 알아야 할 것이니라.
16 왕자의 몸으로서 하루아침에 사막의
방랑자가 되었으며,
17 앉아서 대우를 받고 시키던 자가 남의
짐승을 먹이며 그 가축에게 먹이를 주
며 그를 다스리고 가꾸는, 그와 같은
가장 천민이 하는 힘들고 어려운 길
을 가면서 그는 거기서 무엇을 느꼈는
가?
18 대우만을 받은 것이 아니요, 제가 노
력해서 짐승에게 먹이를 주었을 때
그 짐승이 살아가며, 제가 관리했을
때 그 짐승이 존재한다는 것을 거기서
그는 깨달았을 것이니라.
19 그리고 가장 낮은 일을 하면서도 그곳
에 기쁨이 있고 그곳에 사랑이 있고
보람이 있는 것을 그는 거기서 스스로
깨우쳤을 것이니라.
20 왕자로서 세상의 모두를 다 누리고
살아갈 때 그곳에만 위대한 인생의 삶
이 있으며 그곳에만 인생의 가장 값진
삶이라 생각했던 그가, 그리고 대우만
받아왔으며 명령만 했던 자가,
21 살아가면서 제가 가축을 기르고 먹이
를 줌으로써 그들이 기뻐하고 또 좋아
하는 모습을 보며 저도 그와 같이 할
수 있다는 깨달음을 느꼈을 것이며,
22 그리고 가장 낮은 자요, 가장 고통스
러운 속에서 그는 스스로 무엇인가를
할 수 있으며 남을 위해서 할 수 있는
그와 같은 것을 깨달았을 것이며 거
기서 그는 터득했을 것이니라.
23 그리하여 그를 훈련을 시켰다 하면 너
희들은 과연 무어라 하겠는가?
24 그가 왕자로서 있으면서 그를 쓸 수
있는 것이 아니요, 그가 어렵고 힘든
그 고통의 길에서 시련을 겪으며 그가
남을 도울 수 있으며 남에게 기쁨을
줄 수 있으며,
25 그리고 가장 낮은 천민으로 가축을 기
르며 살아가는 그 속에서 가장 높은
자리에서 가장 낮은 자리의 삶을 살았
을 때, 그는 가장 낮은 자리의 삶을 살
면서 그 자신이 다져졌으며 그가 깨달
음이 있으며,
26 그가 무엇인가를 이루겠다는 생각이
왕자의 그 시대보다도 더 깊은 결의와
굳은 결의로 서게 되었을 것이며,
27 그리하여 그는 부름을 받아서 그 역사
를 할 수 있었을 것이니라.
28 그리하여 모세는 그 모두를 받을 수

없다 생각했으며, 나 여호와가 잘못
선택한 자라 그는 그와 같이 생각을
했음이니,
29 그 자신이 그만큼 낮은 데 있었으며
그 자신이 미천한 곳에 있었으며, 그
리고 만백성을 구할 수 있는 것은 그
자신이 아니라는 것을 느꼈을 것이니
라.
30 그리하여 그는 모두를 다 거부했으며,
나 여호와가 저를 잘못 보았으며 잘못
선택한 것은 아닌가 그는 그 착각을
했을 것이니라.
31 그러나 그는 거기에서 모두를 깨우쳤
으며 거기에서 배우고 역사함으로 인
하여 내가 명하는 그와 같은 대역사를
이룰 수 있었음이니,
32 왕자로 있어서 그가 이룬 것이 아니
요, 가장 천민으로서 남을 도우며 짐
승을 거둬들이며 그 먹이를 주어서 살
리는, 제가 할 수 있는, 그 구원할 수
있는 기쁨이라는 것을 거기서 깨달아,
33 그는 80의 나이가 되어 그 역사를 이
룰 수 있었던 것임을 알아야 할 것이
니라.
34 내가 오늘 너희들에게 이 말을 전하는
것은, 어렵고 힘든 그 고난의 삶이 다
너희들을 훈련함이요,
35 너희들을 내가 쓰고자 하며 그와 같이
단단한 훈련 속에서 다져지지 아니하
면 모세와 같은 그 역사를 할 수 없기
에 오늘의 그 시련의 길을 감이니라.
36 내가 모세를 쓰고자 하여 40년 동안
광야에서 가장 낮은 자로 짐승에게 먹
이를 주면서 그 기쁨을 얻었으며 남을
위해서 스스로 일할 수 있다는 것을
터득하면서 그는 거기서 40년 동안
다져졌으니,
37 나의 법전을 접하며 만백성을 구하는
그 역사를 이룬다는 너희들이 과연 지
금 몇십 년을 바쳤으며 몇십 년 동안
노력했으며 몇십 년 동안 고통스럽고
힘든 그 터널을 지나갔는가?
38 너희들 스스로 부끄러운 줄 알며,
39 세상사가 그리 쉽게 이루어지는 것이
아니니, 너희들을 쓰려면 얼마나 많은
시련과 고통의 훈련이 너희들에게 닥
쳐올 것인가?
40 환란이 닥쳐올 때마다 이기고 역사하
는 그와 같은 훈련 속에서 만백성을
구하는 그 영광의 역사가 이루어진다
는 것을 너희들 자신도 깊이 마음 다
짐을 해야 하는 것을 잊지 말라.

5,275 번째 하나님 말씀

2003년 3월 1일 21시 37분

1 사랑하는 나의 아들아!
2 "네, 아버님! 말씀하옵소서."
3 이제 나의 법전을 읽고 배우고 깨우친
너의 제자들이요, 내가 너에게 직접
내리는 강론을 들은 그 제자들은 스스
로 변화된 것을 모르며, 저희들이 얼
마만큼 경지에 올라와 있으며 나 여호
와에게 가까이 오는 그 영광의 축복을
얻었는지 그들은 모를 것이니라.
4 그러나 이제 너희들은 알아야 할 것이
니라.
5 너희들이 지금 많은 백성을 볼 때, 그
들이 정녕 진정한 나 여호와의 뜻에
따라서 믿음의 길을 가는 백성이며 나

의 뜻에서 살아가는 백성인가, 그렇지
않으면 그들이 잘못 믿음의 길을 가고
있으며 잘못 살아가는 백성인가 그것
이 너희들의 눈에 보이며 구분이 된다
하면 그것이 벌써 깨달은 것임을 알아
야 할 것이니라.
6 지금 믿음이라 하여 오로지 저희들만
이 구원을 받는 길이라는 그 많은 종
파에 모두를 다 바치는 백성, 그리고
그저 생각나는 대로 세상사 쉽게 살아
가는 백성의 삶을 보면서 너희들이 그
들을 구분할 수 있으며,
7 그들이 잘못 가고 잘 가는 것을 구분
하며, 그것이 눈에 보이며, 그들이 하
는 말이 귀에 들려 잘잘못을 구분하는
그것을 알게 된다면,
8 바로 너희들이 나에게 오는 경지에
올라와 있음을 알아야 할 것이며,
9 지도자로서 너희들이 지금 서서히 자
리를 굳혀 감을 알아야 할 것이니라.
10 그러니 너희들은 그들을 구원하며 그
들을 바른길로 인도해야 하는 그와
같은 책무가 있으며, 그것이 해야 할
길이라는 것을 알아야 할 것이니라.
11 그리하여 그와 같이 잘못되고 잘 가는
것을 볼 수 있으며 그 백성을 평가할
수 있다면,
12 그들을 구원하고 그들을 바른길로 인
도할 자격이 너희들에게 부여되고 있
으며, 너희들이 그 자리를 거쳐 가고
있으며, 나로부터 진정한 지도자로서
그 자격증을 받을 수 있도록 한 걸음
한 걸음 나에게 다가오고 있다는 것을
너희들은 알아야 할 것이니라.
13 나로부터 만백성을 구할 수 있는 자격
을 받은 너희들이 그들을 구원해야 한
다는 것은 당연하며,
14 형제인 그들을 너희들이 구원하지 아
니한다면 과연 누가 그들을 구원하겠
는가?
15 나로부터 직접 자격증을 받은 그와 같
은 백성만이 만백성을 구할 수 있음을
너희들은 알아야 할 것이니라.
16 아무리 인간으로서 그가 깨우치고 깨
우치는 경지가 높다 해도 내가 터치하
지 아니하며 관리하지 아니하며 선택
하지 아니한 백성은 그 깨달음의 한계
가 있으며 세상을 보는 그 한계를 넘
지 못함이니,
17 너희들이 지금 세상의 만백성을 보는
눈이요, 깨달음까지 그들은 절대로 보
지 못하는 것이니라.
18 그리고 그들은 듣지 못하고 있음을 너
희들은 알아야 할 것이니라.
19 이제 만백성이 잘 살아가는 것, 잘못
살아가는 것, 그리고 참진리인 것, 참
진리가 아닌 것,
20 진리가 아닌 곳에서 참진리라 부르짖
고 살아가는 어리석고 불쌍한 그 백성
의 형태를 너희들이 볼 수 있고 들을
수 있는 그와 같은 경지에 올랐음이니,
21 그건 바로 너희들이 자격증을 나로부
터 획득하고자 하는 것이며,
22 머지않아 나로부터 그 자격증을 받게
될 것이니라.
23 그래서 내가 너희들에게 뭐라 말하였
느냐?
24 열 명의 백성이요, 형제들을 가르치고
구원하는 그 역사를 하라 내가 그리
말하였음이니라.

25 너희들이 지금 열 명이라는 백성을 구
원하는 그 훈련을 하지 아니하며 그를
역사하지 못하면, 어찌 너희들이 만백
성을 구할 수 있는 자격이 있으며 만
백성을 구할 수 있다 말하겠는가?
26 열 명이라는 너희들의 이웃에 있는 형
제들을 너희들이 구원하지 못한다면,
만백성을 구하는 그 어렵고 힘든 길을
어찌 갈 수 있다 말하는가, 그리고 만
백성을 구원하는 지도자로서 너희들
이 자격이 있다 말할 수 있는가?
27 그래서 내가 너희들에게 열 명씩 너희
제자들을 구원하라 그리하였음이니
라.
28 바로 너희들은 누구로부터 여기 성전
에 와 강론을 들으며 너희들을 구원의
길로 인도했던가?
29 나의 아들이 너희들을 구원했으며 또
한 너희들을 구원의 길로 인도하지 아
니하였던가?
30 나의 아들 그도 너희들과 똑같은 사람
이며 똑같은 생활 속에서 살아감이니
라.
31 그러니 그도 너희들을 구원했듯이, 너
희들이 열 명씩의 너희들의 제자를 구
원하는 역사부터 이루었을 때, 내가
너희들이 소원하는 것을 하나씩 들어
준다 그리 말하였거늘,
32 내가 너희들에게 상을 놓고 받으라 해
도 그것도 받지 못한다면, 너희들이
어찌 만백성을 구하는 어렵고 험난한
그 환란의 역사가 닥쳐오는 것을 다
이기고 견디며 나갈 수 있겠는가?
33 너희들이 이것부터 먼저 훈련에 돌입
하도록 그리하라.
34 그리하여 나로부터 자격증을 받을 수
있으며 정녕 나로부터 대명을 직접 받
을 수 있는 그날이 있을 것이니 그리
알라.

5,276 번째 하나님 말씀

2003년 3월 1일 21시 43분

1 사랑하는 나의 아들아!
2 "네, 아버님! 말씀하옵소서."
3 너희들이 인간 세속에서 살아가면서
알면서 짓는 죄가 있는가 하면 모르고
짓는 죄가 있으며, 고의든 타의든 죄
를 짓고 사는 것이니라.
4 그러나 여기서 나의 아들을 따르는 제
자들이요, 내가 선택한 만백성 너희들
은 알면서 짓든, 고의로 짓든, 타의로
짓든, 죄를 짓고 사는 그와 같은 삶을
살아서는 아니 됨을 알아야 할 것이니
라.
5 이는 바로 무엇이던가?
6 너희들이 나 여호와를 대신하여 사는
삶을 살고 있기 때문이라는 것을 잊어
서는 아니 될 것이니라.
7 나로부터 선택된 너희들은 나의 삶을
대신하여 사는 것이니, 그리하여 알든
모르든, 고의든 타의든 죄를 지어서는
아니 되는 것이 너희들이 가야 할 길
이요, 살아야 할 길임을 잊어서는 안
될 것이니라.
8 너희들은 육의 세상에서 육의 백성의
삶 속에서 살아가고 있음이니, 그 삶
은 나를 대신하여 사는 것을 증명함임
을 잊어서는 아니 될 것이니라.
9 나 여호와가 세상에 나가 너희들과 더

붙어 살 수 없음이니, 너희들이 나를
증거하여 사는 자들이니라.
10 너희들이 어찌 살았느냐에 따라서 그
모두는 나 여호와가 존재하느냐, 존재
하지 아니하느냐를 증거함이니, 너희
들이 바로 나를 대신하여 산다는 것을
잊어서는 절대로 아니 됨이니라.
11 너희들이 나를 대신해서 사는 나의 아
들딸이니, 그 삶이 얼마나 소중하며
얼마나 귀하게 살아야 하는가?
12 그리고 남으로부터 저주받는 짓, 남으
로부터 불신을 받는 것, 그리고 남을
속이며 남에게 거짓 하는 것, 일반 모
든 백성이 살아가는 그와 같은 행위를
하며 살아간다는 것은 절대 안 됨을
알아야 할 것이니라.
13 나의 법전이 세상에 나가 만백성을 구
하며, 너희들이 살아가는 그 모습을
보고 만백성이 따라온다는 것은, 너희
들이 어찌 사는가를 만백성이 먼저 더
잘 알고 있음을 너희들은 알아야 할
것이니라.
14 너희들이 진실로써 말을 하며 진실로
써 사람을 대하며 진실로써 아름답게
살아가는 것인가를 사람들이 먼저 다
알고 있음이니라.
15 너희들이 기르는 말 못 하는 동물도
너희들 인간이 귀여워하고 미워하는
것을 다 아느니라.
16 그런 동물도 알고 있거늘, 인간인 너
희들이 그를 모르겠는가?
17 그러니 바로 너희들이 하나의 거짓 없
이 진정 진실한 삶을 살 때 만백성은
그를 볼 것이며 너희들을 따르게 될
것이니라.
18 너희들이 위선된 마음이요, 진실한 삶
이 아니며 그저 대충 형편에 따라서,
그 환경에 따라서 처신하는 그와 같은
삶을 산다면, 너희들은 결국 그들에게
본보기가 될 수 없으며 나의 피조물
만백성을 구할 수 없음을 알아야 할
것이니라.
19 거짓 하는 자는 세월이 지나면 그걸
알게 되어 있으며 거짓은 또 거짓의
씨를 낳게 됨이니,
20 너희들이 거짓말을 하게 되면 한 번의
거짓말을 하면 끝까지 거짓말을 함이
니,
21 그 당시에는 모면할 수 있을지 모르
나, 세월이 지난 다음에 그는 진실이
탄로 나게 되어 있으며, 스스로 너희
들 자신이 그를 밝히게 되어 있는 것
이 인간 세상에 살아가는 거짓말하는
자들의 행위이니라.
22 그러니 너희들이 거짓되게 사는 것은
만백성이 먼저 안다는 것을 알아야 할
것이니,
23 진심으로 진정으로 변화되는 삶을 사
는 것만이 나 여호와의 삶을 증거하는
것임을 너희들은 알아야 할 것이니라.
24 육의 세상에 사는 너희들이 내 뜻과
내가 원하는 대로 사는 것, 곧 그것이
바로 나를 대신해서 사는 백성이며,
25 내가 존재하고 살아 있는 것을 증명하
는 삶이라는 것을 절대 잊어서는 아니
됨이니, 이를 가슴 깊이 기억하여 새
겨 두도록 그리하라, 나의 아들딸들아!

5,277 번째 하나님 말씀

2003년 3월 1일 21시 54분

1 사랑하는 나의 아들아!
2 "네, 아버님! 말씀하옵소서."
3 내가 구약 시대에 역사하던 것을 뒤로
돌리며,
4 신약 시대에 사랑하는 나의 아들의 목
숨을 그리 잃어 가면서까지 역사하고
이루려 했던 그 모두를 다 뒤로 물려
놓으며,
5 내가 마지막 제3의 시대에 나의 모두
를 태워 너를 통하여 하늘에 오르는
길이요, 나의 새로운 성경이요, 나의
법전을 세상에 내려보내 만백성을 구
하고자 함이니,
6 나의 법전이요, 내 새로운 이 성경을
가지고 만백성을 깨우치고 인도하는
선택된 지도자는 아무나 할 수 없음을
너희들은 알아야 할 것이니라.
7 그러니 너희들이 얼마나 소중한 자들
이며,
8 내가 너희들에게 임무를 명했을 때 너
희들은 무서우리만큼 그 모두를 다 역
사할 수 있는 나의 선택된 지도자라는
것을 알아야 할 것이니라.
9 너희들이 세상사에 살아가면서 그 사
람이 이력서라는 걸 써서 세상에 내보
냄이니라.
10 정상적인 교육이요, 아주 위대한 그
모두를 다 기록할 수 있는 그 경력을
가진 자, 그 이력서를 봤을 때 한 점의
허점이 없으며, 감히 누구도 따라갈
수 없는 그와 같은 인생의 삶이며 배
움의 그 과정을 훌륭하게 갖춘 그와
같은 사람이 있으니,
11 그러나 세상에 그 아름다운 이력서를
제출한다 하여 그가 종교 지도자로서
만백성을 구하는 길을 갈 수 있는 것
은 절대로 아님이니라.
12 아무리 가진 것이 없으며 그 이력서가
얼룩졌다 해도 나의 지도자요, 만백성
을 구하는 나의 명을 받은 자, 선택된
자는 아무나 될 수가 없음을 너희들은
알아야 할 것이니라.
13 나에게는 그와 같은 사람이 필요 없으
며, 그것이 내가 만백성을 깨우치는
지도자로서 내세우는 데 그들이 잘하
며 더 유능하며 나에게 순종하며 나의
뜻을 따라간다는 것이 어디에도 기록
되어 있음이 없음이니라.
14 그들이 종교 지도자가 됐다고 해서,
너희들처럼 지도자가 됐다고 해서, 너
희들처럼 순종하며 지킬 수 있는 그와
같은 것은 누구도 장담하지 못함이니
라.
15 아무리 인간 세상에 많은 학식을 가지
고 있으며 아무리 좋은 이력서를 써
낼 수 있는 자라 해도, 아무리 뛰어난
인간의 재능을 가지고 능력이 있다 해
도,
16 그는 인간 세상에서 인간에게서 배운
것이며 인간 세상에서 터득한 것이니,
육의 세상의 한계를 벗어나지 못함을
너희들은 알아야 할 것이니라.
17 그러니 그들이 하늘나라요, 나의 뜻을
깨우쳐 만백성에게 전하는 것은 인간
세상에서 배운 능력이요, 가지고 있는
뛰어난 학식이요, 그 모두는 다 그들
이라 해서 그 선을 넘는다는 보장이

없으며, 그들도 또한 넘을 수가 없음
이니라.
18 아무리 이력서가 얼룩졌으며 남에게
내놓을 수 없다 하더라도, 너희들이
하늘나라를 볼 수 있으며 그 뜻을 아
는 것은 내가 선택한 백성만이 그 하
늘의 뜻을 알며 그 선을 넘을 수 있음
이니,
19 그리하여 나의 선택된 지도자만이 나
의 법전이요, 나의 성령을 가르치는
지도자가 된다는 것을 너희들은 알아
야 할 것이니라.
20 지금은 너희들이 하잘것없으며 남들
이 말하는 보잘것없으나, 아무리 훌륭
한 이력서를 가진 자라도 내가 이루
고자 하는 그 사업을 유능하게 이끌어
갈 수가 없으며, 나의 뜻에 따라서 역
사할 수 있는 것이 아니니라.
21 절대로 그들은 너희들을 따라오지 못
함이니라.
22 나로부터 선택된 백성만이 내가 이루
고자 하는 그 사업을 할 수 있으며, 내
가 건설하고자 하는 새 역사의 일꾼으
로서만이 할 수 있음을 너희들은 알아
야 할 것이니라.
23 그리하여 나로부터 선택된 백성 너희
들이 각자가 임무가 있으며 그리하여
너희들이 얼마나 소중한 자들인가를
알아야 할 것이니라.
24 나의 법전을 세상에 전하여 만백성을
깨우치고 하늘에 오르는 길로 인도하
는 지도자는 나로부터 선택된 너희들
만이 나의 지도자라는 것을 명심하라.
25 그 누구도 내가 지도자라 인정한 자
없으며 내가 명한 자가 없음이니,
26 그들이 다 지금의 저희들이 가는 길에
서 무릎 꿇고 나에게 기도하며 참진리
를 보여 달라, 참하늘의 빛을 보여 달
라 하며 피나게 기도할 때, 너희들도
바로 설 수 있으며 내가 선택하는 자
가 그중에 있을 것이니라.
27 내가 선택해서 세상에 내려보낸 백성
과 같이 너희들이 나에게 선택을 받
고자 하여 그리 원한다면, 그만큼 깨
달음이요, 회개함이요, 변하는 그 삶
을 살아야 할 것이며,
28 모두를 다 놓을 수 있으며 모두를 아
낌없이 놓을 수 있는 그와 같은 마음
으로 바뀌었을 때 내가 너희를 선택하
여 쓸 수도 있음을 알라.
29 그렇지 아니한 자, 너희는 나의 지도
자로 세상의 누구도 깨우치며 인도할
자격이 없음을 알라.
30 이제 나의 법전을 읽고 깨우치는 나의
선택된 지도자, 그들만이 만백성을 구
하는 역사를 이룰 것이니,
31 제3의 시대에 나의 새로운 성경이요,
법전을 가지고 깨우치고 강론하는 자,
그들만이 나로부터 명받은 지도자라
는 것을 잊지 말라.

5,278 번째 하나님 말씀

2003년 3월 1일 22시 05분

1 사랑하는 나의 아들아!
2 "네, 아버님! 말씀하옵소서."
3 내가 너를 불렀으며 너를 쓰고자 할
때, 나의 아들 너는 나의 뜻을 들으려
하지도 아니하였으며, 내가 존재함을
믿으려 하지도 아니하였으며, 내가 부

르면 너는 따르려 하지도 아니하였던 나의 아들 너였음이니라.

4 인간 세속에서 60평생 살아오면서 얽히고설켜 살아왔으며,

5 얼룩진 그 삶이요, 그리하여 네가 선택되었으며, 나 여호와가 존재하며 하늘로부터 선택된 백성이 무엇인가를 네가 알지 못하기 때문에 너는 두려워 감히 나로부터 선택된 그 자체를 믿으려 하지 아니하였으며 그 길을 가려 하지 아니하였음이니라.

6 너는 정녕 인간으로서 지금 육의 세상에 살아왔던 그 삶에서 그 얼룩지고 찌든 네 삶을 도저히 변화시킬 수가 없으며, 네 습성을 고칠 수가 없으며, 네가 살아왔던 그 성격이요, 그 모두를 너는 다스릴 수가 없으며 고칠 수 없다는 것을 너는 스스로 알고 있었음이니라.

7 그리하여 너는 두려워했으며, 그래서 너는 나의 뜻을 따르려 하지 아니하였으며,

8 너는 너 스스로 지은 죄가 너무 많아 그를 용서받을 수 없다고 생각하였으며, 절대 너는 용서받을 수 있는 인간이 못 된다 그리 생각하였음이니라.

9 그러나 네가 거기서 인간으로서 변할 수 없으며 너의 지은 죄를 용서받을 수 없다고 네가 너를 그리 볼 수 있었으나,

10 네가 그 죄를 지고 하늘나라에 와 나에게 심판을 받는다면 그것이 얼마나 두렵고 무서운 것인가를 너는 그것조차도 생각할 수도 없었으며 그것도 모르고 사는 너였음이니라.

11 그리하여 네가 나의 선지자의 길이요, 나의 아들로서 처음부터 내가 너에게 어찌 살아가라 기초서부터 너를 가르치기 시작하였음이니라.

12 그리하여 내가 너를 종이라 불렀으며, 그리고 선지자라 불렀음이니라.

13 부모가 사랑하는 자기 아들을 놓고 아들이라 부르지 못하는 그 부모가 있다면 그 마음이 얼마나 아프겠는가?

14 인간의 물리적인 힘으로 인하여 부자지간이요, 부모와 자식 사이에 서로 부르지 못하게 해 놓았다 하면 과연 그는 얼마나 슬픈 일이겠는가?

15 나 여호와가 나의 아들이라 부르지 못하고 나의 종이라 불렀으며 나의 선지자라 너를 불렀음이니,

16 선지자라 부르는 그것도 내가 조심스럽게 너를 불러 주었음이니라.

17 정녕 내가 아들이라 너를 처음부터 불렀으면 너는 도망갔을 것이며, 지금의 오늘의 이 길을 절대 가지 아니하였을 것이니라.

18 그리 갈 수 없는 나의 아들이기에 내가 아들이라 부르지 못하며 너에게 그저 그냥 '들으라' 하였으며, '종'이라 불렀으며, '선지자'라 내가 그리 너를 불렀음이니라.

19 내가 처음부터 사랑하는 나의 아들이라 하여 만백성을 구하는 그 역사를 이루라 했으면, 너는 뒤도 돌아다보지 아니하고 두말하지 않고 도망갔을 것이며 절대 너는 이 길을 가지 아니하였을 것이니라.

20 그러나 사랑하는 나의 아들아, 내가 지금 너를 나의 아들이라 부름이니,

나의 마음의 기쁨이 끝도 한도 없구나.
21 지금 너는 과연 어떠하더냐?
22 네가 지은 죄가 두려우며 너는 변할
수 없는 사람이며 죄를 짓지 않고 살
수 없는 인간이라 너 스스로 생각한
오늘의 네 마음이 어떠하던가?
23 너는 죄를 짓지 아니하고자, 하얀 백
합이요, 하얀 눈처럼 살아가고자 하여
네가 흘리는 그 눈물은 지옥으로 가는
만백성의 고통의 눈물을 거두는 네 눈
물이라 하였음이니,
24 이제야 네가 만백성을 구하는 그 눈물
을 내 앞에서 흘리고 있음이니, 그것
이 바로 너이니라.
25 네가 지금까지 지은 죄요, 네가 잘못
살아온 것이 두려워, 너는 변할 수 없
는 나의 자식이라 하였으며 용서받지
못할 것이라 그리 생각하였음이니라.
26 지난날에 네가 지은 죄가 너무나 무
서워 너는 그대로 살다 죽었다면 과연
어떻게 됐을 것인가를 너는 지금 생각
하지 않는가?
27 그것 하나만을 네가 지금 깨닫고 간다
해도, 너는 그와 같이 깨달음을 얻은
것만으로도 너는 변할 수 있으며 나의
아들이기 때문에 그리 갈 수 있느니라.
28 이제 너는 어찌 변했는가?
29 이 세상에 가장 아름다운 사람이요,
한 점의 부끄러움이 없는 삶을 살고
자 네가 얼마나 그리 몸부림치고 가
고 있던가?
30 이제 너는 두려워하지 말며 그 길을
가면 될 것이니라.
31 내가 나의 아들이라 지금 너를 부름이
니, 나 여호와의 기쁨이 한이 없으며,
32 나의 아들로서 네가 바로 서고자 노력
함이니, 네 머리가 하얘져 백발이 된
나의 아들을 바라볼 때 너는 완벽하게
설 수 있으며 만백성을 구할 것이며,
만백성이 너를 보고 따를 수 있는 그
와 같은 나의 아들로 변화될 것을 나
는 알고 있음이니,
33 오늘의 고통을 슬퍼하지 말며, 네가
지난날의 살아왔던 죄를 두려워하지
말며, 무서워하지 말라.
34 그를 두려워하고 무서워하기 전에, 네
가 열배 백배 선하고 아름답게 사는
것으로써 자식이 아버지에게 효도하
는 길이며,
35 만백성을 구하는 선택된 나의 아들로
서 지상에 내려가 있음이니, 네 본분
을 다함이니라.
36 그를 알고 살라, 사랑하는 나의 아들
아!

5,279 번째 하나님 말씀

2003년 3월 1일 22시 16분

1 사랑하는 나의 아들아!
2 "네, 아버님! 말씀하옵소서."
3 나로부터 부름을 받은 백성이요, 내가
쓰고자 부른 너희들은,
4 만백성을 구하고자 하며, 나의 사랑하
는 백성이 지옥 불로 가는 그 열차를
타고 가는 것을 멈춰 그들을 하늘에
오르는 길로 인도하는 그 역사를 이루
고자 선택된 백성임을 알아야 할 것이
니라.
5 내가 쓰고자 부른 백성이요, 나로부터
선택된 백성 너희들은 가장 작은 약속

을 지키며 가장 작은 죄를 짓지 않는
그 훈련과 훈련을 거듭하는 속에서 너
희들이 성장해 가야 함을 알아야 할
것이니라.
6 너희들이 종이 한 장이요, 연필 한 자
루요, 그리고 금화와 은화 한 닢을 남
에게 줄 수 있는 마음이 없을 때,
7 계산이 없이 줄 수 있으며 생각 없이
어려운 자에게 줄 수 있으며 필요로
한 자에게 줄 수 있는 그와 같은 훈련
에 훈련을 거듭함으로 인하여 너희들
도 모르는 사이에 아무리 큰 것도 남
을 위해서 그저 손에 쥐었던 꽃잎 하
나 놓는 것처럼 놓을 수 있는 그와 같
은 경지에 오름을 너희들은 알아야 할
것이니라.
8 나로부터 선택된 백성 너희들은 큰 것
만을 놓을 수 있고 큰 것만을 남에게
주는 것이 나에게 오르는 행함이라 그
리 생각하지 말라.
9 너희들은 그러다 보면 행할 수가 없으
며, 계산이 앞에 따라 선행을 할 수 없
으며, 작은 거짓이요, 작은 죄를 짓지
아니하고 살 수 없음이니라.
10 그러니 너희들이 작은 죄를 짓지 아니
하며 작은 약속을 지키고 사는 그와
같은 훈련과 훈련을 거듭하는 속에서,
11 단 하나의 연필도 주지 못하는 자가
금화와 은화를 줄 수 없듯이,
12 연필을 한 자루 주고 또 주고 너희들
이 그리 주다 보면, 줄 수 없는 금화와
은화도 그저 줄 수 있는 것이니,
13 그와 같이 훈련과 훈련을 거듭하며 작
은 것을 지키는 그와 같은 삶을 살아
가는 것이 너희들임을 알아야 할 것이
니라.
14 나 여호와는 너희들이 큰 것만을 추구
하며 큰 것을 나누어 쓰겠다면서 평생
한 번도 나누지 못하며, 작은 죄를 지
으며 작은 약속을 어기고 사는 그와
같은 자들을 내가 쓸 수가 없으며, 그
는 내가 쓰고자 하는 백성이 아님을
알아야 할 것이니라.
15 그리하여 내가 너희들에게 기록하여
전하기를 무어라 말하였더냐?
16 네 형제지간에 반목하는 자 내가 용서
치 아니하며, 네 부모를 공경하지 않
는 자 내가 용서하지 아니한다 하였으
니, 이것은 바로 무엇이더냐?
17 나를 찾으며 나의 아들을 부르며 너희
들이 큰 사랑이요, 큰 영광을 부르짖
고 하늘에 오르고자 하나,
18 큰 은혜를 남에게 베풀겠다, 그리고
재산이 들어왔을 때 남에게 할 수 없
는 그 역사를 이루겠다 평생 생각하면
서, 한 번도 베풀지 못하는 그와 같은
삶을 살듯이,
19 나 여호와만 찾으며 나의 아들만 찾으
며, 저희들이 구원을 받으며 나를 사
랑하며 나를 경배한다고 살아가는 지
금의 믿음의 길을 가는 백성 그들이
큰 일을 하려고 큰 선행을 베풀려고
평생 기다리고 기다리다 한 번도 베풀
지 못하는 자들처럼 그와 같은 형국으
로 가는 것이 너희들임을 잊어서는 아
니 될 것이니라.
20 큰 사랑이요, 나 여호와에 대한 사랑
이요, 구원이라는 예수를 사랑하는 그
마음보다, 네 형제지간에 우애를 잊고
네 부모를 공경하는 마음이 없는 자는

나의 아들 예수를 따르든 나 여호와를
따르든 그것이 다 위선이며 계산이며
가식이니라.
21 그리하여 너희들이 생각할 때 형제지
간에 반목하는 것이 별것 아닌 것 같
아도,
22 '형제지간에 우애 없는 자는 지옥 불
로 간다.' 내가 성경에 기록하여 너희
들에게 반드시 전했음이니,
23 형제지간에 우애가 없으며 반목하는
데서 지옥 불로 가는 그와 같은 무서
운 죄는 바로 무엇이며,
24 내가 '네 부모를 공경하라.' 십계명에
기록한 것은 무엇이며,
25 내가 너희들에게 명한 것이 과연 어떤
뜻인 줄 알겠는가?
26 작은 사랑을 베풀지 못하는 자는 큰
사랑을 베풀 수 없으며,
27 나에게 오르고자 하며 나의 아들 예수
의 이름으로 구원받았다 그리 말하는
자, 그들이 바로 진정한 믿음이요, 진
정한 사랑이 무엇인가를 모르고 실천
하지 못하는 위선자이기에, 그와 같은
자는 내가 쓰지 아니하며 나와 관계없
는 백성이라 내가 그리 말하였느니라.
28 이제 나로부터 선택된 사랑하는 나의
아들딸이요, 나의 아들을 따르는 제자
너희들,
29 가장 작은 것을 실천하는, 작은 것을
베푸는, 그리고 작은 죄가 두려운 줄
아는 그와 같은 훈련에 훈련을 거듭하
는 나의 백성,
30 그리고 나의 법전을 읽고 그와 같이
작은 거짓이요, 작은 죄를 짓지 아니
하며 작은 선행을 마다치 않고 행하
는 그와 같은 삶을 사는 자,
31 그를 행하는 자, 그리고 또 역사하고
자 하는 백성, 그리고 실천하는 자,
32 그와 같은 백성을 내가 쓰고자 함이며
그와 같이 살아가는 백성을 내가 쓰는
것임을 너희들은 잊어서는 아니 될 것
이니라.
33 내가 너희들을 쓰고자 하며 내가 너희
들과 더불어 역사하는 것은 가장 작은
선행이라 하여 하지 아니하는 자가 아
니요,
34 가장 작은 선행을 가장 위대한 것이라
행하는 자,
35 그리고 가장 작은 거짓이요, 가장 작
은 죄가 두려운 죄라고 생각하며, 그
를 행하지 아니하며 살아가는 나의 백
성,
36 그와 같은 너희들이 나로부터 구원을
받을 수 있는 자들이라는 것을 잊지
말라.

5,280 번째 하나님 말씀

2003년 3월 1일 22시 26분

1 사랑하는 나의 아들아!
2 "네, 아버님! 말씀하옵소서."
3 이 세상에 살아가는 너희들의 형국이
서로 지금 부딪치고 살아감이니라.
4 내가 너희들에게 일찍이 깨우쳐 말하
기를, 절대로 너희들은 손바닥이 부딪
치는 그와 같은 짓은 하지 말라 하였
음이니라.
5 부딪치지 아니하면 소리가 안 난다
내가 말하지 아니하였던가?
6 그리하여 너희들이 피하라 하였음이

니라.
7 그러니 한 손으로 흔드는 자 소리가
나지 아니할 것이며 마찰이 없다 내가
그리 말하지 아니하였던가?
8 그러나 지금 너희들이 살아가는 형국
은 나 여호와요, 나의 아들의 이름이
요, 우리 부자를 팔아먹고 사는 자들
과 그를 모르고 사는 백성으로 너희들
이 지금 양분되어,
9 서로 옳다 그르다 싸움을 하는 그와
같은 것이 지금 이 세상에 이루어지고
있는 형국이 아니던가?
10 지금의 종교 지도자, 또 그 신도라 하
는 자들, 그리고 우리 부자를 믿고 구
원을 받겠다며 하늘에 오르고자 하는
백성 너희들은 과연 어찌 말하는가?
11 이와 같이 말하느니라.
12 나에게 오르고자 하며 진정한 믿음의
길이라 하여 가는 그들이 지금 말하기
를,
13 믿지 않는 나의 백성이요, 믿지 않는
나의 사랑하는 아들딸들에게 그들 때
문에 큰일이라 그리 말하는 것이니라.
14 너희들과 같이 믿지 않으며 너희들 뜻
을 따르지 아니하는 자, 그들 때문에
너희들은 지금 이 세상이 이리 험악해
졌으며,
15 그들이 죄를 짓고 지옥으로 가는 그것
을 보는 것이 너무나 불쌍하다고 생각
하며,
16 그들이 이 세상에 살아가기에 이 세상
이 이와 같이 험악해졌다 그리 말하
느니라.
17 너희들이 믿는 종교 집단에 속하지 아
니하는 백성이 세상에 살기에 이 세상
이 이렇게 험악해졌다 너희들은 그리
지금 말하고 있음이니,
18 세상 사람들이 다 믿는다면 이 지상은
그리되지 아니하였을 것이며 아름다
운 세상이 되었을 것이며, 그리고 이
세상이 지금같이 험악하며 말세요, 도
둑이 들끓는 그와 같은 세상은 되지
아니하였을 것이라 너희들은 그리 말
하며 불평을 하고 있음이니라.
19 너희들과 같이 믿음을 가지 않는 자들
로 하여금 이 세상이 이리 험악해졌다
며 그들을 저주하고 원망하는 마음으
로써 그들을 바라봄이니라.
20 그러나 너희는 여기서 하나를 깨달아
야 할 것이니라.
21 그렇다면 지금의 믿음의 길을 가지 아
니하며 믿음을 모르는 그 백성은 과연
무어라 말하는가?
22 그들은 그리 말하는 것이니라.
23 나 여호와를 팔며 예수를 팔며 믿음의
길을 가는 자요, 천사와 같이 사는 자
라 그리 말하는 자, 그리고 저희들만
이 거짓말을 하지 아니하며 저희들만
이 아름답게 산다는 백성,
24 너희들이 거짓된 자요, 그와 같은 일
을 더 하며 사악한 짓을 더 하며 거짓
된 행위를 더 많이 하고 사는 것이 너
희들이라 그들은 그리 말하느니라.
25 믿지 아니하는 자들보다 믿는 자들이
더 사악하며, 더 거짓된 짓을 하며, 더
부끄러운 짓을 많이 하고 사는 것이
믿는 자 너희들이라 그리 말하느니라.
26 그리하여 너희들이 잘못 믿는 것 때문
에 하늘에 계신 하나님께서 노하셔서
지금 이와 같이 험악한 세상이요, 도

둑이 들끓으며 말세요, 인간이 인간의
존엄성을 말살하고 사는 그와 같은 세
상이 되었음이니,
27 믿는다 말하는 너희들이 더 나쁜 자들
이며 더 사악한 자라 그들이 그리 말
하고 있음이니,
28 서로 너희들은 양분되어 서로 손바닥
을 부딪침이니, 이 세상은 그 사악한
메아리만 이렇게 울려 퍼지고 있음을
알아야 할 것이니라.
29 그러면 여기서 너희들은 깨우쳐야 할
것이니라.
30 가르친다는 선생과 배우지 못한 그 제
자가 똑같이 잘못해 놓고, 서로 잘못
했다 둘이 시시비비를 한다면, 과연
누가 더 나쁜 사람이라 너희들은 생각
하는가?
31 아직 배움이 부족하여 깨닫지 못한 사
람이 거짓 하고 실수한 것이 더 나쁜
것인가,
32 그를 가르치며 그 모두를 다 알면서도
그리 행하지 아니하고 잘못된 짓을 하
며 그것이 옳다 부르짖는 그 선생이
잘못된 것인가?
33 이것은 너희들이 스스로 판단하며 너
희들 스스로 답을 얻도록 그리하라.
34 너희들은 말할 것이니라.
35 그 누구도 아무것도 모르며 배우지 못
한 자가 한 실수보다는, 모두를 다 알
고 있는 가르치는 선생이 고의적으로
실수를 했을 때 그 선생이 나쁘다고
그리 말할 것이니라.
36 나를 믿지 않는 백성은 지금 우리 부
자의 이름을 팔며 하늘에 오르겠다 말
하는 너희들이 더 나쁘다 말을 하며,
37 너희들은 믿지 않는 백성 때문에 이
세상이 이리 험악해졌다 하며,
38 서로 네 탓이요, 너 때문에 그랬으며
네가 잘못해서 그렇다 지금 소리를 지
르며 서로 멱살잡이를 하고 있다 하면,
39 과연 그것은 어떤 백성이 더 잘못된
백성이며, 나의 뜻과 내가 이루고자
하는 그 역사를 거역하고 사는 자인가?
40 너희들은 여기서 깊이 깨우쳐야 할 것
이니라.
41 그 고통 속에 죽어 간 나의 아들 예수
의 이름을 부르며, 주 예수요, 영광의
주라 부르며 나 여호와의 곁으로 오겠
다 하며,
42 그와 같이 사랑을 베풀면서 사는 것이
나 여호와의 뜻이며, 너희들은 사랑을
먹고 살며 사랑을 위해 이 세상에 존
재한다고 말하나,
43 밖에서 보는 나의 백성이 진정한 사랑
이 없으며 아름다움이 없으며 사악한
자라 그리 말한다면 과연 너희들은 어
떠한 자인가?
44 내가 그리하여 나의 법전에 기록하여
너희들에게 전했느니라.
45 지금의 종교 지도자들이요, 그리고 제
가 믿는 그 종교 집단만이 구원을 받
는다 하여 평생 바치고 가는 자들, 너
희들은 코를 땅에다 대고 걸어가도 그
죄를 면죄 받을 수 없으며,
46 지금 믿지 않는 백성이 아름답게 살아
가며 형제지간에 우애 있으며 부모를
공경하고 살아가는 것보다, 너희들은
부모를 공경하라, 형제간에 우애 없으
면 지옥 불로 간다 수없이 듣고 배우
고 깨우쳐 그리 행하라 해도 그들만

못한 너희들을 바로 내가 뭐라 하였느냐?
47 코를 땅에다 박고 혀로 땅을 핥으며
살아가도 너희들의 죄를 용서받지 못
할 것이라 내가 기록하여 너희들에게
전한 그 뜻을 깊이 깨우치며, 그 두려
움과 무서움을 너희들은 알아야 할 것
이니라.

5,281 번째 하나님 말씀

2003년 3월 1일 22시 35분

1 사랑하는 나의 아들아!
2 "네, 아버님! 말씀하옵소서."
3 내가 이 아름다운 세상을 만들었으며
너희들이 노력하면 노력하는 만큼 모
두를 다 취할 수 있도록 세상 것을 다
주었으니,
4 너희들이 말하기를 모든 날짐승이요,
동식물도 살아갈 수 있도록 내가 모두
를 다 주었다 하여 너희들은 편안한
마음, 아름다운 마음을 갖고,
5 저장하고자, 더 쌓아 놓고자, 더 높고
자 하는 그와 같은 마음을 갖고 살지
말라 내가 너희들에게 가르쳐 주지 아
니하였던가?
6 그러나 지금 나의 피조물 만백성 너희
들은 어찌 살아가는가?
7 그 비싸고 아름다운 옷을 걸치며 화려
한 옷을 걸치고 다니는 자, 그리고 비
싼 음식을 먹는 자, 그리고 좋은 집에
서 사는 자, 그리고 좋은 너희들이 움
직이는 기동력을 가지고 다니는 자,
8 그와 같은 자를 보고 너희들이 인격을
평가하며, 그것으로써 성공 여부를 따
지는 지금의 이와 같은 험악한 세상이
되지 아니하였던가?
9 인간의 본성이요, 인간이 가지고 있는
마음의 깨달음을 너희들은 모르고 있
음이니라.
10 너희들은 지식을 가진 자가 초라하다
하여,
11 그 겉으로 좋은 것, 값진 것을 두르고
다니는 자, 그리고 좋은 것을 가지고
다니는 자, 비싼 것을 지니고 다니는
자, 그리고 값있는 것을 두르고 다니
는 자, 그리고 좋은 집에서 사는 자,
그와 같은 자를 너희들이 인간 세상의
그 학식이요, 지식을 가지고 있는 자
보다 더 높이 평가하는 세상이 되었으
며,
12 나 여호와의 백성으로서 나 여호와에
게 오르고자 아름다운 마음을 가지고
살며 그리고 사랑하는 마음으로 살아
가고자 하는 그 인격이요, 그 아름다
움은 더욱이 볼 수가 없는 것이 너희
들이 아니던가?
13 너희들은 배웠으며 그 지식이요, 학식
을 가지고 있는 자는 너희들이 말하는
이력서의 그 화려한 것을 보면서 그를
평가할 수 있음이니라.
14 그러나 너희들은 그것마저도 무시하
는 자들이니,
15 보이지 아니하는 나에게 오르는 길을,
고통스러운 길을 가는 나의 선택된 아
들딸들은 그 이력서마저도 화려하게
내놓을 수가 없음이니,
16 너희들은 그들을 무시하며, 그들이 얼
마나 위대한 백성이며 축복받은 백성
인가 그것 자체도 보지 아니하며,

17 그저 외형에 보이는 것만으로 평가하
는 이와 같은 세상에 지금 모든 백성
이 거기에 혈안이 되어 있으며 거기에
너희들이 마음을 주고받는 그와 같은
세상이 되어 있느니라.
18 이와 같은 세상 속에 나의 아들이요,
나로부터 선택된 너는 눈물로써 나에
게 맹세했느니라.
19 절대로 네 앞에 재산을 두지 아니할
것이며, 네가 쌓아 놓지 아니할 것이
며,
20 네가 남들에게 보이려고 화려한 그
어떠한 기동력이요, 어떠한 행동도 하
지 아니하겠다 그리 말하였느니라.
21 그리고 자식을 위한 세습 체제요, 네
이웃을 위해, 친지를 위해, 네 부모를
위해서 그와 같은 어떠한 것도 역사하
지 아니하겠다 눈물로써 나에게 기도
를 했음이니라.
22 그러면서 너는 무어라 했는가?
23 이제는 네가 더 아름답게 하려고, 네
가 아름답게 보이려고, 네가 더 어떤
것을 걸치고 남들보다 더 나은 모습으
로 살아가려고 네가 옷 한 벌이요, 내
복 하나도 사지 아니하며,
24 그저 떨어져 뭉개질 때까지 지금의 준
비된 것으로써 네가 평생을 살아가겠
다 그와 같이 네가 눈물로써 나에게
기도하며 그와 같은 마음으로 살아간
다는 너 자신을, 과연 어찌 이 세상에
서 너를 받아들이겠는가?
25 외형으로 평가하는 이 세상에서, 그를
다 저버리며 너 자신이 떨어진 옷이
요, 떨어진 네 모습이요, 낡아진 모습
으로써 세상을 살아간다 네가 그리 맹
세함이니, 과연 누가 어떠한 자인가?
26 여기서 이제 만백성은 구분할 것이니
라.
27 네가 세상에서 가장 어리석고 불쌍한
인간이 아니라면, 정녕 나로부터 선택
된 나의 아들이요, 만백성을 구하고자
세상에 온 자, 둘 중의 하나로 누군가
는 선택할 것이니,
28 모든 종교 집단이요, 지금의 믿음의
길을 가는 자들은 너에게 사기꾼이요,
거짓 선지자요, 너희들을 지옥으로 이
끌어 가려고 그와 같은 행위를 한다
그리 말할 것이니라.
29 그리고 너를 따르는 자, 네가 기록한
법전을 보는 자, 네 강론을 듣는 자는
지옥으로 간다 그리 말할 것이니라.
30 그러나 너희들은 여기서 들으라.
31 종교 지도자가 과연 제 앞으로 재산을
두지 아니하며, 세습 체제로 가지 아
니하며, 그리고 제가 좋은 것을 소유
하지 아니하며,
32 제가 머리를 두고자 편안한 너희들이
말하는 안식처를 만들려 함도 아니요,
33 그저 네가 이 세상에서 죽을 때까지
지금의 준비된 옷으로써 그저 낡으면
낡은 대로 그대로 그를 입고 살아간다
하면, 과연 어떠한 자가 진정한 나 여
호와의 뜻에 의해 가는 자식이던가?
34 그러나 그를 멸시하고 욕할 것이니라.
35 그리고 그들은 무시할 것이니라.
36 저희들이 그와 같은 길을 가지 못하기
때문에 사탄이요, 사기꾼이라 그리 말
할 것이니라.
37 그러나 너를 보고 따르는 백성 또한
있을 것이니라.

38 이는 진정 나 여호와의 아들로서 만백
성을 구하는, 이 험악한 시대에 내려
온 자며, 나의 명에 따라 살아가는 자
라 하여
39 너를 보기를 부러워할 것이며, 너를
만나기를 원할 것이며, 너와 더불어
하기를 원하는 백성이 있을 것이니,
40 그들의 아름다운 마음이 너를 사탄이
요, 사악한 자라 하는 종교 지도자 그
들을 뛰어넘는 날이 있을 것이니,
41 사랑하는 나의 아들아! 너는 두려워
하지 말며 주저하지 말라.
42 모두는 다 나 여호와의 뜻이요,
43 네가 변하고자 노력할 때, 나 여호와
가 너에게 힘과 용기를 줄 것이며, 네
가 역사하도록 나 여호와가 너를 인도
할 것이니,
44 그리 살아가라, 사랑하는 나의 아들아!
45 이제는 네가 아무리 귀중한 것이요,
아무리 소중한 것도 그저 네 앞에 있
는 꽃잎 하나요, 떨어진 낙엽을 손에
받아 놓는 것보다도 더 가벼운 마음으
로 모두를 다 주고 던질 수 있는 그 경
지에 네가 지금 돌입하고 있음이니,
46 나 여호와가 너를 보기를 그 기쁜 마
음을 이 밤을 통하여 내가 너에게 전
하며, 그 뜻을 너의 제자들에게 전하
며,
47 너의 제자들도 그와 같은 모습으로 살
아가라 그리 전하라, 사랑하는 나의
아들아!

5,282 번째 하나님 말씀

2003년 3월 1일 22시 47분

1 사랑하는 나의 아들아!
2 "네, 아버님! 말씀하옵소서."
3 사랑하는 나의 백성 너희들이 인간 세
상에 살아가면서 마음으로 존경하는
스승이 있으며 모시는 스승이 있으며,
4 그의 살아가는 그 모습을 보고 너희들
이 살아가는 사람이 있든, 마음속으로
따르는 분이 있으며 존경하는 사람이
있다 하면, 너희들이 얼마나 행복한
삶이라 말할 수 있겠는가?
5 너희들의 삶을 다스려 나갈 수 있는
그보다 더 큰 기쁨과 또한 영광은 없
을 것이니라.
6 마음속으로 존경하며 그의 삶을 따라
살아가는 그 삶의 지표를 삼는 스승이
있다는 것은 그만큼 너희들 인생에 힘
이 되며,
7 너희들이 변하고자 하며 아름다운 세
상살이에 큰 힘이 된다는 것을 잘 알
고 있을 것이니라.
8 그러나 이제 나를 따르는 백성이요,
나의 아들을 따르는 제자 너희들은 알
아야 할 것이니라.
9 너희들은 이 세상에 그와 같은 스승도
좋으며, 그 모든 삶을 너희들의 선배
요, 선생으로부터 그 지표를 삼아도
되나,
10 나의 아들을 따르는 제자들이요, 내가
쓰고자 하여 부름을 받은 너희들은 어
느 누구의 삶을 지표로 가슴속에 두는
것도 좋으나,
11 너희들은 예수의 삶을, 예수가 살아온

그 과정이요, 예수가 사랑으로써 베푼
것, 그가 죽어 가면서 저를 창칼로 찌
르는 자들을 용서해 달라 한 그 베푸
는 사랑,
12 그와 같은 예수의 삶을 본보기로 살아
야 할 것이며,
13 그와 같은 삶을 너희들의 가슴속에 안
고 살아야 함을 알아야 할 것이니라.
14 이제는 너희들은 예수의 삶을 보며 그
고통의 길이요, 그가 역사했던 것을
그대로 살아가고자 노력할 것이며,
15 또한 만백성이 너희들을 보고 자신 있
게 그들이 따라올 수 있는 그와 같은
삶의 모습을 보여 줘야 함을 잊어서는
아니 될 것이니라.
16 그러니 너희들이 어렵고 힘든 길을 가
는 것이니라.
17 예수의 살아왔던 모든 그 삶을 그대로
답습하는 그와 같이 어렵고 힘든 길
을 가는 것이 너희들이며, 아래로는
모든 백성의 본보기가 되는 그와 같은
삶을 사는 것이 나의 아들 네가 살아
가는 길이며 네가 해야 할 길이며, 너
를 따르는 제자들이 또한 그와 같이
살아가야 함을 알아야 할 것이니라.
18 사랑하는 나의 아들아, 너의 제자들에
게 그리 전하라.
19 예수의 삶을 본보기로 사는 것, 그리
고 만백성이 너희들을 보고 따르는 그
삶이 얼마나 위대한 것인가?
20 지상의 육의 삶에서 그리 살아가며 그
를 보여 줘야 함이니라.
21 그는 바로 무엇이던가?
22 너희들이 하늘에 오르고 못 오르는 그
삶의 연습은 단 한 번으로써 끝나는
것이요,' 두 번의 훈련이 없으며 두 번
의 연습의 기회가 없기 때문임을 너희
들은 알아야 할 것이니라.
23 너희들이 육의 세상에 살다 숨을 거둬
한 줌의 흙으로 돌아가는 그것이 오르
고 못 오르는 그 훈련이요, 연습은 끝
나는 것이며 훈련기간은 종료되게 됨
이니라.
24 그 기회는 너희들에게 단 한 번이니라.
25 두 번의 기회가 없음을 너희들은 알아
야 할 것이니라.
26 그리하여 너희들이 소중하다 함이니
라.
27 예수의 삶을 보고 그대로 사는 것, 그
리고 만백성에게 빛이 되어 만백성이
너희들을 보고 삶을 고치며 너희들을
보고 살아갈 수 있도록 그들의 삶을
전환하는 것,
28 그렇기에 너희들이 얼마나 소중한가
를 알아야 할 것이니라.
29 그러하니 연습이 한 번밖에 없는 그
삶을 너희들은 정녕 부끄럼이 없는 그
와 같은 삶을 살라, 사랑하는 나의 아
들딸들아!
30 이 세상의 만백성이 하늘에 오르고 못
오르는 그 훈련의 연습 기간이 단 한
번인 그 세월을,
31 너희들이 그 기회를 다스려 너희 것으
로 만들지 못하며 허송세월하는 속에
서 보내고 있으며, 허송세월하는 삶을
살아가고 있음이니라.
32 그리고 각자가 해야 할 임무가 다 있
어 세상에 나왔거늘,
33 너희들은 너희 스스로 해야 할 그 임
무조차도 잊어버리고 사는 자들이며,

34 무엇을 역사하기 위해 내가 세상에 내
보냈는가 그 자체도 알지 못하는 자들
이니라.
35 이 세상에 나온 자는 다 나로부터 살
아가는 그 임무가 있으니,
36 너희들은 이 세상에 남기고 가야 할
것이며, 너희들이 역사해야 할 임무를
나로부터 받아갔음이니,
37 지금의 종교 지도자요, 지금의 믿음의
그 집단 속에서는 너희들 스스로 네
임무를 모르며,
38 그저 길드는 짐승처럼 너희들이 그저
집단으로 끌려감이니,
39 각자 개성이 있어 거기에 다 너희들의
임무가 있거늘, 어찌하여 오로지 그와
같은 형국으로 가는가?
40 내가 나의 아들에게 무어라 가르쳤는
가?
41 너희들이 식사라 하며 음식이라는 것
을 먹고자 그 앞에 놓고 기도할 때, 한
사람이 대표 기도를 한다 하였음이니
라.
42 그러나 내가 그리하지 말라 하지 아니
하였던가?
43 너희들이 각자 마음속에 가지고 있는
것을 기도하고 나에게 감사하다 하면
되느니라.
44 배가 고픈 자는 그 먹는 음식을 감사
하게 되며, 먹어서 아픈 자는 먹지 말
아야 할 것이며 먹어서 탈이 난 자는
먹지 아니할 것이며,
45 그와 같이 각자가 다름이요, 생각이
다름이니, 너희들의 생각을 기도하면
되는 것이지,
46 어찌하여 그를 하나로 묶어서 그저
한 사람이 대표 기도하며, 그것이 '옳
소, 아멘!'이요, 그저 무조건 찬성하고
손뼉 치고 소리 지르는 그와 같은 형
국으로 가는가?
47 너희들이 바로 너희들 자신을 다 팔아
던진 자들이니, 각자의 임무를 알 수
가 없음이니라.
48 이제 나의 법전을 읽고 깨우치는 백성
너희들의 마음이 흰 눈처럼 되었을
때, 너희들은 스스로 각자의 임무를
알 수 있으며,
49 내가 너희들에게 명하는 그 임무를 들
어 살아갈 수 있음이니,
50 나로부터 명을 받아 세상에 나간 너희
들이 그 각자의 임무를 행하지 아니하
고 살아가면 아니 됨이니라.
51 그러니 이제 너희들의 임무가 무엇인
가를 듣고 깨달아 그 임무를 충실히
수행하는 백성으로서 살아가도록 너
희들이 최선의 노력을 다해야 할 것이
니 그리 알라.

5,283 번째 하나님 말씀

2003년 3월 1일 22시 53분

1 사랑하는 나의 아들아!
2 "네, 아버님! 말씀하옵소서."
3 내가 나의 모두를 태워 너를 통하여
세상에 내려보낸 나의 법전이요, 이
새로운 성경인 '하나님! 말씀하옵소
서', '하늘에 오르는 길'이라는 이 책이
세상에 나감이니,
4 너희들은 나의 성령을 태워서 너희를
구원하고자 내리는 것을 과연 아는가
모르는가?

5 이를 아는 백성이 과연 얼마나 있는
가?
6 나 여호와는 이 세상에 의인이 하나가
있으면 이 세상 것과 바꾸지 아니하
며 그를 내가 선택한다 했느니라.
7 지금 나의 법전이 세상에 나가, 이것
이 마지막 심판이요, 만백성을 구하는
길이라 하는 나의 법전을 믿는 자, 그
리고 내가 나의 아들을 통하여 나의
성령의 모두를 태워 지금 내려 만들어
진다는 것을 믿는 백성이 하나만 있어
도 내가 만족하며 그 기쁨이 이루 말
할 수 없거늘,
8 너를 따르는 많은 제자들이 이를 믿고
지금 증거함이니, 얼마나 네가 행복하
며 네가 가는 길이 얼마나 영광된 길
이며,
9 나 여호와가 기뻐하며 나 여호와가 행
복하거늘, 어찌하여 너는 고통과 힘든
길이라 그리 생각하는가?
10 사랑하는 나의 아들아!
11 내가 성경에 미리 기록하여 전한 그
대목이 있느니라.
12 나 여호와가 기록하기를, '너희들이
율법을 지키며 그 율법이 나 여호와의
참진리라 말하고 믿는 자가 두 사람만
있다 하여도 이를 증거할 것이며 역
사할 것이며 나 여호와가 기쁘다' 하
였음이니라.
13 이는 바로 무엇이던가?
14 너희들이 진리라는 것을 보지 못하며
참진리를 찾지 못함이니,
15 바로 참진리의 길을 보고도 진리라 말
하지 아니하는 것이 너희들이니라.
16 진리의 길을 찾지 못하여 허덕이는 백
성이 있는가 하면, 진정한 진리의 길
을 본다 해도 그 참진리가 참진리요,
너희들을 구원하는 길이라 그리 받아
들이지 못하며 그리 보지 못하며 그와
같이 말을 하지 아니하고 살아가는 것
이 너희들이니라.
17 이 세상의 모두가 다 그와 같이 지금
되어 있음이니, 과연 너희들은 이 형
국을 어찌 보는가?
18 그러니 내가 너희들에게 말하여 모든
율법이 나의 뜻이라 하며 이를 지키고
살아야 한다고 하는 백성이 믿음의 길
을 가는 그 종교 집단에 두 명만 있다
해도 내가 이를 증거할 수 있는 것이
며 내가 기쁨이라 그리 말하였으니,
19 지금 그 많은 종교 집단이요, 거기서
신도라 하는 자, 그들이 과연 나의 율
법을 지키고 사는 것이 나에게 오르는
길이라 말하는 자가 누가 있는가?
20 그들은 구약 시대는 다 지나갔으며,
새로운 시대요, 신약 시대 것만 지키
고 행하면 된다 그리 말함이니,
21 나의 율법을 지키고 산다 말하는 백성
이 지금 단 한 명도 없음이니라.
22 믿음의 길을 가는 그 백성이 한 명도
없음이니, 이게 얼마나 가슴 아프며
나 여호와의 마음을 저리게 하는 것인
가?
23 그러나 너는 기뻐하라.
24 지금 내가 내리는 새로운 성경이 세상
에 나온 지 얼마 되지 아니하였어도,
25 이건 내 가슴을 태운 진정한 나 여호
와의 뜻이요, 이게 심판의 기준이요,
하늘에 오르는 근본이라는 것을 믿는
많은 너의 제자들이 너를 따르지 아니

하는가?
26 그러니 그것이 너에게 얼마나 참기쁨
이고 영광이며, 하늘에 있는 나 여호
와의 기쁨인지 네가 알아야 할 것이
니 그리 알라, 사랑하는 나의 아들아!

5,284 번째 하나님 말씀

2003년 3월 1일 23시

1 사랑하는 나의 아들아!
2 "네, 아버님! 말씀하옵소서."
3 나의 만백성과 지금의 믿음의 길을
가고 있는, 저희들만이 하늘에 올 수
있다는 그 착각 속에 살아가는 그 백
성에게 너희들은 전해야 할 것이니라.
4 지금 너희들을 구원하고자 나의 성령
을 태워 내려보낸 그것을 받아 밤과
낮을 가리지 아니하며 책으로 만들어
너희들의 가슴에 전하는 나의 아들을
어찌하여 너희들은 사탄이요, 이단이
요, 사악한 자라 그리 말하는가?
5 너희들은 성경에 기록되어 있는 그 대
목을 알지 못하는가?
6 평생 열 번이요, 백 번을 정독했다는
너희들이 어찌하여 성서에 기록되어
있는 그 내용조차 깨닫지 못하며 그것
을 너희 것으로 만들지 못하는가?
7 거기에 전하였느니라.
8 '그가 자의로 말하지 아니하며 내가
보내는 뜻에 따라 새로운 보혜사로서
세상에 내려온다.' 그리 전하였음이니,
9 바로 그 역사를 이루는 것이 나의 아
들이니,
10 그는 지금 새로운 성경이요, 나의 법
전을 만들어 만백성에게 전하나, 제
뜻대로 함이 아니요, 제가 법전이라
칭한 것도 아니요, 하늘에 오르는 길
이라 칭한 것도 아니니라.
11 나 여호와의 뜻에 따라 그는 명하는
대로만 그대로 행했고 그대로 실시하
고 감이니,
12 과연 그가 무슨 죄가 있다고 너희들은
그리 말하며, 어찌하여 사탄이요, 이
단이요, 사악한 자라 말하는가?
13 너희들을 구원하고자 밤과 낮을 가리
지 아니하며 고통과 시련 속에서 160
권의 법전을 세상에 내, 너희들이 이
를 보고 깨우치도록 그 장정의 역사를
이루는 나의 아들을 어찌하여 너희는
그리 핍박하고자 하는가?
14 2천 년 전에 나의 아들 예수를 내가
세상에 내보내어 너희들을 깨우치고
자 하였으며 너희들에게 역사하고자
하였으며, 너희들이 바른 삶을 살며
하늘의 참진리를 알아 구원을 받게 하
고자 하여 내가 그를 내려보냈듯이,
15 지금 내가 나의 아들을 통하여 만든
이 법전은 나의 아들이 제가 스스로
만들며 전하는 것도 아니요, 나 여호
와가 세상에 내려보냄이니, 너희들은
이를 알아야 할 것이니라.
16 내가 나의 아들을 통하여 세상에 나의
법전을 내려보내는 것은 무엇 때문이
던가?
17 내가 너희들을 구원하고자 함이니라.
18 그리하여 너희들을 구원하고자 내가
그를 통하여 그 입을 통하여 그로 하
여금 법전을 만들어 세상에 전하는 대
역사를 이루는 것이며,
19 나의 법전에 구약을 인정하지 아니하

며 신약을 인정하지 말라는 대목이 어
디 있으며, 나 여호와를 믿지 말라는
대목이 어디 있는가?
20 나 여호와를 찬양하며 나 여호와가 존
재함을 믿는 것은 너희들과 똑같은 한
배를 타고 가는 것이 아니던가?
21 예수를 찾으며 나를 찾으며 그를 믿고
가는 그와 같은 백성이거늘,
22 나의 아들이 나를 믿으며 예수를 따르
며 그와 같이 살아가는 그것은 안 된
다 하며, 어찌하여 너희들은 천사며
나의 아들은 사탄이라 그리 사악한 소
리를 하는가?
23 지금 이와 같이 법전을 만드는 나의
아들이, 과연 그가 무슨 죄가 있으며
어떠한 죄를 너희들에게 지었는가?
24 어찌하여 그가 너희들에게 점점 용서
받지 못할 자로 살아가야 하는가?
25 그리고 사탄이라 하여 그는 잘못된 자
라 하여, 감히 너희들이 말하는 말세
의 거짓 선지자가 와 세상을 혼란케
한다는 너희들을 고통으로 이끌어 지
옥으로 보내는 그와 같은 사악한 자라
그리 말함이니,
26 너희는 이 세상의 모두는 나 여호와가
주관하여 만들었으며 나의 뜻에 의하
지 아니하는 것이 하나도 없다 그리
말하면서,
27 세상에 모두가 존재하는 것은 나 여호
와의 뜻대로 이루어진다면서,
28 어찌하여 너희들은 나의 법전이요, 내
가 내리는 이 모두를 나의 것이 아니
라 하는가?
29 그러니 너희들이 얼마나 불쌍하고 어
리석은 백성이던가?
30 너희들만이 하늘에 오르는 길이요, 구
원을 받았다 그리 정신병자처럼 착각
속에 살아가느니라.
31 이 세상의 모두는 나 여호와가 주관하
였으며 나의 뜻에 의해 세상에 다 이
루어져 나온다 하면서,
32 너희들의 손에 있는 것, 너희 품 안에
있는 것, 네 집안에 있는 것, 네가 소
유한 그 모두는 나 여호와의 뜻이며
내가 주관하는 것이며,
33 다른 백성이 가진 것은 나 여호와가
주관한 것이 아니며 내가 임하는 것이
아니며 내가 역사한 것이 아니라 그리
말함이니,
34 네가 가지고 있는 것은 독약이라도 나
여호와가 너희들에게 내린 것이며 나
의 주관하에 이루어진 것이며, 너희들
은 살인을 해도 나 여호와의 뜻이요,
내가 주관한 것이라 그리 말할 것이니,
35 너희들은 어찌하여 이 세상 수천수만
가지 그 만물 중에 네 것만 나 여호와
가 주관하여 만들었으며 하늘의 뜻이
라 하며,
36 남들이 가지고 있고 남들이 보이는 그
아름답고 소중한 것은 나의 뜻이 아니
요, 사탄의 뜻이라 그리 말하는가?
37 이것이 세상에 어느 법도며 어느 교리
며,
38 세상의 독재자도 이런 독재자는 없으
며, 살인마도 이러한 말을 함부로 하
지 아니할 것이니,
39 너희들이 얼마나 사악한 자인가 스스
로 깨닫도록 그리하라.

5,285 번째 하나님 말씀

2003년 3월 2일 07시 31분

1 사랑하는 나의 아들아!
2 "네, 아버님! 말씀하옵소서."
3 너를 따르는 제자들과 나의 법전을 읽
은 만백성 너희는 들으라.
4 너희들이 살아가면서 세상에 남들에
게 부끄러운 행동이요, 남이 봐서 도
저히 용서할 수 없는 그와 같은 행위
를 남들이 보지 않는 곳에서 행하지
아니하는 그것이 아름다운 자이니,
5 그와 같은 행위를 하지 않으며 그리하
여 하늘을 향하여 한 점의 부끄럼이
없는 삶을 사는 너와 너의 제자들과
너를 따르는 백성이 되라 내가 그리하
였음이니라.
6 이는 네가 하나 더 깨우쳐 알아야 할
것은, 나 여호와를 향하여 한 점의 부
끄럼이 없는 그와 같은 삶을 사는 것
이 하늘에 오르는 길이라 그리 생각할
수도 있으나,
7 내가 너희들을 바라다보기에 너희들
이 나에게 기도할 수 있으며 나에게
성령을, 그리고 내가 나의 아들을 통
하여 내리는 그 강론을 들을 자격이
있느냐 없느냐 하는 그 삶이 더 중요
함을 알아야 할 것이니라.
8 나의 아들 너는 나를 위하여 또 아래
로는 만백성을 위하여,
9 위로는 나의 명령이요, 나의 종으로
서, 아래로는 만백성의 종으로서,
10 네가 나의 가슴에 있는 성령을 받아
기록함이니, 네가 그와 같은 자격이
있는 자인가?
11 네가 자격을 상실하는 그와 같은 행위
를 해서는 아니 될 것이니라.
12 또 너의 제자들이 그러하니라.
13 나의 강론을 들을 자격이 있는가, 그
리고 나를 찾을 수 있는가, 그리고 나
에게 한 점의 부끄럽이 없는 그와 같
은 삶을 살아 나의 법전을 접하며 나
의 아들딸이라 내가 부름이니, 너희들
이 그와 같은 자격이 있는가 없는가?
14 그 자격에 손색이 있는 자가 되어서는
아니 되는 것이 이제 너희들이 가야
하는 길이며, 깨우쳐야 하는 길임을
알아야 할 것이니라.
15 너희들이 여건이 갖춰졌을 때, 부끄럽
지 않은 일, 나에게 죄를 짓지 않는
일, 그리고 남들이 보지 않는 그 속에
서 아름답고 깨끗하게 사는 그것이야
말로 너희들이 방죽에서 아름답게 피
는 그 하나의 연꽃과 같다는 것을 알
아야 할 것이니라.
16 이제는 나의 아들이 나의 뜻에 따라
세상의 어떠한 것도 다 손에서 놓을
수 있으며, 한 점의 부끄럼 없이 살아
가고자 하는 나의 아들의 모습에서 너
희 제자들 또한 그리 변해야 함을 잊
어서는 아니 될 것이니라.
17 아무것도 소중한 것이 없어 그가 손에
서 놓지 못하는 것이 없으며, 제가 갖
고자 하여 남을 주지 못하는 것이 없
는 그 마음으로 변하는 나의 아들의
모습에 나 여호와의 기쁨이 하늘에 닿
아 있음을 너희들은 알아야 할 것이니
라.
18 이제 나의 아들을 따르는 제자 너희들
은 알아야 할 것이니라.

19 너희들이 나의 강론을 들을 수 있으
며, 나의 법전을 읽을 수 있으며, 나를
아버지라 부를 수 있으며, 너희들이
만백성 중에 선택된 나의 아들의 제
자들이요, 또 만백성을 구하는, 나의
지도자로 명을 받은 자로서 하나의
손색이 없이 살아가야 할 것이니라.
20 나의 아들도 그리 서고 있으며 그리
가고 있음이니라.
21 내가 너희들에게 공의의 하나님이요,
세상의 심판함을 나 혼자 하지 아니하
며,
22 내가 심판하는 것을 천사도 보고 사탄
도 보기에 나 혼자 심판을 하지 아니
하는 것이라 그리 말하였음이니,
23 너희들이 나 혼자 하지 않는 그 심판
임을 명심해 깨우치라.
24 내가 너희들을 구하고자 하며 사랑하
는 마음은 이루 말할 수 없으나,
25 너희들이 지은 죄는 너희들 스스로 받
아야 하며 그 대가를 치른다는 것을
알아야 할 것이니라.
26 내가 말하였느니라, 하나의 의인이 세
상에 나오면 내가 이 세상 모두와 바
꾸지 아니한다 하였으니,
27 나의 아들의 가슴속에 의인의 싹이
트기 시작하였음이니,
28 너희들의 가슴에서 먼저 의인의 싹이
더 자라며 먼저 자라야 함을 알아야
할 것이니라.
29 너희들이 있음으로써, 너희들의 곧은
자세요, 정의로운 삶이요, 나를 향하
여 한 점의 부끄럼이 없는 삶을 살며,
너희들이 나를 찾는 데 부끄럼이 없는
제자로 설 때,
30 나의 아들의 눈에서 빛이 날 것이며,
나의 아들이 변하는 속도는 더 가속이
붙을 것이며, 그리하여 너희들이 그를
보고 따라오게 되어 있음을 잊어서는
아니 될 것이니라.
31 내가 너희들에게 다 대명이 있으며 뜻
이 있다 하였음이니,
32 오늘 너희들이 나로부터 받은 작은 명
은, 나의 아들이 바로 설 수 있도록 너
희들이 여러 면에서 그를 깨우쳐 주며
인도하며 그와 더불어 가며,
33 너희들이 믿음의 자세요, 말이요, 행
동이요, 변화되는 그 모습을 보고 나
의 아들이 또한 무섭게 변해 가는 그
길을 선택함이니,
34 그리하여 작게는 나의 아들이 변할 수
있도록 임무를 맡은 것이 너희들의 소
명이요,
35 크게는 만백성을 구하는 데 너희들이
다 맡은 임무가 있으니,
36 너희들이 나의 아들이 변하는 그 모습
을 바라볼 때, 내가 너희들에게 그 대
명의 뜻이 무엇인가를, 내가 내리고자
하는 것을 너희들이 스스로 알 것이니
라.
37 내가 너희들 모두를 사랑하며 너희들
의 노고에 깊은 뜻을 전하며,
38 이제 너희들이 이 세상의 승자라는 것
을 알게 될 것이며,
39 내가 너희들에게 말한 그대로, 법전이
세상을 덮어 나가는 무서운 변화가 있
을 것이니,
40 너희들은 죽지 않고 살아서 그 모두를
보게 됨이니라.
41 그것이 너희들이 얼마나 선택된 영광

이며, 너희들이 얼마나 위대한 것인가
를 알라.
42 모든 백성이 죽음의 직전에 불안해하
며 죽음의 공포에서 벗어나지 못하는
자들이 있음이니라.
43 그러나 그 공포를 씻을 수도 없으며
지울 수도 없어 그들은 그냥 살아가나,
44 너희들은 그 모두에서 지워진 자며,
불안해할 필요가 없는 것이 너희들임
을 잊지 말라.

5,286 번째 하나님 말씀

2003년 3월 2일 07시 39분

1 사랑하는 나의 아들아!
2 "네, 아버님! 말씀하옵소서."
3 나의 아들을 따르는 제자들과 이 법전
을 읽은 만백성 너희들은 알아야 할
것이니라.
4 나의 아들도 너희들과 똑같은 삶을 살
아가는 한 인간인데, 내가 명하지 않
았으면 그가 왜 어렵고도 고통스러운
이 길을 가겠는가?
5 그는 절대 이와 같은 길을 갈 사람이
아니며, 이를 행하여 갈 수 있는 사람
이 아니니라.
6 그를 그가 알며 그의 주변에 있는 모
두가 그를 알고 있느니라.
7 그러나 그는 이 어렵고 힘든 길을 마
다하지 않고 가고 있음이니, 어찌하여
그가 가는 것인가를 너희들은 알아야
할 것이니라.
8 그는 나의 법전을 써 내릴 사람도 아
니요, 받아내 기록할 자도 아니며,
9 하루에 그 많은 말씀이요, 내가 내리
는 성령의 뜻을 들어 6일에 너희들이
말하는 288쪽 한 권의 법전을 세상에
내어 만백성을 구하는 그 길을 절대
그는 갈 수 없는 자며, 가지 못할 자임
을 너희들은 알아야 할 것이니라.
10 그가 살아온 그 삶이요, 그가 행해 온
모두를 너희들이 돌아다본다면, 절대
오늘과 같은 그 역사를 이룰 수 없으
며, 그는 이루지도 아니할 자이니라.
11 그는 그저 도망가기가 바쁘며, 고삐
풀린 망아지처럼 자연 속에서 뛰어놀
고 싶어 우리를 넘고자 하는 그 강렬
한 마음을 다스릴 수 없는 것이 나의
아들이 지금까지 살아온 길이니라.
12 그러나 그 길을 가는 것은 그가 제 스
스로 살아가기 위하여, 지금의 종교
지도자들처럼 부귀와 영화를 누리며
안일하고 편안한 직업이요, 직장으로
생각하고 이 길을 간다 생각하지 말라.
13 그는 천금이 생긴다 해도 절대 이 길
을 가지 않을 나의 아들이며 이 길을
가지 않을 그이니라.
14 그가 가고 있는 것은 바로 무엇인 줄
너희들은 알겠는가?
15 나 여호와가 강권으로써 그를 휘어잡
기에, 그는 그 고달픈 훈련의 길을 마
다하지 아니하고 지금 따라가고 길들
여 가고 있다는 것을 너희들은 알아야
할 것이니라.
16 나의 아들은 너희들이 말하듯이 절대
길들 수 없는 짐승처럼 절대 길들일
수 없는 나의 아들이니라.
17 그 성격이 그리되어 있으며 그와 같이
그가 살아왔음이니라.
18 그것은 모세가 그 백성을 위하여 살인

하듯이, 그보다 더 불같은 성격이며,
그는 도저히 변할 수 없는 그와 같은
자였느니라.
19 그런 그가 이 길을 간다는 것을 너희
들이 알아야 할 것이니라.
20 그는 단 한 벌의 옷을 입고 한 벌의 옷
을 가지고 세상을 살아가고 싶다 했으
며,
21 앞으로 옷을 사지 아니하며 그 옷이
누더기가 되도록 죽을 때까지 그리 간
다 말하는 그가 과연 무엇 때문에 그
리 간다 생각하는가?
22 그가 그와 같이 고통스러운 길이요,
힘든 길을 가면서 그는 이 길을 가지
아니할 자이니, 절대 그는 보통 마음
으로써는 갈 수 없는 자이니라.
23 제 육의 생활을 위해, 제 인간의 향락
을 위해 그는 물불을 가리지 않는 나
의 아들이었음이니라.
24 그리하여 제 인생을 살아간다면 이 길
을 가지 아니할 것이 그이니라.
25 그러나 그가 이리 가며 법전을 써 내
려 가는 그것을 너희들이 알라 하는
것이니라.
26 그는 오로지 나 여호와가 강권으로 그
를 훈련시키며 휘어잡으며 그를 옴짝
달싹 못하도록 내가 묶어 놓고 있음을
너희들은 알라.
27 그리하여 이 법전이 세상에 나오는 것
을 알아야 할 것이니라.
28 너희들보다 더 강하며 더 강한 방향으
로써, 오로지 육의 삶의 그 길을 위해
나가는 나의 아들이니라.
29 그러나 그는 지금 그 모두를 포기하
며, 조용히 길든 송아지처럼 고개를
숙이고 나의 법전을 내며 살아가는 것
이 나의 아들이니,
30 너희들이 믿음이라는 길을 가는 것과
강압에 의해서 어쩔 수 없이 눈물로써
길을 가는 나의 아들과는 너희들이
지도자로서의 그 선택한 길이 다름을
너희들은 알아야 할 것이니라.
31 그는 이제 깨닫고 있음이니라.
32 그는 이 세상의 그 모두는 나 여호와
가 주관하며, 나 여호와는 존재하며,
반드시 심판이라는 것을 받는다는 것
을 그는 보았고 그는 알고 있음이니라.
33 그리하여 나의 아들이 두렵고 무서운
이 길을 가고 있다는 것을 너희들은
알아야 할 것이니라.
34 도저히 갈 수 없는 자가 그 모두를 다
포기하고 이 길을 갈 때, 그는 어떠한
길에서 가겠는가?
35 야생마를 길들이려 할 때, 그 야생마
가 길드는 그 고통이 얼마나 어렵고
힘들겠는가?
36 그는 어쩔 수 없이 가지 아니하면 아
니 되기에, 그는 그저 인간이 부리는
대로 인간이 필요한 대로 사용할 수
있도록 그리 더불어 살아갈 수 있도록
순종하게 되어 있으니,
37 그보다도 더 어렵고 힘든 그 자신을
달래며 가는 것은 나 여호와가 존재함
을 그는 알고 있기 때문이니라.
38 그의 삶은 무엇을 위하여 가며 그것이
무엇이 행복인가 하는 것을 그는 다
저버렸음이니라.
39 육의 행복이요, 육의 부귀영화요, 그
것을 다 버리고 이 길을 가겠다는 그
결심을 했으며 이 마음을 굳히고 있음

이니,
40 그리하여 너희들이 감히 할 수 없는 6
일에 288쪽의 법전을 한 권씩을 세상
에 써 내려 가는 그 어렵고 힘든 고통
의 길을 감이니,
41 이는 그가 원해서 가는 것이 아니요,
그가 선택해서 가는 것이 아니요, 그
가 육의 삶의 향락을 위해서 이 길을
가는 것이 아니니라.
42 오로지 내가 있음을 알며 내가 존재하
며 그 두려움을 알기에 이 길을 가고
있다는 것,
43 그것이 너희 종교 지도자들과 선택된
자인 나의 아들과의 다른 점이라는
것을 너희 제자들은 알아야 할 것이며,
44 나의 법전을 읽는 만백성은 그 사진을
보고 그를 보라.
45 그는 도저히 이 길을 갈 수 없는 자이
며,
46 그가 살아온 과정을 한번 너희들이 들
여다본다면, 나의 법전이요, 내가 존
재함을 그가 알고 있으며, 내가 길들
여 불러 쓰는 것은 어떠한 자도 쓸 수
있다는 것,
47 그리고 그는 저를 위해서, 그 육을 위
해서, 그 가족과 가정의 행복을 위해
서 살아가는 자가 아니요, 오늘의 삶
을 가는 자가 아니라는 것을 너희들은
알아야 할 것이니라.
48 하늘을 향하여 한 점의 부끄러움이 없
이 살아갈 수 있는 그 마음의 길을 달
려가는 그 길을 나의 아들은 도저히
갈 수 없으며 아무리 봐도 그 길은 갈
수 없는 자라 모두가 이야기할 것이
며, 그를 알고 있는 자들이 그리 말할
것이니라.
49 그러나 내가 강권으로 휘어잡았으며,
내가 존재함을 알며 하늘의 두려움을
알며 심판을 알며 지옥을 봤기에 그는
알고 있음이니,
50 그리하여 그가 이 길을 가고 있다는
것을 너희들은 알라.
51 그가 육의 행복을 위해서 너희들 앞에
강론하며 육의 부귀영화를 위해서 너
희들을 그와 같이 끌고 간다 생각하지
말라.
52 오늘 이를 명심하여 너희들이 알아야
할 것을 잊지 말라.

5,287 번째 하나님 말씀

2003년 3월 2일 12시 05분

강론을 마치며

1 사랑하는 나의 아들아!
2 "네, 아버님! 말씀하옵소서."
3 너희들이 모든 일을 역사하면서 얼마
만큼 정성과 열과 성을 다했느냐에 따
라서 그 모든 성과는 거기에 답이 있
다 하지 아니하였던가?
4 너희들이 사람을 다스릴 때도 열과 성
을 다했을 때 그가 감탄하여 그 스스
로 변하며 깨달음을 얻게 되는 것이
인간이니라.
5 이 세상의 사나운 맹수요, 모든 짐승
도 훈련과 훈련을 거듭하여 너희들과
더불어 살아갈 수 있으며, 생활에 힘
이 될 수 있는 그와 같은 동물로서 사
육하며 이용하면서 살아가지 아니하
던가?
6 그것이 바로 너희들의 노력이요, 훈련

의 결과임을 알아야 할 것이니라.
7 이제 나의 성전에 와 나의 아들에게
내리는 강론을 들으며 나의 아들이 전
하는 것을 듣고 법전을 읽고 깨우친
너희들은, 처음부터 너희들 임의로 세
상에 나온 것이 아니요, 내 뜻에 의해
내가 주관하여 이 세상에 나온 백성이
라는 것을 알아야 할 것이니라.
8 너희 임의로 세상에 나온 것이 아니
요, 내가 긴히 쓰며 오늘의 역사를 하
고자 선택된 백성이라는 것을 너희들
은 알아야 할 것이니라.
9 그와 같이 선택된 백성 너희들이 바로
서지 못하며 창조주 나 여호와의 뜻대
로 서지 못한다 하면 내가 만백성을
구하는 그 역사를 할 수 없기에,
10 내가 너희들을 바로 서게 하고자 하며
바로 깨우치고자 하는 것이 여기에 있
음이니라.
11 비록 너희들이 변할 수 없으며 역사할
수 없다 그리 말하나, 그와 같이 생각
하지 말라.
12 오늘의 너희들이 잘못 살아가는 마음
이요, 천사와 같이 나의 성령같이 변
하지 아니한다 해도, 훈련을 거듭하고
거듭하는 속에 너희들은 변화될 수 있
는 사람이며,
13 해야 할 일이 있으며 각자 할 그 임무
가 있느니라.
14 다만, 완벽하게 내가 쓰고자 할 때까
지 너희들에게 훈련을 거듭함이니,
15 너희들이 그 훈련 속에서 깨달음이 있
으며 얻는 것이 있으며 세상사를 보는
눈을 뜨게 됨이니, 이는 하나의 훈련
과정을 겪어야 하는 것을 알아야 할
것이니라.
16 그러니 너희들이 오늘의 고통이요, 오
늘의 시련을 어렵다 생각하지 말며,
17 내가 내리는 작고 큰 그 명을 따라 최
선을 다하는 그와 같은 삶을 살아야
할 것이니라.
18 내가 나의 아들을 통하여 너희들에게
명하여 전했느니라.
19 이 세상에 사나운 맹수도 길들여 쓸
수 있으며, 그리고 인간관계에 또 형
제지간에, 이웃에 대해서도 얼마나 사
랑을 베풀며 얼마나 그에게 모두를 정
성을 들이느냐에 따라서 사람은 변화
될 수 있다 그리하였음이니라.
20 너희들이 이웃에 사랑을 베푸는 것이
무어라 말하였느냐?
21 살인을 하는 자, 사악한 짓을 하는 자,
도둑질하는 자, 거짓 하는 자도 또한
너희들이 사랑을 베풀지 아니하여 그
들이 그와 같은 짓을 했음이니,
22 너희들의 죄라 생각하고 살라 내가 나
의 법전에 일찍이 기록하여 전하지 아
니하였던가?
23 과연 너희들은 그와 같은 나의 뜻을
얼마나 실천하고 살며 그와 같은 마음
자세를 가지고 사는가?
24 사랑하는 나의 아들딸들아, 너희들은
들어야 할 것이니라.
25 이 세상의 모든 동물도 바로잡을 수
있으며, 살인하는 자도 고쳐 바로 쓸
수 있으나,
26 지금의 하늘에 오르는 길이요, 구원의
길을 가는 길이요, 저희들만이 구원을
받았다 하는 백성,
27 그들만이 돌릴 수가 없으며 그들만이

깨우칠 수가 없으며 그들만이 변화시
킬 수 없으며 그들만이 다스릴 수가
없느니라.
28 오로지 이 세상에서 고치며 변화될 수
없는 것이 그들이니,
29 그들을 변화시키고 그들에게 깨우침
의 역사를 하는 것이 너희들임을 알아
야 할 것이니라.
30 철옹성같이 단단하고 무너지지 않는
그 성곽도 어찌 무너지는가?
31 작은 하나의 돌이요, 그 성곽을 받친
그 물체가 빠지기 시작함으로써 그는
무너지게 됨이니,
32 그들 속에서 변화되는 자, 그들 속에
서 깨닫는 자가 있어야 너희들이 가는
길에 힘이 될 것이며,
33 오늘의 너희들을 돕는 그와 같은 형제
요, 너희들과 같이 가는 사람이 생기
는 그와 같은 역사의 시점이 이루어져
야 할 것이니,
34 너희들은 쉬지 말며 이 세상에 변할
수 없는 그들을 변화시키는 것이 너희
들이라는 것을 잊지 말라.

부 록

【하나님께서 가르쳐 주신 운동】

천재지변이 일어날 때, 동물이나 미물들은 미리 알고 대피하지만, 인간은 알지 못하고 큰 화를 당합니다. 하나님께서 인간에게 가장 높은 지혜를 주시고 완벽하게 창조해 주셨기에 동물들보다 더 잘 알 수 있지만, 욕심으로 마음이 혼탁해져서 한 치 앞을 보지 못하는 것입니다.

마찬가지로, 인간은 누구나 스스로 필요한 운동을 해서 건강을 지킬 수 있도록 하나님께서 만들어 주셨습니다. 우리의 머리에서 우리 몸에 필요한 동작을 해 달라고 끊임없이 신호를 보내지만, 인간이 혼탁하게 살아서 그 신호를 알아채지 못합니다. 그러니 자연스럽게 자기 몸이 원하는 그 신호를 따라서 운동하는 것이 하나님께서 가르쳐 주신 운동 방법입니다. 바로, 우리의 영이 육을 이끄는 운동입니다.

▶ 하나님 운동법

1. 눈을 감고, 발을 어깨너비로 벌리고 바르게 선다.
2. 몸에 힘을 풀고, 허리를 숙이면서 손과 머리를 아래로 내린다.
3. 허리를 펴고 싶을 때, 천천히 펴면서 하고 싶은 동작을 하면 운동이 시작된다. (사람마다 다르다.)
4. 멈추지 말고, 어떤 동작이든지 자기 몸의 느낌대로 계속 이어서 한다.

▶ 참고 사항

① 눈을 감은 상태로 아무 생각 하지 않고, 자기 몸의 느낌대로 움직입니다.

② 마음을 비우고, 욕심을 버리고, 지난날의 잘못을 반성하면서 몇 차례 시도하다 보면, 자기도 모르게 하고 싶은 동작이 끊임없이 생깁니다.

③ 운동 장소는 방 안이든 운동장이든 관계없으며, 걷거나 달리고 싶을 때는 눈을 떠도 됩니다.

④ 매일 40분 이상, 주 4회 이상, 3개월 이상 하면 음식 조절에 들어갑니다.
- 음식으로 생긴 병은 음식으로 치료하게 되며, 어떤 음식을 먹어야 하는지 스스로 알게 됩니다.
(자기 몸에 필요한 음식만 먹고 싶어집니다.)

⑤ 사랑하는 사람과 함께 운동하면 서로 치료해 주기도 합니다.

⑥ 운동을 하다가 몸의 어느 한 부분을 계속 손으로 자극한다면 그쪽에 이상이 있는 것이니, 의사에게 상담을 받고 적절한 치료를 받으면 됩니다.

⑦ 다이어트 및 기타 건강관리에 효과적입니다.

⑧ 꾸준히 운동하여 영이 맑아지면, 자신의 과거와 미래를 스스로 보게 됩니다.

누구나 스스로 하실 수 있습니다.

간 행 사

《새로운 성경》은:

· 새로운 성경은, 하나님께서 선량하고 선한 자를 선택하여 십계명을 암송하도록 하시고, 십계명을 암송한 다음에 음성으로써 들려주시는 말씀을 듣고 그대로 카세트테이프에 녹음해서 받아쓴 책입니다.

· 90분짜리 녹음테이프 700여 개에 달하는 말씀으로, 1999년 8월부터 2004년 7월까지 총 160권(권당 288쪽)을 완성하였으며, 그 이후에도 현재까지 계속 말씀을 내려 주고 계십니다.

· 새로운 성경은 "하늘을 두루마리 삼고 바닷물을 먹물 삼아 쓰고 써도 다 못 쓴다"는, 끝없이 방대한 하나님의 말씀이 두루마리로 직접 내려오는 것입니다. 이러한 새로운 성경은 구약과 신약을 폐하려는 것이 아니라 "인봉된 성서의 비유의 뜻"을 상세히 설명하여 완성하고자 하나님께서 직접 내려 주신 말씀입니다.

《새로운 성경》의 구성:

· 제 목: 2013년, 160권 모음집을 발간하면서, 본 도서의 제목을 "하나님! 말씀하옵소서"에서 《새로운 성경》 으로 명해 주셨습니다.

· 단행본: 각 권당 288쪽(신국판) 책이 160권까지 시리즈로 출판됩니다.
(모음집은 단행본을 16권씩 묶어서, 총 10부로 구성됩니다.)

《새로운 성경》의 성경적 근거:

· 신약 성경 [요한복음] 16장 13절에 "진리의 성령이 오시면 그가 너희를 모든 진리 가운데로 인도하시리니 그가 자의로 말하지 않고, 오직 듣는 것만을 말하며" 하신 말씀처럼 하나님의 음성을 들은 것만 기록하였으며,

· "장래 일을 너희에게 알리시리라" 하신 말씀과 같이 개인, 나라, 인류의 "장래"일을 하나님께서 알려 주시는 것만 기록하여 책으로 만들었습니다.

《새로운 성경》의 기록 방법:

· 1999년 8월부터 하나님께서 저에게 들려주시는 음성을 기록하였습니다. 처음에는 제가 들은 말씀을 불러 주면 저의 아내가 기록하여, 2000년 1월 29일에 1권 초판이 세상에 나왔습니다. 2000년 4월부터는 주시는 말씀을 받아 녹음기에 기록하여 시리즈로 출간하기 시작하였습니다.

· 녹음을 시작하면서 하나님의 말씀을 받는 데 가속도가 붙었고, 2001년 5월 3일에 1부(1~16권까지)를 인쇄하여 출판하였으며, 2004년 7월까지 총160권 분량의 말씀을 받아 기록하였습니다.

하나님께서 저에게 주신 것은:

· 첫째, 만백성을 상대로 내려 주시는 "기도", 둘째, 수시로 내려 주시는 "묵상", 셋째, 개인의 과거, 현재, 미래를 알려 주시는 "개인 기도", 넷째, 개인의 건강을 위해서 내려 주시는 "음식 처방", 다섯째, 하나님께서 가르쳐 주신 "운동"등이 있습니다. 이 중에 첫 번째, "기도"를 책으로 편찬하였습니다. 사람의 생사, 개인의 미래에 관한 천기는 수록하지 말라 하셨습니다.

강론 안내:

· 하나님께서는 지금도 매일 저에게 새로운 하늘의 비밀의 말씀을 내려 주고 계십니다. 수시로 내려 주시는 말씀을 정리해서 제자를 육성하라는 말씀에 따라 매주 강론을 하고 있습니다. 누구나 무료로 들으실 수 있습니다. (book160.com)

《새로운 성경》을 읽는 분들에게 드리는 선물:

· 개인 기도: 개인의 과거, 현재, 미래에 관하여 말씀을 내려 주십니다.

· 음식 처방: 사람은 음식을 먹고살다가 건강을 잃으니, 음식과 운동으로 건강을 되찾는 방법을 알려 드립니다. 단, 하나님이 계심을 믿고, 십계명을 지키겠다고 진실로 서약하는 분들께 알려드립니다.

《새로운 성경》의 은혜와 기적:

· 새로운 성경 전160권은 16권씩 묶어서 총 10부의 모음집으로 구성됩니다. 모음집 한 부를 읽고 깨우치는 자에게 하나님께서 다음과 같은 기적이 있다고 하셨습니다.

· "첫째, 그가 죽어 하늘에 갔을 때 그의 죄를 묻지 아니하며, 구원을 받는 위대한 은혜가 있으며, 둘째, 그의 소원과 소망이 이루어지고, 셋째, 죽은 자(부모, 형제, 자식, 사랑하고 은혜 입은 분)의 이름으로 구입한 책을 읽고 누군가 한 사람이 깨우칠 때, 그 죽은 자가 지옥에서 천국으로 구원을 받게 되며, 넷째, 유산, 중절 수술 등으로 태어나지 못한 아이를 위하여 구입한 책을 보고 한 명이 깨우쳤을 때, 그 아이가 사람으로 다시 한 번 태어나는 은혜를 받는다."

· "새로운 성경"을 3회 이상 정성을 다해 정독하는 자, 성서의 비밀을 알게 되고, 세상의 이치를 알게 되며, 세상을 지배하고 통제할 수 있는 지혜를 다 얻게 된다고 하셨습니다. 이 책은 만백성이 정독하고 이웃에게 전하여, 평생 가슴에 묻은 슬픔과 고통의 짐을 벗고 미래를 위한 힘찬 삶을 살아가도록 하는 책입니다.

끝으로

· 하나님께서는 흰 눈이 세상을 덮듯이 새로운 성경을 온 세상에 전하라고 하셨습니다. 《새로운 성경》을 각국어로 번역해서 온 인류에게 구원의 길을 깨우쳐 주고, 그 수익으로 가난하고 어려운 백성을 구제하여, 만백성의 영과 육을 함께 구원하는 선지자의 임무를 수행하라고 저에게 명하셨습니다.

· 하늘에서 내려 주신 말씀의 보화를 만백성에게 나누어 주는 것이 선지자의 임무라고 하셨습니다. 새로운 성경을 통해서 얻는 재물을 사용할 곳도 하나님께서 일일이 명해 주십니다. 모든 재물은 저의 자의로 쓸 수 없고, 하나님께서 명하시는 대로만 쓰여집니다.

· 어떤 명분으로든 십일조나 각종 헌금을 거두어들이지 말라 하셨으며, 국내뿐 아니라 각국에 성전과 단독 서점을 운영하며, 한국의 많은 젊은이들을 전 세계에 지도자로 내보내라고 하셨습니다.

· 우리는 세계적으로 새로운 성경을 보급하며 어려운 이들을 돕는 역사를 해 나갈 것입니다. 지금까지 비록 몇 명 안 되는 제자들과 함께 이러한 일을 역사했지만, 앞으로도 계속 하나님께서 기뻐하시는 일들을 해 나갈 것입니다. 부족한 저희에게 여러분들의 지혜와 성원을 보내 주시기를 바랍니다. 많은 분들의 참여와 도움을 간절히 기다립니다. 감사합니다.

한국어로 내려온 《새로운 성경》 단행본을 출간하며
2016년 4월 10일

발행인 김 용 철

한국어로 내려온

새로운 **성 경** · 5부 · 제71권

지은이 하나님 말씀
대역자 김용철

ⓒ 김용철, 2017. Printed in Korea
저자와의 협약으로 인지는 붙이지 않습니다.

초판인쇄 1쇄 2017년 4월 3일

펴낸 곳 도서출판 하얀마음
등록번호 제 10-2107호 (2001년 2월 14일)
주소 서울시 노원구 덕릉로86길5, 2층
전화번호 02) 313-1114
팩스 02) 393-5554
전자우편 book160@hanmail.net
편집위원 조나영 김미향 이석교
제작지원 김창현 김지영

도서상담 1600-7527
ISBN 978-89-5875-171-7 (04230)
978-89-5875-100-7 (세 트)

값 10,000원
잘못된 책은 구입하신 곳에서 바꾸어 드립니다.

※이 책은 10부로 제작되며, 각 부 16권씩 총160권으로 구성됩니다.※

1부	2부	3부	4부	**5부**	6부	7부	8부	9부	10부
1권	17권	33권	49권	65권	81권	97권	113권	129권	145권
2권	18권	34권	50권	66권	82권	98권	114권	130권	146권
3권	19권	35권	51권	67권	83권	99권	115권	131권	147권
4권	20권	36권	52권	68권	84권	100권	116권	132권	148권
5권	21권	37권	53권	69권	85권	101권	117권	133권	149권
6권	22권	38권	54권	70권	86권	102권	118권	134권	150권
7권	23권	39권	55권	71권	87권	103권	119권	135권	151권
8권	24권	40권	56권	72권	88권	104권	120권	136권	152권
9권	25권	41권	57권	73권	89권	105권	121권	137권	153권
10권	26권	42권	58권	74권	90권	106권	122권	138권	154권
11권	27권	43권	59권	75권	91권	107권	123권	139권	155권
12권	28권	44권	60권	76권	92권	108권	124권	140권	156권
13권	29권	45권	61권	77권	93권	109권	125권	141권	157권
14권	30권	46권	62권	78권	94권	110권	126권	142권	158권
15권	31권	47권	63권	79권	95권	111권	127권	143권	159권
16권	32권	48권	64권	80권	96권	112권	128권	144권	160권